HACKEANDO EL CÓDIGO DIOS

Obras Clásicas de Patricia Cori

The Cosmos of Soul: A Wake-up Call for Humanity

Atlantis Rising: The Struggle of Darkness and Light

No More Secrets, No More Lies: A Handbook to Starseed Awakening

The Starseed Dialogues: Soul Searching the Universe

Beyond the Matrix: Daring Conversations with the Brilliant Minds of Our Times

Where Pharaohs Dwell: One Mystic's Journey Through the Gates of Immortality

Before We Leave You: Messages From the Great Whales and the Mighty Dolphin Beings

The Emissary — A Novel

The Sirian Starseed Tarot

The Sirian Seal: A Starseed Tool of Transformation

The New Sirian Revelations: Galactic Prophecies for the Ascending Human Collective

Heaven is Here Beneath the Tree—A Book of Poems

HACKEANDO EL CÓDIGO DIOS

PATRICIA CORI

Título Original en inglés: "Hacking the God Code"

HACKEANDO EL CÓDIGO DIOS es una publicación de Patricia Cori

Imagen Gráfica: Shutterstock.com

Diseño de Tapa, Distribución y Diseño Interior: Michael Boalch

Datos de Catalogación de la Publicación en la Biblioteca del Congreso de los Estados Unidos de América:

Cori, Patricia.
Hackeando el Código Dios: La Conspiración para Robar el Alma Humana/ Patricia Cori.

Resumen: "Describe cómo nuestra sociedad se está precipitando hacia una reescritura distópica de la sociedad global y del futuro de la humanidad, escrita por un tiránico Nuevo Orden Mundial: el Gran Reseteo. Con el inicio del Covid-19 y todo lo que ha sucedido desde comienzos de 2020, la Big Pharma y la High Tech se han apoderado de nuestras vidas de la manera más perversa. No tienen la intención de soltarnos hasta que su agenda de pesadilla para fusionar a los seres humanos con la Inteligencia Artificial –Humano 2.0- haya revolucionado todo en nuestras vidas, nos haya esclavizado y haya poseído nuestro mundo". —
Proporcionado por la autora.
ISBN: 978-989-53812

TESTIMONIOS

"Patricia Cori es una autora prolífica– He leído varios de sus libros. Tiene uno nuevo, Hackeando el Código Dios, lo recomiendo mucho –¡es increíble!"
Kerry Cassidy, Project Camelot.

"EL LIBRO MÁS IMPORTANTE DE NUESTRO TIEMPO.
De vez en cuando llega a mi escritorio un libro que es espectacular – y que todos necesitan leer. ¡Hackeando el Código Dios es perfecto de comienzo a fin! ¡Le contaré a la gente sobre este libro por los próximos diez años!"
Meria Heller, El Show de Meria Heller

"Patricia Cori discute este mal tan real llamado "Hackeando el Código Dios." Para aquellos que piensan que esa charla es una tontería y una teoría de la conspiración, piensen nuevamente. ¡Gran libro! Espero que procuren un ejemplar…"
Cheryl Chumley, The Washington Times

"Informativo, oportuno y preciso…"
Joshua Lane, Anfitrión de Radio
Radio Here's to Your Health

"Patricia Cori es una de mis autoras favoritas de todos los tiempos, he leído todos sus libros. Es muy articulada, puede ser muy analítica, y tiene un lado muy, muy profundo que se adentra en la madriguera del conejo. Ella me ayudó a bajar por algunas madrigueras de conejos que encontré fascinantes. Creo que éste es su mejor trabajo hasta ahora, lo que es fenomenal. Es el momento perfecto para material que se necesita, y creo que va a ayudar a mucha gente."
Michael Jaco, Ex-Navy Seal y Agente de la CIA
Anfitrión de Unleashing Intuition Secrets

"*¡Una lectura fantástica! Cubre tantas áreas diferentes. Ustedes querrán tener su ejemplar. ¡Lo recomiendo mucho!*"
Dave Barnett, Anfitrión de Dave the Mystic

"*¡Es un libro maravilloso, repleto de información…un buffet de comida para pensar!*"
Robert Sharpe, Anfitrión de Bringing Inspiration to Earth.

"*Un mensaje de esperanza en tiempos de oscuridad. Cori maneja temas difíciles como una investigadora experimentada y buscadora de la verdad. ¡Este libro es un llamado para la acción!*"
Joey Madia, Anfitrión de Into the Outer Realms.

"*Patricia, tu nuevo libro es impresionante. ¡Simplemente impresionante! Muchas gracias*".
Dra. Christiane Northrup, médica obstetra/ginecóloga certificada, y múltiple autora best seller del New York Times.

"*…Un libro que desvela la oscuridad que la humanidad está enfrentando y la Luz de la que todos deberíamos estar conscientes y elegir.*"
Danielle Stotjin, House of Mastery

"*La hazaña de las presentaciones, escritos y canalizaciones de Patricia Cori ha inspirado, sin dudas, a mucha gente alrededor del mundo a replantearse sus caminos personales, y a poner el pensamiento positivo al frente de sus vidas. Pero Patricia nunca ha sido un peso ligero a la hora de compartir sus pensamientos sobre lo que necesita corregirse en el mundo, y en su nuevo libro, Hackeando el Código Dios, se ha quitado los guantes de verdad*".
Andy Thomas, autor de The New Heretics, uno de los principales investigadores de misterios del mundo.

"La elevación masiva de la humanidad de su somnolencia, dentro de un antiguo ciclo de sueño galáctico, ha sido la cruz que ha llevado Patricia Cori durante muchos años. El cenit de su gran tarea de autoría heroica está ejemplificado en este trabajo axiomático: Hackeando el Código Dios: La Conspiración para Robar el Alma Humana."
Sacha Stone. Activista, Conferenciante Público, Escritor, y Cineasta, Fundador de la Cumbre World Health Sovereignty.

"¡Un libro fascinante! Van a querer tener su ejemplar…"
Richard Dugan, Anfitrión de Tell Me Your Story.

"Podemos añadir a Patricia Cori a la lista creciente de personalidades destacadas que hablan abiertamente sobre el hecho de que la humanidad se enfrenta a una bifurcación en el camino, que involucra la "ascensión orgánica versus el control por la Inteligencia Artificial descendente."
El Global Village Institute.

"¡Un auténtico pasapáginas! Qué escritora increíble. Amo su trabajo…"
Dra. Michele, Anfitriona del Programa de Radio de Los Ángeles, On the Couch.

"¡Patricia Cori es una de las voces raras que está bien arraigada y ve lo que realmente está ocurriendo…y lo llama por lo que es!
Jimmy Blanchette, Experto Radial y Productor de Documentales

"¡Fenomenal! ¡Un libro brillante —un dulce para el alma! ¡Que todo el mundo salga a comprar este libro-está cargadísimo!"
Michael James, Anfitrión de Beyond the Forbidden TV

"El Nuevo libro de Patricia Cori, Hackeando el Código Dios, es de lectura absolutamente obligatoria para cualquiera que está buscando comprender el estado actual de las cosas del mundo y las fuerzas siniestras que trabajan

Advertencia

Soy metafísica, no médica.
La información contenida en este libro es de carácter general y nada de lo que contiene puede interpretarse como consejo médico.
No pretende proporcionar experiencia en el campo de la medicina y, por lo tanto, no puede servir como un sustituto de la atención, el examen, el asesoramiento, el tratamiento de afecciones preexistentes, o el diagnóstico médicos.
Depende de usted, el individuo, determinar cuál es el tratamiento y/o la prevención más apropiados y deseables a partir de lo que está disponible para usted, y lo que usted cree que es correcto para su situación individual y sus necesidades de salud.
Elija Bien.

Agradecimientos

Soy tan bendecida por contar con tan maravilloso apoyo de amigos y de mi comunidad internacional. ¡Ustedes saben quiénes son! Gracias de corazón a todos ustedes por quererme, y por apoyar mi trabajo a lo largo de las décadas. A todos los que sirven al Espíritu, buscadores de la verdad, es por ustedes que marcho hacia adelante, compartiendo lo que puedo para decir mi verdad, a quien esté listo para oírla. Mi paraguas se voló hace mucho tiempo y aprendí a caminar entre las gotas de lluvias. Es por ustedes que me mantengo erguida, con el cuello al viento, mientras la tormenta trata de empujarme hacia atrás y lejos.

Sacha Stone, eres siempre una inspiración. Gracias por tus hermosas palabras y por todo lo que contribuyes al mundo.

Un saludo a Onyx Tikal Sermet por su poderoso diseño de la tapa de este libro y a Michael Boalch, que hizo la distribución interior. Gratitud a mi querida amiga y publicista Dea Shandera-Hunter, por todo lo que está haciendo para ayudarme a sacar esto al mundo; a mi querido amigo Peter B., quien ha compartido gran parte de mi proceso y escuchado interminables páginas y versiones del manuscrito, en diferentes etapas de la evolución del libro, durante muchos meses. Ustedes son una fuente inagotable de fortaleza y estoy muy agradecida por tenerlos en mi vida. Y un gran cariño a mi querida hija cósmica, Jess Tyas, que siempre está ahí, derramando amor a través de los cables. Eres mi ángel.

Mi amada madre siempre será mi inspiración, dondequiera que esté en el cielo. Gracias, madre de madres, por enseñarme a esforzarme siempre para ser lo mejor que puedo ser, para buscar el diamante en el carbón, y nunca olvidarme de reír y celebrar la vida, sin importar adonde me lleve mi viaje.

Y por último, pero nunca menos importantes, mis bebés peludas, Pepper y Scootch. Ellas yacen largas horas, acurrucadas junto a mi silla, esperando pacientemente a que termine la escritura del día, para que podamos jugar. Ellas llenan mi mundo de risas y me recuerdan que el amor es todo lo que importa en esta vida.

Al Alto Consejo de Sirio,
Mis maestros, amados guías e inspiración eterna . . .
Ustedes me han dado alas
y mostrado el brillo más allá de las nubes.
Y ahora, sólo por este momento en el para siempre,
debo ser valiente
y volar esta tormenta por mí misma . . .

"Primero vinieron por los Comunistas
y yo no hablé
porque yo no era Comunista.
Luego vinieron por los Socialistas
y yo no hablé
porque yo no era Socialista.
Luego vinieron por los sindicalistas
y yo no hablé
porque yo no era sindicalista.
Entonces vinieron por los Judíos
y yo no hablé
porque yo no era Judío.
Luego vinieron por mí
y no quedaba nadie
para hablar por mí."

Primero Vinieron
—Martin Niemöller

Índice de Contenido

Prefacio a la Edición en Español

A lo largo de los años y tantos libros después, me siento agradecida a las editoriales de lengua española que decidieron publicar ediciones de algunas de mis obras clásicas. Ha pasado algún tiempo desde entonces, ya que la industria editorial se vuelve cada vez más cautelosa con sus inversiones – especialmente con autores controvertidos, como yo.

No quería esperar que un editor dijera que sí a mi nuevo libro, HACKEANDO EL CÓDIGO DIOS, porque hay una urgencia en el material que creo, en mi alma, que necesita llegar a tantas personas y tan pronto como sea posible, en todo el mundo.

En este tiempo de interrupción y de imposición del Nuevo Orden Mundial, predicho en mis libros anteriores que abarcan casi tres décadas, no hay tiempo para esperar. Hay una guerra en marcha y es una batalla de la oscuridad y la luz. El Armagedón Espiritual. Tenemos que ser capaces de mirar a la oscuridad sin miedo y, al hacerlo, elevarnos por encima de ella.

Para llegar a la vasta sociedad global que es la comunidad de habla hispana, decidí publicar yo misma la edición en español, impulsarla tan rápido como pudiera, y, al hacerlo, honrar la cultura, expresión y sabiduría de todos aquellos que lean estas palabras.

Así que, les agradezco que hayan buscado este libro. Que él toque sus almas.

Honro y amo el idioma, y estoy agradecida a mi dedicado equipo de traducción, Alicia y Susana González, por su compromiso en traducir no sólo las palabras sino también la intención que hay detrás de ellas.

Que se sientan fortalecidos por lo que lean aquí, y que todos podamos elevar la llama de nuestra luz divina a medida que nos movemos, a través de esta nube que tan desesperadamente quiere oscurecer la brillantez mientras avanzamos, inquebrantablemente, hacia el Nuevo Amanecer–la Era de Oro de nuestra civilización.

Bendiciones para todos.

Patricia Cori

Prefacio

de

Sacha Stone

La elevación masiva de la humanidad de su somnolencia, dentro de un antiguo ciclo de sueño galáctico, ha sido la cruz que ha llevado Patricia Cori durante muchos años. El cenit de su gran tarea de autoría heroica está ejemplificado en este trabajo axiomático: *Hackeando el Código Dios: La Conspiración para Robar el Alma Humana.*

Demarcando la épica partida de Humanos Angélicos sembrados de una esclavitud arcana de los Señores del Tiempo . . . este evangelio de los últimos días de la estrategia ascensionista es el regalo más verdadero de una Madre de nuestra era, plenamente realizada.

Estamos invitados a revisar nuestro viaje individual y colectivo desde la cosmogénesis hasta el status quo, y desde aquí, a partir de la matrix-jaula lineal y binaria, hacia el reino cuántico de la inmanencia. Tejiendo la curva del destino colectivo mucho más allá de la conspiración galáctica de una red de arrastre draconiana, Cori ofrece la redención universal a aquellos con ojos para ver y voluntad para manifestar el "ser," no sólo como chispas de la divinidad, sino como el infierno rugiente del Creador que verdaderamente somos. Éste es el sagrado mensaje Crístico- la orientación más verdadera del Budismo- y la semilla-atómica del enigma Sufí.

La Humanidad no es solo la octava Krística de expresión universal que ahora se encuentra en el umbral de la espiral de ascensión; somos, verdaderamente- de hecho, los Dioses de la antigüedad viendo el mundo a través de los ojos de un niño—el Niño de las eras—dando testimonio del surgimiento de patrones de perfección en el reino mortal: en suspensión del principio eterno de la unidad anterior al que reclamamos derecho de nacimiento, y en el que nos saludamos unos a otros en comunión de recuerdo.

Porque es dentro del recuerdo de nuestra divinidad que recuperamos la propiedad de la geometría del Ahora y accedemos dentro de esa cuanta, que nunca salimos de la fuente angelical. Sólo la dejamos a un lado, en un acto cósmico de sacrificio, para finalmente recordarnos a nosotros mismos una vez que se hubiera cumplido el propósito de la adhesión a los Señores del Tiempo: la forja del tejido del alma en el caldero de un universo temporal.

Esta estancia en el recuerdo hacia la re-génesis es el viaje del verdadero héroe: un retorno al punto-de-quietud de la Creación, armados con nuestra abundancia de historias, mientras reconciliamos el Alfa con el Omega. Esta es nuestra razón de ser colectiva y la piedra angular de la ascendencia galáctica.

Nos inclinamos ante los Señores del Tiempo, mientras ellos se arrodillan ante nosotros. Por este sacramento les decimos adiós, y levantamos nuestras cosas, para cerrar el ciclo.

Qué mejor regalo que éste.

Levántate Homo sapiens.

Introducción

*"Nunca te dejes intimidar hacia el silencio.
Nunca te permitas que te hagan una víctima.
No aceptes la definición de nadie de tu vida: defínete a ti mismo."*
\- Robert Frost

Mi sabia y amada madre –mi luz guía- siempre me decía: "Nunca sabes realmente en lo que crees hasta que tienes algo que perder defendiéndolo."

No he aprendido una lección más importante en la vida que la que aprendí de esas palabras inmortales. En tiempos de tiranía, como éstos, se vuelve un compromiso verdaderamente noble para cualquiera de nosotros, buscar la verdad y compartir lo que percibimos que es, al servicio de los demás . . . especialmente tras la condena que surge de desafiar el status quo. Enfrentados a una censura que aprieta y a una amenaza muy real de persecución para aquellos de nosotros que elegimos nadar contra la corriente del conformismo, encontramos fortaleza para ser quienes somos en realidad, para examinar nuestros valores y moralidad, y para mantenernos firmes en nuestra misión de servir como guerreros de la luz, mientras recorremos el camino del autodescubrimiento e iluminación.

Esto nos exige un estado de intrepidez y coraje . . . y una inmensa determinación. Nos requiere mirar a la oscuridad y desenterrar los escombros acumulados de muchas vidas—sombras que nublan la laguna tenebrosa del subconsciente—hacia el resplandor de la consciencia, donde podemos filtrar toda la basura que hemos recogido en el camino y examinarla con objetividad. Debemos estar dispuestos a navegar los mares de esas aguas inexploradas de la mente subconsciente, donde nuestra determinación nos empuja a asomarnos a las profundidades— allí donde fantasmas antiguos, espectros de nuestra propia creación, esperan ser traídos a la luz y liberados.

En este tiempo de increíble agitación y de cambio radical del mundo que conocíamos hace unos pocos años, estamos más fuertes y liberados cuando confrontamos esos miedos irracionales, inexplicables, a la luz plena de la mente que despierta. Anclados en lo más profundo de la Tierra, necesitamos ser lo suficientemente fuertes para mantenernos firmes—como un faro—cuando las tormentas incesantes inundan nuestras costas, erosionando la fibra de nuestra existencia terrenal. Solo desde ese lugar de fortaleza inmutable podemos revertir el curso destructivo establecido para nosotros por una clase política global compuesta por enjambres de secuaces, dedicados a aquellos que los gobiernan, como ellos a nosotros, como el "Nuevo Orden Mundial."

La de ellos es una cábala corrupta que sólo podemos describir, en este punto, como ruda, criminalmente demente y tóxica sin medida.

Si nos vamos a liberar realmente de sus garras, vamos a tener que dejar caer el martillo proverbial sobre cualquier sensación persistente de impotencia que aún nos detenga. Con cada gramo de fuerza y determinación que podamos reunir ... superando toda obstrucción e inercia que nacen del miedo y la duda, debemos encontrar la fortaleza para romper la incrustación emocional que encierra la gema—**LA VERDAD**—escondida dentro, y sostenerla en alto, al sol. Bañada en el brillo, refracta, como un diamante facetado, en arcoíris—revelando todo el espectro de la luz visible; nutre el corazón y el espíritu de todas las almas despiertas que tienen ojos para ver más allá de la córtina de humo que se ha colocado ante su lente de la realidad.

El acto de buscar la verdad, y compartir lo que entendemos que es, nos empodera para profundizar en nosotros mismos y examinar el dilema existencial que nos ha abrumado tanto con el terror a cualquier cosa que amenace nuestras vidas físicas que ya no reconocemos cómo ese miedo irracional ha sido manipulado y utilizado como un arma de precisión no solo contra nuestros cuerpos mortales, sino contra nuestras propias almas. La angustia por lo que la omnipresente sombra puede provocar en nuestro mundo embota nuestra razón, entumece nuestros corazones, y hace que tanta gente se arrodille, en sumisión y obediencia.

Donde hay miedo, el monstruo nunca duerme.

El daño que un estado prolongado de vivir con miedo produce en el cuerpo físico es inmenso y puede ser duradero, incluso permanente, como es el caso de la debilitante condición de mente/cuerpo que los psicólogos han llamado "síndrome postraumático." Más allá de la ruptura emocional desencadenada por un evento traumático, el miedo a sobrevivir, y la ansiedad crónica resultante, debilitan el sistema inmunitario. Pueden causar todo tipo de deterioro físico, incluyendo daños cardiovasculares permanentes.

No confundamos un estado perpetuo de sentirnos siempre temerosos y aterrorizados de la vida, de los demás, y del mundo que nos rodea, con la forma en que nuestro exquisito mecanismo mente/cuerpo responde a lo que el cerebro percibe específicamente como una "amenaza inmediata" a la supervivencia. Estas son dos cuestiones muy diferentes. Una amenaza o peligro inminente, como ser acechado por un animal salvaje en el bosque, o escuchar que alguien entra en casa cuando estamos en la cama, activa una respuesta en la región del cerebro conocida como "amígdala"; esa es la parte del cerebro que desencadena la liberación de hormonas del estrés y activa el sistema nervioso simpático, en preparación para la lucha o la huída. El cuerpo entra automáticamente en modo de emergencia; las glándulas suprarenales comienzan a bombear, las pupilas se dilatan, y la respiración se acelera. Los músculos se hinchan instantáneamente de sangre, preparados para reaccionar con una fuerza física hercúlea ante lo que sea que amenace la supervivencia del cuerpo. El ritmo cardíaco aumenta y la presión arterial se eleva, a medida que los sistemas corporales determinan la respuesta apropiada: quedarse y luchar, con esa fuerza excepcional, o correr . . .con una velocidad sobrehumana y la resistencia necesaria para escapar.

Estas son solo algunas de las repuestas incorporadas del cuerpo, diseñadas para ayudarnos a hacer frente a las raras ocasiones de encontrarnos en peligro real para nuestra supervivencia, o cuando percibimos una amenaza inmediata para nuestra seguridad. Es la razón por la que una madre puede levantar un coche con sus propias manos, cuando ve que su bebé está a punto de ser aplastado por su peso; es como exhibimos una fuerza heroica que nunca supimos que poseíamos, y accedemos al instinto primordial que desencadena nuestra respuesta de lucha o huída ante el peligro extremo y presente.

Como todos los animales que florecen en el abrazo de la Tierra, nosotros, unidades biológicas electromagnéticas de la Creación Divina, fuimos diseñados para crecer, con buena salud, y para tener la sabiduría y la fuerza innatas—la respuesta inconsciente y automática del cuerpo—para sobrevivir a cualquier amenaza inmediata a nuestro propio ser, o a aquellos que amamos . . . incluso para ayudar a un extraño en problemas. En esos casos raros, no tenemos que pensar qué hacer. Simplemente pasamos al modo de piloto automático para reaccionar y responder, como hemos sido diseñados para hacer. Una vez que el peligro ha pasado, todos los sistemas del cuerpo retornan al modo normal.

Sin embargo, para lo que **no** estamos diseñados, es para un ataque constante, interminable, a nuestros cuerpos emocional y mental. Viene de ser bombardeados, diariamente, con mensajes aterradores de los medios, el intercambio disfuncional, emocional entre personas, cercanas y lejanas, y un gobierno mundial que nos cuelga—deliberadamente—sobre el precipicio, manteniéndonos en un estado de perpetuo miedo de sobrevivir a todo nivel. Sea que se trate de la guerra, el crimen, la salud, la pobreza, el hambre o, más recientemente, el aislamiento forzoso en el que hemos estado con la "pandemia" que nos mantiene en ese estado de ansiedad y terror, la mayor parte de la raza humana vive hoy en constante ansiedad y miedo por su seguridad y sus propias vidas. Están preocupados por sus hijos, aterrorizados acerca de qué mundo les espera, si continuamos por este camino de destrucción y obediencia ciega a los agentes del miedo. Esa aprensión perpetua y los sentimientos de rabia e impotencia por la decadencia de nuestro orden social les hace vivir en un estado de constante sobrecarga suprarrenal—la sobreproducción de la hormona del estrés—que, a su vez, afecta la capacidad del cerebro para evaluar el peligro percibido, liberarse de él cuando se ha calmado, y luego volver a un estado tranquilo, y restaurado de relajación mental, emocional y física.

Para las personas que siguen la propaganda que se lanza a través de las ondas y vibran en su ancho de banda, no hay liberación, porque el peligro percibido nunca disminuye. Está diseñado para crear ansiedad y temor perpetuos en la población. Atrapado por el exceso de producción de adrenalina de sus propios cuerpos, el público cautivo de los medios de comunicación de propiedad de la cábala carece de discernimiento para separar las percepciones razonables de peligro de la realidad, por lo que la gente, eventualmente, pierde la capacidad de controlar sus emociones por completo.

En todas partes estamos viendo seres humanos atrapados en este estado de angustia crónica y estrés suprarrenal agudo. Es un resultado directo de lo que se ha acuñado como "la nueva normalidad."

*

El miedo es un animal salvaje que se alimenta de almas perdidas en bosques embrujados; el amor es el prado . . . una flor silvestre. . .el sol. Y es ese diamante—la verdad—y cómo, como la espada del Arcángel Miguel, brilla con esa luz que nos libera de verdad. Nunca debemos dejar de buscar la verdad. Nunca debemos dejar de decirla, sea lo que sea que entendamos por verdad, sin importar la manera tan aplastante en que la fuerza sin amor que se opone obstinadamente a la Luz trate de reprimirnos y silenciarnos.

Reconocer que desvelar la verdad es el único camino hacia adelante y seguirlo—pasando el miedo, la obstrucción, y la duda— agudiza nuestro intelecto y fortalece nuestro guerrero interior, liberándonos de las garras del miedo sobre nuestros corazones y almas, para que podamos recuperar el equilibrio mente/cuerpo/espíritu. Desde un lugar de quietud mental y emocional—la quietud del péndulo—somos capaces de volver a estados tranquilos y reposados de consciencia y, finalmente, de caminar, una vez más, como estábamos destinados a hacerlo: como hombres, mujeres y niños inocentes, libres y amorosos del Planeta Tierra.

Estamos listos para que la verdad de lo que está realmente ocurriendo sea revelada: en el espacio, en otras dimensiones y, más aún, aquí mismo, en nuestro propio planeta. Que no haya más secretos . . . no más mentiras. Cuanto más comprendemos cualquier realidad dada, en lugar de aceptar lo que nos presentan los perpetradores de agendas específicas—fomentadores de nuestras emociones básicas—menos tememos que se desarrolle. Nos damos cuenta cómo nuestra percepción afecta los resultados, y nos volvemos más responsables de nuestros pensamientos, palabras y acciones. Sean pequeños o grandes, locales o globales, esos pensamientos, y lo que es más importante, nuestra voz, contribuyen al colectivo: dormido, despierto o en algún punto intermedio. No importa. La verdad finalmente se filtra.

Lo que sí importa es que atravesemos las barreras entre nosotros, los muros ideológicos y de comportamiento que se están levantando para dividirnos, tal vez como nunca antes nos han dividido, y que sigamos siendo conscientes de los derechos de los demás, para caminar tan cerca de la libertad como nos sea posible. Ése es un estado mucho más difícil de alcanzar hoy que hace unos pocos años, antes de que el Nuevo Orden Mundial se acelerara, despojándonos de nuestros derechos, silenciando nuestra voz y manteniéndonos en el aislamiento forzado de sus campañas de terror.

Estamos más empoderados para liberarnos de los grilletes que se nos imponen cuando nos sacudimos el miedo, y nos comprometemos a presentar la verdad, así como la entendemos. Pero nunca podremos lograrlo si permanecemos encerrados en el emocionalismo, la histeria y el pensamiento de la mente grupal obediente. Si vamos a invertir el rumbo que nos han marcado los tiranos mezquinos y sus jefes titiriteros, lo que se requiere ahora de nosotros es que cuestionemos la narrativa en todos los ámbitos. Necesitamos recordar cómo observar con objetividad, pensar críticamente y, sobre todo, buscar la paz en lugar de la guerra . . . el respeto por encima de la condena . . . y la aceptación, por encima del rechazo del otro.

Los políticos, los medios de comunicación y la "mente popular" están pidiendo hoy una guerra nuclear con Rusia, en nuestra crisis contemporánea. La **quieren**. ¿No han aprendido nada de la destrucción del pasado y del presente? Cómo podría alguien pedir su propia aniquilación—una guerra termonuclear que tiene el poder de destruir el planeta miles de veces—está totalmente más allá de mi comprensión. Eso por sí solo, es una señal de que la ignorancia absoluta y la estupidez que nace de ella se están volviendo endémicas en ciertas comunidades de nuestras atribuladas sociedades y en la clase política gobernante.

Debemos usar nuestro intelecto divino para razonar y reunirnos, negándonos a permitir que los líderes en ascenso del Nuevo Orden Mundial, encaramados en sus tronos de poder, susciten en nosotros comportamientos antagonistas o consciencia de víctima, arrastrando a la gente a una mentalidad de oposición odiosa, impotencia y resignación. Tales estados de consciencia basados en las emociones proporcionan la energía de la que se alimentan esos traficantes de poder para instigar la guerra, la disparidad y la destrucción en todos los niveles—y así, su sombra crece.

Sólo podemos superar esta opresión si nos unimos, en una unidad sin miedo. Tenemos un largo camino para recorrer antes de que un número suficiente de nosotros alcancemos ese estado de ser, pero estamos llegando. Puede que no lo parezca desde donde ustedes estén mirando, especialmente si les viene desde los principales medios de comunicación. Pero la gente está despertando por fin.

Este **es** el Gran Despertar.

No olvidemos nunca que cada pieza del rompecabezas, tan importante para el resultado como la siguiente, encaja en otra. Todos los colores y el arte del diseño nos llevan, paso a paso, a través del proceso de reconstrucción, del pensamiento enfocado, la atención a los detalles y la visión de un espectro de colores y matices que nos guían a través del proceso hasta que, finalmente, la visión de conjunto queda clara. Encajamos esa última pieza en su lugar, observamos y celebramos todo lo que hemos hecho, juntos, para co-crear una nueva perspectiva del paisaje de nuestra realidad cambiante.

Que nuestras más elevadas intenciones de hacer brillar la luz y la compasión a través del reino de la materia que nace de ellas rompan todas y cada una las barreras impuestas, para tocar las vidas de unos y de otros, y que lo que comparto con ustedes en esta misiva reavive el poder dentro de todos los que han elegido leer estas palabras—espejos de mi alma—para compartir mis pensamientos y la intención detrás de ellos. Mi esperanza es que, a través de ellos, sientan mi amor por la humanidad, y por todos los seres vivos de nuestro mundo. Es un amor que emana de mi corazón y de mi alma.

*

Muchas veces durante la escritura de este libro, experimenté el temido "bloqueo del escritor", y tuve que alejarme durante días, semanas . . . incluso por un mes del tiempo crucial para escribir—mientras el maestro del reloj, ese cronometrador implacable, marcaba las horas, trazando mi progreso hacia la fecha límite de presentación a los editores que se acercaba rápidamente, sólo para terminar publicándolo yo misma. En esta mutación de cuarta dimensión del tiempo, cada vez más problemática, en la que nos encontramos ahora, la aguja del reloj parecía estar siempre corriendo alrededor de la esfera con un ímpetu tan desenfrenado que parecía que iría a salirse del reloj y desaparecer en algún oscuro portal hacia otros reinos. No ayudaba el hecho de que, en cada fase de la evolución del libro, sintiera que el tiempo se me escapaba por completo, como una correa peligrosamente suelta en una cinta de correr, sacándome del paso, hasta el punto donde parecía que estaba constantemente fuera de ritmo y cayendo hacia atrás, perdiendo mi control. Para mí estaba muy claro que el "no-tiempo" de la cuarta dimensión había comenzado a manifestarse en el "ahora mismo" de mi experiencia.

Mientras escribo estas mismas palabras, estamos en medio de todo esto, dando vueltas y vueltas como ropas raídas en una secadora eléctrica, saliendo lentamente de la tercera dimensión, preguntándonos dónde terminaremos, y que pasará cuando lleguemos allí, cuando este ciclo difícil quede finalmente atrás.

Mi último libro, *Las Nuevas Revelaciones de Sirio, Profecías para el Colectivo Humano Ascendente*, predijo cómo este cambio de la tercera a la cuarta dimensión estaría sucediendo ahora, y cómo sería difícil para nosotros, al principio, reconocer los cambios sutiles que con rapidez se volverían tan evidentemente obvios que golpearían nuestra percepción consciente ¡como un asteroide rebelde estrellándose contra la Tierra! Tengo la impresión, en esta hora portentosa—un minuto para la medianoche—de que estamos en plena fase de transición. . . creyendo todavía que estamos en la tercera dimensión, pero reconociendo, con cada nuevo día, que estamos tratando, entre otras cosas, con la transmutación absoluta del tiempo, como nunca antes la hemos conocido.

Nos damos cuenta de que, simplemente, no podemos mantener el ritmo de un día…un mes… un año.

El tiempo, como lo hemos entendido hasta ahora, se está convirtiendo rápidamente en una imagen borrosa de cuarta dimensión.

La nuestra es una experiencia que ninguna otra civilización ha conocido antes que nosotros, una en la que nos encontramos extrañamente enredados entre dos dimensiones: sabiendo que no podemos volver atrás, mientras experimentamos temor e incertidumbre alucinante sobre lo que realmente nos espera, al vernos catapultados hacia un futuro extraño y espeluznante, que ya se está desarrollando en nuestras vidas—uno que parece una novela de ciencia ficción. Es una lucha por encontrarle sentido y un contexto desde el cual sepamos cómo afrontar estos cambios.

Más allá de la comprensión bastante limitada que poseemos de nuestro complejo cuerpo energético, y de cómo interactúa con el campo cuántico en la incansable operación de la biogénesis humana, somos capaces de aplicar nuestras mentes exquisitas para afectar, alterar y manifestar todo lo que aparece como materia en el escurridizo reino físico que todavía percibimos como la tercera dimensión. La mente sobre la materia, o "manifestación", como preferimos llamarla, está ocurriendo con tal inmediatez ahora que estamos en esta nueva banda de frecuencia. Todavía tenemos que comprender cómo esta deformación del tiempo, que tantos de nosotros estamos experimentando actualmente, afecta a las proyecciones mismas que entendemos como realidad, pero que—a medida que avanzamos—reconocemos cada vez más como mera ilusión. Esta consciencia de 4D todavía es muy joven, y tenemos mucho que aprender, mientras viajamos por la línea de tiempo del no-tiempo- una contradicción deliberada de términos.

No es diferente a tener una pierna en dos botes de remos separados, montando el mar abierto, mientras observamos cómo se acerca una enorme tormenta.

*

A medida que se acercaba la temida fecha de entrega del manuscrito, yo vacilaba, me detenía . . . y luego volvía a empezar. ¿Qué era lo que me bloqueaba tan decididamente que podía pasarme días enteros sin ser capaz de soportar siquiera mirar la pantalla de la computadora? A lo largo de toda mi experiencia como escritora, que abarca casi treinta años, nunca me había ocurrido esto antes. Solo cuando finalmente escribí la última palabra comprendí que la naturaleza de este material, posiblemente el más controvertido que haya escrito jamás, me había desafiado. Esta vez, no tenía a mi equipo, el Alto Consejo de Sirio, dictando a través de mi cerebro al teclado, como lo he tenido en libros anteriores, así que no había otra opción que escarbar dentro mío y sacar todo lo que tenía para compartir, sin cuestionarme. . . sin preocuparme de quién podría ofenderse, o por qué.

En el mundo de hoy, eso es un acto revolucionario.

Dado el estado de ánimo general de la humanidad ahora, y la aceleración sin precedentes de la censura totalitaria y el control mental masivo en todo el mundo, me quedó claro que mi bloqueo de escritora nunca se debió a la falta de inspiración, ni a la tarea de escribir, per se, y que nunca me ha faltado la disciplina para cumplir con un plazo. El acto de atreverme a profundizar en el campo de debate tan polarizado en el que me he embarcado en esta obra, de negarme a ceder a los dictados de la nueva corrección política, y de ser muy consciente de los desafíos y eventuales críticas que me esperaban, por parte de los nuevos censores, fue con lo que había luchado durante meses

Ahora está claro para todos nosotros que, simplemente, ya no somos libres para comunicarnos abiertamente unos con otros, ni en forma escrita, a través de redes sociales, ni en un diálogo abierto. Las banderas rojas ondean contra los mástiles, soplan salvajes con los vientos del cambio, y señalan un peligro real para quienes dicen esta verdad en un tiempo como éste—un tiempo de censura al estilo comunista: el nuevo Macartismo. Tuve que seguir reexaminando mi propio miedo y temor—emociones que rara vez experimento. ¿Valía la pena que mi dedicación al servicio del Espíritu sometiera mi existencia pacífica (tan pacífica como puede ser en la distopía de nuestro nuevo mundo) a los riesgos que plantea una implacable sociedad de "cultura de la cancelación" y la creciente tiranía del gobierno del Nuevo Mundo? Me vi obligada a sopesar el valor de honrar mi misión, frente a la protección de mi privacidad y mi vida, y declarar mi verdad, en un momento en que la verdad, usurpada por un sinfín de distorsiones y mentiras, está siendo ahogada en el olvido.

La verdad inclinó la balanza.

En un mundo en el que los soldados oscuros de un ejército extendido acechan dentro y fuera de las dimensiones, exigiendo nuestro silencio, decir esa verdad es visto como un acto traicionero, incluso de traición contra el estado. . . o mejor dicho, contra el gobierno mundial en los niveles más altos, y contra todos y cada uno de sus secuaces, un escalón por debajo.

Allí, donde las sombras velan la luz, los supresores de la libertad esperan, escudriñando cada palabra, impidiendo el libre pensamiento y el diálogo, y amenazando . . . ansiosos por saltar y agarrarnos por el cuello, si nos atrevemos a desafiar su narrativa intolerable, deshumanizadora.

Pero mantengo mi convicción de que debemos decir la verdad, de todos modos.

Que suenen las campanas, y que la voz de la verdad resuene en las plazas del pueblo.

*

Y luego está esta gran división entre las personas, y la polarización extrema de ideologías, percepciones y convicciones. Impulsados por los principales medios de comunicación abiertamente controladores, tantos seres humanos se han vuelto mentalmente rígidos y emocionalmente congelados, encerrados en posiciones de rectitud—creyendo lo que se les dice que crean y nada más. Primero, se les enseña a sentirse "ofendidos" por cualquier cosa que no encaje en el paradigma colectivo aceptable; luego, se los lleva al miedo irracional y la ira contra el otro. Se aferran a esta visión del mundo recién adquirida, inmutable, que ha sido inculcada en su consciencia, en solo unos pocos años, a través de la marcha estridente y militante del Nuevo Orden Mundial.

Una agenda que ha estado fomentándose en la caldera de los globalistas por siglos, su virulento brebaje se ha servido a la población mundial a través de la "pandemia" del Covid-19, y el experimento de inoculación altamente peligroso y mortal de hombres, mujeres y niños en todo el mundo. Es el presagio de una agenda transhumanista trazada durante décadas, entregada a través de los centinelas comandados por aquellos que, durante mucho tiempo, han gobernado la Tierra.

Parece que nos estamos acercando al punto culminante de su línea de tiempo del fin del mundo con el lanzamiento y la progresión del "virus" Covid-19.

Y sin embargo, mientras tantas personas sucumben al miedo y a todas las emociones más bajas movidas dentro suyo por la propaganda extrema y las mentiras descaradas que rodean lo que sea que este "virus" sea; otros, forzados a salir de sus zonas de confort por el abuso de poder ejercido abiertamente por el despliegue de la así llamada pandemia, están despertando. Una vez que acceden a la verdad innegable de lo que realmente es esta cosa, no pueden evitar modificar su visión de una realidad global . . . una que ni siquiera habían imaginado antes. Muchos otros de nosotros, lo que probablemente incluye a aquellos de ustedes que han elegido leer este libro, hemos estado despiertos durante mucho tiempo, esperando que la humanidad finalmente se sacuda su sueño, para mirar la realidad a la cara y levantarse. . . por fin.

Nos han etiquetado como "teóricos de la conspiración" durante tanto tiempo que apenas podemos recordar el momento o el catalizador "píldora roja" que nos "sacó de la mentalidad matrix".

Sea cual sea el momento en la cita personal de cada cual con la realidad de nuestro drama en desarrollo en el plano terrestre, una cosa es cierta: casi nadie en esta pequeña esfera azul en el espacio es indiferente a las cuestiones que planteo en esta obra, aunque un gran número de ellos no esté dispuesto siquiera a considerar nada que desafíe el status quo, como este libro lo hace, abiertamente, de tapa a tapa.

En esta coyuntura crítica de nuestra evolución planetaria, todo lo que se está desarrollando a nivel global y local nos dispara a todos, de una forma u otra. Con muy pocas excepciones, los principales medios de comunicación, que se han convertido en nada más que en una máquina de propaganda constante que empuja la agenda globalista, ya no informan ninguna noticia objetiva, en absoluto. Están agitando nuestras frenéticas sociedades hasta tal punto que ya casi no pensamos en nada. Lo que tenemos, en lugar de pensamiento crítico, es una reacción instintiva perpetua, las veinticuatro horas del día, los siete días a la semana—y eso es deliberado. Es esencial para la supresión del espíritu humano, y la subsiguiente toma de control de nuestra sociedad global. Estamos siendo sacudidos hasta la médula—empujados al modo de supervivencia—viendo cómo se erosiona la calidad de nuestras vidas y preguntándonos, desde las plataformas de observación donde nos encontramos ahora, qué puede deparar una futura realidad terrestre, especialmente para los niños, y qué legado dejaremos personalmente.

Desafortunadamente, hay quienes actúan bajo esas emociones de maneras extremas y peligrosas—ya sea volviéndolas hacia dentro, contra sí mismos, o atacando a todos los demás. Todos hemos visto con qué violencia se oponen ahora las personas unas a otras, con familias y amistades destrozadas por doctrinas fabricadas, y las decisiones, que alteran la vida, que se ven obligadas a tomar a causa de ellas, y donde la oposición a cualquier cosa que no encaje en la convicción de una persona resulta en rechazo, alienación . . . incluso en odio total del otro.

¿Quién de nosotros no ha perdido un familiar o un amigo por no abrazar sus códigos de supervivencia?

Con eso en mente, soy muy consciente de que mucha gente, en particular aquellos que abrazan la narrativa con que los alimentan los personajes de los medios principales, muy probablemente se sentirán molestos por lo que propongo como la visión "más amplia" de la guerra espiritual en marcha en este momento en la Madre Tierra.

Nunca es fácil exponer el mal y la destrucción, especialmente cuando uno busca encontrar un enfoque espiritual desde donde se lo pueda examinar objetivamente. Sabía que tenía que estar dispuesta a sacudir algunas jaulas, a enfrentar las repercusiones que surgen de desafiar las convicciones de la gente, y luego a ayudar a quien pueda, a mirar a la bestia directamente a los ojos.

Lo estaba, gracias a Dios. Y lo he hecho.

"Malditos torpedos. Adelante a toda velocidad!"

*

La guerra está en todas partes—personas contra personas, naciones contra naciones— y con la agitación de las emociones más bajas en gran parte de la población mundial, estas divisiones cada vez mayores sirven como forraje energético para los tiranos que intentan convertir nuestra hermosa Tierra en un mundo sin vida, un miserable planeta prisión. Ellos disfrutan y se alimentan con la guerra perpetua, la enfermedad y el sufrimiento, y el deseo de destrucción. Criaturas vampíricas, se alimentan del miedo que succionan del ethos cargado de adrenalina de todas las especies—especialmente la nuestra. Lamentablemente, como muchos de ustedes son muy conscientes, tienen predilección por el de los niños: cuanto más pequeños, mejor.

Necesitan atarnos a una batalla perpetua de unos contra otros, porque creen que, mientras estemos ocupados con lo que parece ser una división irreversible a todos los niveles, nunca vamos a encontrar nuestro camino de vuelta a la unidad, de donde nos envalentonamos y empoderamos para levantarnos contra ellos.

¡Qué equivocados están!

Empezamos a ser testigos de cómo decae su poder. Sus maquinaciones no van de acuerdo con lo planeado, porque han cometido un enorme error estratégico en su guerra contra los hombres, mujeres y niños libres de la tierra viva. Han cometido el error crucial de subestimar la grandeza del espíritu humano.

¿Espíritu? Es imponderable para ellos; ellos no caminan con Dios, y no creen en la inmortalidad del alma. En cuanto a la grandeza y potencial del ser humano, es algo que no pueden empezar a comprender, porque nos perciben como ganado inferior y sin cerebro. Han elegido oponerse al amor, porque eso es todo lo que conocen: la cueva fría, oscura . . . el conjuro . . . la esclavitud al demonio.

Y maldicen la luz. Como la bruja mala del Mago de Oz, el demonio se marchita y se convierte en polvo cuando un rayo de amor concentrado impregna sus paredes sombrías. Creen que la luz los quemará y destruirá, y están decididos a apagarla antes de que se extienda por las prisiones de sus almas perdidas.

La nuestra es una llama que solo pueden extinguir si encuentran una manera de eclipsar el resplandor del Código Dios dentro nuestro— apagar la vela de nuestro espíritu colectivo, subvirtiendo todo lo que nos hace humanos.

Ese es su trabajo en curso. Y ese, mis compañeros guerreros, es su objetivo final.

En ningún otro momento de la historia registrada, la estrategia de "divide et impera" (divide y vencerás) del dictador Julio César ha sido más flagrante que ahora, porque ésta es una guerra mundial en curso. No se trata simplemente de expansión y conquista territorial, porque al final, estos globalistas creen que ya son dueños de todo el planeta. No, esto es el Armagedón—la batalla de la oscuridad y la luz— librado por una cábala de señores supremos luciferinos, impostores poseídos y sus demonios, contra el Corazón Único del Espíritu.

Son sus almas lo que buscan, y vienen por ellas.

Nuestro problema del Siglo XXI no tiene nada que ver con la intención de uno u otro líder despótico de invadir un país vecino, o de asfixiar la fuerza vital del propio. Todo eso es camuflaje, donde sea que se desarrolle. No se trata de un Hitler, o de un Stalin o de cualquier otro dictador omnipotente…ni de los títeres recién entrenados en posiciones de poder en el gobierno. Para nosotros, levantarnos contra uno cualquiera de estos actores es, en realidad, inútil y, a la larga, contraproducente porque, como el mítico monstruo griego, Hidra, por cada uno que caiga, se levantarán dos más. Necesitamos entender que estamos luchando contra una bestia de múltiples cabezas, cuyos tentáculos se extienden por todo el mundo.

Para liberarnos de la monstruosidad que ha asumido el dominio del planeta, necesitamos atacar la raíz— el núcleo absoluto del mal—o nunca nos liberaremos de él. Nunca. Para eso, debemos entender perfectamente a esta bestia: qué es el fuego en su vientre, qué alimenta su hambre insaciable, y cuál es su objetivo final.

Las raíces del mal siguen siendo un misterio oscuro e insondable. Nos preguntamos: "¿Por qué la polaridad debe definir el plano físico en esta batalla aparentemente interminable de oscuridad y luz, y cuándo seremos verdaderamente liberados de su control?" Mientras contemplamos la sabiduría de un Dios que todo lo sabe, que creó el abismo para que nosotros, chispas de Su luz divina, podamos conocer el libre albedrío para elegir, solo podemos preguntarnos por qué tiene que ser tan intensa esta maldad, que tantas almas y seres inocentes deben sufrir tan insoportable dolor y miseria—solo para perecer bajo su manto omnipresente.

Cómo reconciliamos verdaderamente la fuerza del mal—porque si es una creación divina, en lugar de un poder separado, opuesto, ¿debe ser tan abarcador, tan impenetrablemente oscuro? La respuesta obvia, que resuena una y otra vez en nuestras almas es, "¡Sí, debe serlo!" hasta que honremos el propósito de nuestra alma, no temamos, y entremos en la iluminación total de nuestra propia devoción a Dios. Debe ser tan tremendamente poderoso que no nos deje otra opción más que levantarnos juntos, por fin, y surgir, como un maremoto inconmensurable, contra él. Debe ser tan omnipotente que no conozcamos otro recurso más que mantenernos firmes en la luz de Dios—la fuerza todopoderosa del amor interminable, incondicional—y entonces, sin miedo en esa brillantez, inundar las oscuras salas del mal con el resplandor infinito de la luz eterna.

Sólo entonces conoceremos realmente, y abrazaremos, la inmensidad de nuestra misión galáctica aquí en la Tierra hoy, y más allá mañana.

*

Al final, el gran abismo de separación que define la verdadera división social en el Planeta Tierra se encuentra entre los supermillonarios y los cada vez más pobres: la élite y los trabajadores, o los privados de sus derechos. ¿No es sorprendente cómo la clase dominante ha logrado redirigir nuestra percepción para fijarla en las "diferencias" ideológicas y sociales entre nosotros—para destruirnos unos a otros por ellas—cuando son los supermillonarios y poderosos, los titiriteros, a quienes deberíamos estar desafiando? Nos mantienen peleando, drogándonos con sus venenos, matándonos unos a otros, mientras que, al mismo tiempo, seguimos pagando un tercio o más de todo lo que ganamos al gobierno, a través de una estructura impositiva arbitraria—diseñada por ellos, claro. La interminable historia del poder abusivo se nutre inevitablemente de la sangre, el sudor y las lágrimas de la clase trabajadora, y descansa en el privilegio de quienes redactan las leyes para enriquecerse cada vez más, mientras nosotros, el pueblo, nos empobrecemos sin cesar.

Este sistema corrupto desvía esos fondos que permiten a los supermillonarios comprar toda la tierra, navegar mega yates, volar sus jets privados y jugar en urbanizaciones cerradas de lujo ostentoso—sabiendo que si nosotros, los "grandes sucios" e "inútiles alimentadores" (como les gusta llamarnos) alguna vez nos levantáramos contra ellos, unidos, esas puertas se derrumbarían . . . y así también su poder obsceno y su abuso.

Tenemos que entender ese mecanismo, para comprender cómo estamos siendo divididos en bandos opuestos a través de la exacerbación de todo lo que nos ha mantenido divididos a lo largo de la historia—raza, religión, riqueza, nacionalismo e ideologías políticas infundadas, y en su mayoría incultas—hasta las de nueva creación, tales como: identidad de género, clasificaciones de pronombres, exacerbación del odio racista irracional y, las posturas más recientes, dogmáticamente divisivas, a favor o en contra de las vacunas.

Elijan su veneno.

Siempre el aforismo "si no estás con nosotros, estás con los terroristas," amplía el abismo que nos divide. "Si no estás vacunado, significa que quieres matarme," y "Si estás a favor de Putin, eres un nazi extremista," son los juicios más nuevos que transmiten esa misma amenaza—y sirven al mismo propósito: dividir para conquistar.

En este mundo post-2020, en el que, a diario, sentimos que se aprieta la abrazadera de la represión sobre toda la civilización, casi nadie—especialmente los que nos negamos a acatarla—ha escapado al yugo de esas restricciones aplastantes, que están siendo impuestas por este Nuevo Orden Mundial autocrático, que nos sujeta con sus controles radicales, acorrala nuestras mentes, y arrebata la vida a nuestras libertades civiles.

En todas partes en el mundo, la voz de la libertad está siendo intimidada, sofocada, y rápidamente silenciada, usurpada por guiones narrativos y distorsiones de la realidad, transmitidos a través de los peones de los principales medios de comunicación globalistas, de quienes son dueños y a quienes controlan. Es posible que ustedes no sepan que nada menos que un noventa por ciento de los medios que alimentan la propaganda en las mentes de los ciudadanos del mundo es de propiedad de seis mega gigantes de los medios: General Electric, News Corp., Disney, ViaCom, Time Warner y CBS. Así que, si todavía creen que tienen diversidad de opciones y opiniones gracias a esta consolidación de programación disfrazada de noticias, olvídenlo. No tienen elección. Seis gigantes corruptos de los medios controlan casi todo lo que ustedes leen, todo lo que miran, y todo lo que les dicen que es una representación "verdadera y equilibrada" de lo que "sucede" en el escenario mundial.

Aquellos de nosotros que representamos una alternativa a la propaganda dominante estamos luchando para mantener viva la voz de la libertad, pero los canales de comunicación se están cerrando rápidamente. Nuestros puentes están siendo bombardeados, derrumbándose en ríos embravecidos, uno a uno. Es una batalla diaria simplemente arreglárselas para no ser "culturalmente cancelados". Sé exactamente cómo se siente eso—lo he experimentado personalmente—y conozco la ignorancia que lo impulsa.

Así es como parece que se hacen las cosas en estos días. Es un triste estado de cosas. . . testimonio de la extrema polaridad que ahora nos divide. O se alinean y aceptan la narrativa, o están acabados.

Pero yo no estoy acabada—lejos de eso. Aquí estoy, mucho mejor para ello, más fuerte en mi determinación, sabiendo que la verdad encuentra finalmente su camino alrededor de la obstrucción, la negación y las mentiras.

No debemos olvidar nunca eso.

Nunca debemos ceder a la ignorancia de los matones del patio de la escuela y ser forzados a darle la espalda a lo que creemos, o a nuestro derecho a decirlo, porque alguien exige nuestro silencio.

De las llamas, el humo y las cenizas, el fénix se eleva.

*

Ahora tenemos una imagen más clara del poder globalista centralizado que está decidido a poseer todo el planeta, y a clasificar cada unidad biológica que lo habita. Firmes en su manipulación de todas y cada una de las vías del discurso público, y convencidos de su invencibilidad, están saliendo de su escondite, abandonando la mascarada de sus pretensiosas máscaras de filantropía para revelar a los demonios que cambian de forma detrás de la fachada.

Su bastión sobre la industria High Tech ha tenido un éxito masivo en su misión de controlar nuestro acceso y libertad de expresión en las redes sociales, silenciando nuestras preguntas y respuestas, e impidiendo casi cualquier discusión o debate sobre cualquier tema en el ámbito sociopolítico—que es casi todo en estos días, dado lo absolutamente politizada que es nuestra experiencia de la sociedad contemporánea. Se supone que no debemos revelar lo que aquellos que dominan nuestro mundo no quieren que vean las masas hipnotizadas. No se nos permite ofrecer alternativas para sacar a las personas de la desesperación y la impotencia, para elevar sus espíritus más alto, más cerca de su propia conexión con lo Divino. Dios no permita que sugiramos un antídoto para los venenos de la Big Pharma, o una cura alternativa para lo que no quieren que se cure.

Y, sin embargo, todavía encontramos nuestro camino, como una brizna de hierba, abriéndose camino a través de una grieta en el pavimento, sin conocer otro destino que alcanzar el sol. . .sin conocer otro propósito que el de vivir y crecer, y buscar la luz.

¿No es hora de que fijemos nuestra mirada en las estrellas? Por muchos años que nos queden aquí en este hermoso Planeta Tierra, y sin importar lo que ocurra en el ilusorio campo de transición 3D/4D en el que nos encontramos ahora, estamos destinados a celebrar la vida, no a temerla. Eso no es para lo que vinimos aquí.

La morfogénesis de la vida en este planeta define cómo crecemos. Nos recuerda la sabiduría divina dentro de todos nosotros—exactamente de lo que somos capaces—desde las abstracciones de pensamiento y la percepción, hasta la increíble sabiduría dentro de nuestro ADN microscópico, cuyo papel es dar a luz lo nuevo y dejar ir lo que ya no sirve, para tejer el tapiz sagrado de nuestra memoria celular, y mantener el cuerpo eléctrico en un vibrante estado de salud y óptimo rendimiento.

Es inherente a nuestra composición celular que nos esforcemos para vivir en armonía con la Tierra, para prosperar y, entonces, co-crear nuestro mundo—abriéndonos paso entre los obstáculos, como esa brizna de hierba. . .simple y pura, guiada y conectada con la Fuente de Dios, sea lo que sea que percibamos que es. Todo está escrito en el lenguaje de nuestro ADN, el Diseño Divino de todos los seres vivos, que no requiere corrección artificial (por inyección o cualquier otro medio), ni interferencia impuesta o redirección.

Si tan solo recordáramos que somos la luz de Dios. Está dentro, no fuera de nosotros. Y cuando somos dueños de esa divinidad, y sabemos qué inmenso poder poseemos realmente, ninguna de las fuerzas de la oposición que intentan destruirnos puede jamás lograr oscurecer el sol dentro y alrededor nuestro lo suficiente como para bloquear la luz infinita: no importa lo que hagan. . .no importa con cuánta desesperación lo intenten.

Los Oligarcas empeñados en despoblar el planeta—aquellos que nos programan para que pensemos lo que ellos quieren que pensemos e, inevitablemente, para que hagamos lo que ellos quieren que hagamos— están más que felices de "eliminarnos" por atrevernos a desafiarlos, porque la vida humana no tiene ninguna importancia para ellos. Desde su perspectiva distorsionada, cuantos menos seamos, mejor. Somos una mera obstrucción para su objetivo final de poseer todo el planeta: debajo de la superficie, en ciudades búnker bien aprovisionadas, lujosas, que bordean su inframundo, y sobre la superficie, con nosotros, los "habitantes de la superficie," donde tienen la intención de limpiar cada metro cuadrado de superficie—los océanos también—de todos y cada uno de los seres humanos biológicos y formas de vida natural que queden en su camino.

No sorprende que esta clase de individuos, cuyo deseo pervertido es abortar el progreso natural y evolutivo de los seres vivos en este planeta, siempre logre encontrar financiamiento para impulsar sus agendas. Tienen un suministro interminable de riqueza y recursos infinitos, y controlan el sistema monetario global. En primer plano, en casi todos los casos, hay una intención comunitaria de llevar a la humanidad a una red de control, por la que todos estén conectados a lo que han acuñado como la "Internet de los Cuerpos," a medida que somos convertidos en seres robóticos, sin alma, que responden, como autómatas, a las órdenes de la Inteligencia Artificial (IA). Tienen el poder y el dinero para corromper y persuadir a cualquiera, y cualquier cosa que necesiten para impulsar esa agenda.

No se puede negar que estos individuos marchan al son de otro tambor. Se podría argumentar que eso es simplemente porque están tan encerrados en su genio del cerebro izquierdo que no saben cómo comunicar las emociones, y por lo tanto, parecen rígidos y muy incómodos en su piel (¿humana?). Tal vez son una especie extraterrestre—reptil— con la intención de tomar el planeta como suyo. ¿Podemos, realmente, descartar eso, sabiendo lo que sabemos hoy? O podría ser simplemente que sean robots humanos, una extraña nueva forma de entidad Cíborg que se parece a la forma humana. Podría ser muy bien que ellos mismos estén conectados a la computadora central, y que sea la inteligencia artificial la que los dirige a implantar en el cerebro humano un disco duro en miniatura, o un dispositivo de rastreo de radiofrecuencia (RFID) en el brazo o la frente, para redirigir al público a la vigilancia, la mente de la irrealidad . . .o para alterarnos a nivel celular—en el ADN—mientras nos preparan para renunciar a nuestra biología por la mente colmena de los "Borg."

¡Estamos en una realidad que desafía la ciencia ficción, donde todo es posible! Entonces, ya es hora de que hagamos las preguntas difíciles, a pesar del ridículo y la difamación que provienen de desafiar lo que parece ser la realidad. Además, es en el mismo ahora de nuestra existencia que tenemos el deber de encontrar las respuestas, y de actuar en consecuencia con todo el poder y la fuerza de nuestra determinación y visión unificadas.

Es hora de dar un paso adelante hacia nuestra herencia divina, y escalar la espiral de ascensión hacia nuestro destino. O nos mantenemos en nuestra soberanía humana, siendo dueños de nuestro poder para curarnos a nosotros mismos y a nuestro mundo, o perdemos ambos.

Somos seres diversos, cada uno con ideas y opiniones únicas, por frustrados y homogenizados que se hayan vuelto por el control mental hipnótico y el pensamiento grupal. Aun así, somos todos humanos—al menos por ahora. Debemos tener la libertad de usar nuestro intelecto innato para expresar esas ideas, cuestionar las de otros y, lanzarlas unos a otros en foros libres—en reuniones ciudadanas y por internet— para encontrar soluciones en tiempo real. A partir de ahí, seremos capaces de preparar nuevos caminos para experimentar y comprender el mundo que co-creamos perpetuamente a través de nuestra propia existencia.

Allí comienza la libertad fundamental, en nuestra libre expresión e intercambio. Sin ella, estamos a un paso de ser enterrados indefinidamente, animales enjaulados en campos de concentración y prisiones subterráneas, como esos que se están construyendo y que ya funcionan en Australia, Canadá, China y los campamentos de la Agencia Federal de Gestión de Emergencias (FEMA) en Estados Unidos. Supuestamente, están destinados a ser centros de aislamiento para los "contagiosos," pero parece que su verdadero propósito es "reeducar" a aquellos que se atreven a cuestionar el estrecho ancho de banda del pensamiento "aceptado," y aplastar a quienes desafían la narrativa que ha coaccionado para siempre a miles de millones de personas que han entregado su libertad, historia tras historia, mentira tras mentira...

¿Usarán los administradores de esas prisiones implantes para alterar las mentes de sus prisioneros, de modo que nunca recuerden quiénes eran y qué fueron libres de creer alguna vez? Es absolutamente posible.

Con este fin, estamos siendo constantemente amenazados. Nuestros "pensamientos inaceptables" y las palabras que usamos están siendo censurados de todas las formas posibles, hasta la aniquilación del lenguaje mismo. Cada día, perdemos palabras ante los jueces encapuchados de esa autoproclamada patrulla de la lengua que tiene como misión la destrucción total de lo que alguna vez creímos que era nuestro derecho inalienable: la libertad de expresión, a través del diálogo y la expresión artística.

¿Como pudimos haber sido tan descuidados como para dar por sentada la libertad—tan vital como el aire que respiramos?

Qué pena, ese derecho se está desintegrando, a un ritmo increíble, ante nuestros ojos. Los pensamientos disidentes se están eliminando de todos los medios de comunicación; las películas y los libros clásicos se están prohibiendo y quemando en público; las bibliotecas se están transformando lentamente en tiendas de pornografía para la juventud; la historia y la cultura se están borrando de los registros; incluso las palabras—las palabras inocentes—se están declarando "ilegales".

¿Si esto no es control mental, con la intención de destruir nuestra cultura, y aplastar nuestra humanidad, entonces díganme—¿qué es?

Y así es que estamos siendo preparados para ser esclavos sin voz, obedientes y dispuestos—mucho más subordinados de lo que nunca hemos sido— atados a una agenda global que es mucho peor que lo que podríamos haber imaginado posible. Quieren que creamos que somos impotentes contra ellos, de modo que o nos inclinamos, sin cuestionar, ante el amo, o nos sometemos a sus niveles de castigo, por medio de los cuales seremos metafóricamente (por el momento) azotados hasta la sumisión. Tienen las herramientas para hacer eso, y las están usando activamente contra nosotros, mientras nos dejan saber que, independientemente de las atrocidades que nos infringen a todos—el fin justifica sus medios.

Aquellos que se atreven a exponer la verdad y a revelar los secretos sucios, como nuestro hermano Julian Assange, ya han sufrido algún nivel de difamación, abuso mental extremo, tortura física, y prisión—todo hasta la destrucción absoluta de sus vidas, simplemente porque han dado esas vidas para permanecer en esa verdad, para que podamos recuperar nuestra libertad. . . para que la raza humana tenga una oportunidad de sobrevivir.

Parece que todos los días escuchamos nuevos pronunciamientos, advirtiéndonos de una sociedad global de dos niveles: uno para el obediente, otro para el disidente—el incumplidor. Siguen empujando el área de gol cada vez más lejos en el campo, estudiando la resistencia humana cada vez que mueven el arco, y midiendo hasta dónde pueden llegar antes de que finalmente nos rebelemos. . . antes de que termine el juego.

A pesar de la obvia extralimitación del gobierno en todo nivel, la mayoría de la gente sigue obedeciendo voluntariamente. Muchos son inocentes, y tratan de hacer lo que creen que es correcto para ellos, sus seres queridos y la comunidad—para protegerse del monstruo conjurado. Otros son cómplices, todos con un precio diferente para su ética y moralidad, y para sus propias almas.

Estamos siendo testigos del surgimiento de una violenta mentalidad de masa, por la que gente razonable está perdiendo ahora su control de la realidad, llamando a la clase gobernante aplastante, autoimpuesta, que los tiene en sus garras manipuladoras, para que ejecuten el castigo más cruel sobre aquellos que se oponen a su mente de masas—¡amigos y familiares por igual! Nadie se salva. ¿Quién podría haber imaginado jamás que, por ejemplo, millones de personas consentirían y acatarían al punto de empoderar ellos mismos, voluntariamente, a sus gobiernos para encarcelar o, incluso, ejecutar a personas que optaran por no aceptar las inyecciones químicas/sintéticas experimentales implementadas sobre la población mundial?

¿No aprendimos nada de Núremberg y de los nazis?

Qué lejos hemos caído de la gracia, y qué rápido. Es como si estuviésemos reviviendo los días de la Roma Antigua—de emperadores despiadados y esclavos—donde los espectadores insensibilizados en el Coliseo, renunciando a su humanidad, llamaban a los gladiadores embrutecidos a luchar hasta la muerte: sin siquiera reconocer que esos reacios guerreros-esclavos eran seres humanos, como ellos . . . sin pensar que ellos, los buenos ciudadanos del Imperio Romano, estaban a un error de ser arrojados a los leones, también, para el entretenimiento, empoderamiento y la pura sed de sangre de sus señores.

Fue, diríamos, para preservar la vida, para que la ciudadanía se adhiriera a los dictados de los Emperadores y pagara el diezmo a César, en el sistema de clases de la sociedad romana y su señorío impuesto sobre importantes tierras que violaron, saquearon y conquistaron. Sin embargo, hoy el "Imperio" es todo el planeta. Consume todo, en todas partes: tierra, mar y cielo. Ni siquiera los grandes océanos, ni las formas de vida que alguna vez prosperaron allí, están exentos del control de su poder. Los omnipotentes administradores de este poder despiadado están decididos a controlar toda la vida en el planeta, con especial atención a la raza humana, y de poseer todos los territorios como sus patios de recreo personales, donde están decididos a que a una población humana muy reducida tampoco se le permitirá pasar sin permiso ni, ciertamente, prosperar.

Somos casi ocho mil millones de personas, atrapadas en las garras de unos pocos miles de sangre azul cuyos orígenes son, en el mejor de los casos, cuestionables. Todavía nos inclinamos y reverenciamos a estos reyes y reinas—¿Se imaginan?

Que alguien me recuerde por qué todavía hacemos eso, y por qué todavía financiamos sus imperios.

Cada vez es más claro que aquellos que han asumido el poder en este sistema—el Nuevo Orden Mundial— han iniciado una línea de tiempo de exterminio en este planeta, programada para alcanzar su punto máximo en el año 2030. Su objetivo es reducir drásticamente la población, y transmutar a gran escala a los seres humanos biológicos en robots transhumanistas controlados tecnológicamente.

Si no nos liberamos ahora de las garras de los opresores, la luz de la consciencia humana se atenuará y, eventualmente, se apagará por completo, subsumida en los Borgs de la inteligencia artificial.

No podemos dejar que eso ocurra.

La grieta en el dique que ha restringido el flujo de la libertad humana por milenios se está resquebrajando en todas las direcciones. Esos muros de cemento se están derrumbando bajo el peso de crecientes porciones de humanidad que están resistiendo, manteniéndose unidas contra el opresor.

La minoría pronto se convertirá en mayoría.

El Gran Despertar está en marcha.

Y una vez que esos muros caigan, no serán reconstruidos. Nunca más.

Tan inmensa será la inundación de la liberación de la humanidad, lavando lo viejo, limpiando la Tierra para sembrar lo nuevo, que por fin liberaremos a nuestro amado planeta de sus construcciones de realidad perversa, y seguiremos adelante con el decreto divino que nos trajo aquí: ayudar en el renacimiento de Gaia en las dimensiones superiores, fuera de la densidad y la exacerbación de los extremos polares.

Es muy difícil para nosotros entender realmente contra qué nos enfrentamos, porque no podemos comprender la inmensa aversión que impulsa su odio. Sin embargo, lo que sí sabemos es que se requerirá un coraje sin precedentes, determinación y heroísmo de parte de tantos de nosotros como sea posible para finalmente hacer brillar la luz de la divinidad en el "campo de batalla", y retirar a los guerreros oscuros.

"El mal que hacen los hombres suele quedar enterrado en sus huesos. Así es con César," escribió Shakespeare. La cantidad de mal karma que estos seres perversos han acumulado, y eventualmente enfrentarán finalmente, es asombrosa. ¿Cuántos giros en la rueda perpetua de reencarnaciones les llevará para completar finalmente el ciclo aparentemente interminable que los tiene atados a un oscuro hechizo de sueño creado

por ellos mismos, hasta el punto en que estén listos, por fin, para iniciar su ascenso por la espiral, de regreso a la Fuente?

Su ritmo como individuos, por el que la deuda kármica de sus acciones les afecta sólo a ellos, es el que ellos determinan. No es nuestro problema, en muchos sentidos, aunque sabemos que la compasión ayuda a disolver la oscuridad. Nuestra respuesta a sus acciones destructivas contra nosotros, sin embargo, es nuestra responsabilidad ... y es nuestro derecho, como individuos y como sociedad global.

Los Césares de nuestro mundo contemporáneo tienen un poder inmensamente destructivo—ciertamente no podemos negarlo y somos prudentes en no hacerlo. Lo hemos ignorado durante mucho tiempo. Nada bueno ha salido de esa ignorancia porque, al final, solo postergamos lo inevitable. Más bien, tenemos que examinar y escudriñar la fuerza de su odio: conocer su fuerza, anticipar sus movimientos estratégicos y mantenernos erguidos en nuestra luz divina y bendita, dondequiera que el odio se levante contra nosotros . . .dondequiera que la oscuridad intente borrar la luz del amor.

Si eso significa guerra, que así sea. Hay muchas formas de ganar una guerra.

Levantemos nuestros sables de luz y escudos divinos en oposición sin miedo, pacífica y en unidad, comprometidos con la verdad y la justicia.

La mayoría de nosotros somos almas pacíficas y centradas en el corazón, que no pueden imaginar la aridez de la vida sin amor . . . sin alegría. Poseemos la capacidad de sentir compasión por las almas perdidas—incluso las más oscuras, por muy odiosas que sean . . . por muy despectivas sean. Debemos ser capaces de perdonar si alguna vez vamos a sanar esta división entre nosotros, y disolver el gran manto de oscuridad que intenta bloquear el brillo de la estrella que nos alimenta—una fuerza de inmensa maldad que no desea menos que cubrir nuestro mundo de oscuridad y miseria.

En el fondo de todos nosotros—más difícil de acceder para algunos que para otros—sabemos que la verdad, el amor y la integridad son las únicas cosas que realmente importan; son las únicas cosas que dan sentido a nuestro paso por la Tierra y más allá. Incluso aquellos atrapados en el drama de esta hora que pasa en la realidad terrestre—aquellos que han elegido el miedo, la ira y el odio—todavía, en su humanidad, con el tiempo se elevan a los aspectos más elevados de su propia existencia. En este campo de cuarta dimensión de no-tiempo eso puede parecer una eternidad o un instante—un destello—si la mente consciente lo quiere.

Es mi esperanza que todos los seres—incluso los más oscuros—puedan acelerar ese proceso y encontrar su camino de regreso al amor de Todo-lo-que-Es, Lo-Que-Siempre-Fue, y Lo-Que-Siempre-Será.

*

Admito que soy una especie de rebelde. Nunca he sido obediente a nadie ni a nada, y no pienso empezar ahora. Desde que tengo memoria, he vivido mi vida protestando contra la injusticia y cuestionando la autoridad. Esto siempre ha definido quién soy y por qué estoy aquí, y lo seguiré haciendo hasta el día de mi muerte.

Así que, me atrevo a compartir, como siempre lo he hecho, la verdad crítica de lo que está ocurriendo ahora en nuestro planeta: la guerra espiritual de décadas, progresiva, cuya misión es robar el alma humana, una guerra que está decidida a oscurecer la luz de Dios dentro de todos nosotros. Es una guerra que ya ha minado el curso de la civilización y parece que está obstaculizando nuestro progreso hacia un terreno más elevado, pero que, irónicamente, está trayendo el Gran Despertar. Es una guerra que se ha librado contra toda la población mundial y todas las criaturas vivientes de nuestro amado planeta: la guerra de guerras. . .el Apocalipsis bíblico.

Ya sea que ustedes aún tengan que reconocerlo o no, estamos en guerra. Está sobre todos nosotros, ejerciendo presión sobre nuestra civilización global.

Estamos viviendo el Armagedón.

Sopesando todas estas consideraciones, me di cuenta de que si iba a continuar sirviendo como una guerrera de la Luz, no solo no podría elegir nunca mi vida privada por sobre mi misión de servir a la humanidad, sino que tampoco podría diluir la información que quería divulgar en este libro, con el fin de distraer, de alguna manera, al demonio y, con suerte, avanzar sin ser detectada por el radar. Es demasiado tarde para eso, de todas formas. Ahora — y con una docena de libros "controvertidos" publicados, incontables entrevistas y una presencia sustancial en las redes sociales—ya pasó el tiempo en que puedo eludir las aplanadoras, que ya aplastan nuestras sociedades libres, arrasando sin piedad a cualquiera y a cualquier cosa que esté en su camino.

Todo lo que sé hacer es pararme valientemente frente a ellos, como el manifestante desconocido en la Plaza Tiananmen, y mantenerme firme. Es lo único que tiene sentido.

Es la única manera de ser que conozco.

Tal supresión omnipotente ya no se limita a las ideas y opiniones expresadas a través de las propias palabras. No, son las mismas palabras las que ahora están bajo fuego. ¡Incluso nuestras palabras están en guerra! En este tiempo frágil para la interacción humana, casi todas las formas de comunicación han sido derrotadas por la "corrección política," la censura y el castigo resultante de la cultura de cancelación para aquellos que se atreven a expresar sus ideas libremente. Se está volviendo tan difícil incluso hablar, mucho más escribir, usando un inglés gramatical correcto, tanto que nos vemos obligados a mutilar el lenguaje para que esté conforme con las ideologías impuestas y subsecuentes pensamientos, palabras y expresiones prohibidos.

Los políticos exigen el uso de palabras "políticamente correctas" de su elección; el mundo académico lo hace cumplir: la palabra aprisionada, los pensamientos programados de la mentalidad colmena. Tanta gente está hoy mentalizada, antagónica . . .simplemente esperando para emboscar ese pronombre o palabra que de repente han considerado ofensivo a su sistema de creencias, estilo de vida, raza, religión, y género. Es por esa híper y a veces irracional sensibilidad que demasiadas voces y la sabiduría de sus palabras han sido silenciadas y se han perdido para siempre—y eso es deliberado.

Parece que últimamente pasamos más tiempo defendiendo nuestro uso del lenguaje o atacando el de otros, que comunicándonos abiertamente y sin preocuparnos por ser malinterpretados o condenados, por atrevernos a usar una palabra que no encaja en los confines de la aceptabilidad artificiosa, en 2022. Las personas han sido programadas para ofenderse por casi cualquier cosa—la estrategia de la gran división—impuesta por una clase política egoísta que tiene todo para ganar acelerando la desconfianza y la intolerancia entre todos nosotros.

Esa es una gran farsa para la humanidad en general, y un peligro aún mayor para la perspectiva de la evolución de sociedades libres en todo el mundo.

Mientras observo cómo se desarrolla el drama, no puedo evitar preguntarme, "¿Cómo encontraremos nuestro camino de regreso a la cordura? Cómo diablos vamos a recuperar nuestra libertad de hablar sin ser censurados, de comunicar ideas sin recriminaciones, y de aceptar, en lugar de condenar?"

En una era orwelliana de bots informáticos de IA, trols y policías de lenguaje arbitrario, que dictan nuevas normas sociopolíticas que debemos cumplir o ser marginados, encontramos muros y cercos por todas partes. Ellos hacen casi imposible la expresión y un estilo fluido y legible. Tomemos por ejemplo el pronombre inocuo, que hoy en día puede provocar tal rabia en otro que se ha convertido en una práctica común tener que declarar qué pronombres son "aceptables" antes de atreverse a entablar una conversación. Incluso se está integrando en los comandos de la IA de las redes sociales.

¡Identifique sus pronombres—o maldito sea!

Es inimaginable para mí que nuestra división orquestada se haya vuelto tan profunda y honda que incluso el humilde pronombre puede desencadenar lo irracional, y separarnos unos de otros. Una vez que un escritor ya no es libre de usar pronombres simples correctamente, sin estar agobiado por esas restricciones recién impuestas que nos ahogan en el pseudolenguaje y significados alternativos, el flujo del pensamiento y la libre expresión se ven obstaculizados y entorpecidos. Por lo tanto, les ruego tolerancia donde, a lo largo de este libro, mi uso de pronombres refleja las reglas literarias del idioma inglés, en lugar de la adherencia a leyes de corrección política en evolución. A pesar de los intentos de inventar un nuevo pronombre para la tercera persona, sin género, la regla en inglés sigue siendo usar la palabra "él" o "de él" para llenar ese vacío. Ésa es mi educación en el uso de la gramática, y así es como elijo expresarme en mis escritos.

Mi uso del inglés apropiado no es una declaración sociopolítica; no refleja una preferencia o prejuicio de género—al menos no para mí.

Al referirme a Dios, o al Creador, cuando utilizo los pronombres en mayúsculas "Su" o "Él," también les pido que reconozcan que esto sirve, de nuevo, como un recurso literario—no como una declaración de superioridad o prejuicio de género. Personalmente, entiendo tal fuerza como un Primer Creador que está completamente libre de cualquier identidad de género porque, a medida que evolucionamos más allá de los confines de nuestra comprensión tridimensional de la realidad, nos **convertimos** en el campo unificado: masculino/femenino, eléctrico/ magnético fusionado.

En mis años de estudios metafísicos, experiencia y enseñanza, siempre he entendido que la energía masculina es "eléctrica" y, por lo tanto, la Fuerza de Dios—la chispa, el impulso eléctrico—la represento como "Él". Celebro y honro lo femenino, la gran e infinita matriz cósmica, como lo "magnético" que, junto con ese impulso eléctrico, dio nacimiento a toda la existencia—a toda la Creación—que perpetuamente nace de nuevo, a través de la metafórica *Vesica piscis,* por todo el multiverso.

Ninguno es superior al otro, ni puede existir sin su contraparte divina: no por separado—como parece hacerlo en el contexto físico de nuestro marco percibido en 3D—ni refinado en las dimensiones superiores, y claramente no en la Deidad, donde todo se fusiona en la Unidad.

Superar toda esta obstrucción es comprometerse por completo con la búsqueda de la libertad y el espíritu humano irrestricto. Por favor, no se permitan malinterpretar los significados de mi elección de facilidad literaria, simplemente debido a las cárceles de palabras y los matices, tales como los impuestos por nuestras percepciones modernas de lo que hace que un pronombre sea aceptable u objetable. No elijan ofenderse donde no existe intención de ofender—esto sólo nos separa como seres humanos. Más bien, sientan la energía detrás de las palabras, y sepan que mi propósito nunca es ofender. Mi objetivo es compartir lo que entiendo que es la verdad, ser libre de expresarlo lo mejor que pueda, y abrazar a todas y cada una de las personas que estén ansiosas, o al menos dispuestas, a escucharla.

Solíamos hablar entre nosotros, no hace mucho tiempo. ¿Cuándo perdimos eso? . . . y ¿por qué? Las diferencias de opinión eran motivo de diálogo, no de destrucción mutua.

No de guerra.

Abramos nuestros corazones y mentes. No tenemos que estar de acuerdo, y por cierto, no ciegamente. Ningún ser humano consciente, pensante, quiere eso. Pero sí necesitamos ser libres para intercambiar nuestros pensamientos, nuestros sueños, y experiencia de vida entre nosotros—nuestra "humanidad" —sin tener que caminar pisando huevos todo el tiempo, andando en puntillas sobre palabras definidas adecuadamente como "políticamente incorrectas" y todos los significados malinterpretados que la gente está programada para extraer de ellos. ¡Tenemos que comprender que estos controles del lenguaje recién impuestos se han implementado sistemáticamente, por motivos políticos, y que, inherente a ese tipo de control, existe una forma flagrante de incorrección política!

Que todos seamos entusiastas pioneros en nuestra búsqueda mutua de nuevas visiones del mundo que nos rodea y más allá. Demos sentido, no nos ofendamos . . .y estemos abiertos a nuevas ideas, ya sea que estemos de acuerdo con ellas o no, como la humanidad ha tenido la libertad de hacerlo en los foros de las grandes civilizaciones: en las salas de la Antigua Atlántida, en Egipto, en el Partenón griego y en las universidades de todo el mundo, desde tiempos inmemoriales.

Éste es el camino del Nuevo Acuario.

Un día, no muy lejano, habremos ascendido, por fin, más allá de la división, la codicia, y la corrupción en todos los niveles, y no se necesitarán palabras para unificar lo que aún hoy es nuestra experiencia de separación, porque habremos arribado. Simplemente nos comunicaremos de corazón a corazón, de alma a alma.

Mientras tanto, me mantengo erguida en mi decisión de decir mi verdad, como lo he hecho en este libro y en aquellos que lo precedieron (cuando el mundo era un lugar más apacible y la gente más acogedora) porque inclinarse ante el miedo de un monstruo presente en todas partes que acecha en la oscuridad, cambiando de forma sin cesar, como lodo podrido en las aguas de la emoción humana, es un lujo que ninguno de nosotros se puede permitir—no cuando el futuro de la humanidad y todas las formas de vida en este planeta están en juego.

Ésta es mi Declaración de Independencia muy personal.

Primera Parte
Secretos Revelados

"Después de esto, no hay vuelta atrás.
Tomas la píldora azul—y la historia termina,
despiertas en tu cama y crees en lo que quieras creer.
Tomas la píldora roja—y te quedas en el País de las Maravillas
y yo te mostraré hasta dónde llega la madriguera del conejo".

De la Película
La Matrix

Capítulo 1

Jugando a Dios con la Creación

"Hay un tiempo para todo,
y un tiempo para todo propósito bajo el cielo:
un tiempo para nacer, y un tiempo para morir;
un tiempo para plantar, y un tiempo para cosechar lo que está plantado;
un tiempo para matar, y un tiempo para sanar;
un tiempo para destruir, y un tiempo para construir;
un tiempo para llorar, y un tiempo para reír;
un tiempo para lamentar, y un tiempo para bailar;
un tiempo para arrojar piedras, y un tiempo para recogerlas;
un tiempo para abrazar, y un tiempo para evitar abrazarse;
un tiempo para buscar, y un tiempo para perder;
un tiempo para guardar, y un tiempo para desechar;
un tiempo para rasgar, y un tiempo para coser;
un tiempo para mantener silencio, y un tiempo para hablar;
un tiempo para amar, y un tiempo para odiar;
un tiempo para la guerra, y un tiempo para la paz".
—Ecclesiastes 3:1-8

Estamos en ese tiempo de guerra—una guerra contra la Tierra y la humanidad—creyendo, confiando, sabiendo que **la paz vendrá después**.

En el centro de esta guerra hay una agenda formidablemente diabólica, centrada en el exterminio del noventa por ciento de la población mundial. El objetivo final de un grupo de eugenistas poderosamente posicionados, este terrible programa de despoblación está grabado en ocho idiomas diferentes sobre cuatro misteriosas estructuras monolíticas de diecinueve pies de altura, conocidas como las "Piedras Guía de Georgia," que aparecieron, de la noche a la mañana, en los campos de Georgia hace cuarenta años.

Junto con la aniquilación de la población, existe el plan transhumanista para aquellos que sobrevivan a todos y cada uno de los cataclismos que se están desplegando actualmente sobre el planeta—que se estima que será entre el diez por ciento de nosotros y un mero millón—para tener nuestro genoma humano alterado y reconstruido de tal manera que nos convierta en una nueva especie robótica semihumana "hackeable", controlada y operada a través de la "nube" de la computadora central.

No puedo ni remotamente imaginar qué tipo de mente desearía eso, pero me imagino que no sería una humana. No importa lo distorsionada que pueda volverse una persona como consecuencia de los desafíos de la vida, no puedo imaginar a ningún ser humano, a menos que esté poseído por demonios, deseando tal destino para los de su propia especie. Tal vez, como ya he insinuado, una civilización de robots de IA está detrás de esto, una que ya está bien arraigada en nuestra civilización.

Seguramente, algunas de las personas que impulsan la agenda transhumanista están tratando de hacernos saber que no son humanos. Sin embargo, en su mayor parte, la gente ignora sus señales, porque no entienden a qué podría parecerse eso, detrás del subterfugio, y qué significaría para nuestra comprensión de la vida en nuestro planeta y más allá.

Me refiero a un sistema de control tecnológico de capas múltiples sobre la autonomía de la mente/cuerpo/espíritu humanos que han estado implementando durante décadas, y que intentan tener en funcionamiento, completamente operativo, para 2030. Esa tecnología incluye sensores corporales "ponibles", implantes cerebrales y corporales, píldoras digeribles que contienen dispositivos de seguimiento, aplicaciones de seguimiento para teléfonos inteligentes, cámaras espías en los televisores, dispositivos de IA como "Alexa" de Amazon, y mucho más mal transhumanista de lo que podemos comenzar a imaginar—y, sí, ya está aquí. El último de estos dispositivos invasivos tendrá cirujanos robot que perforarán la parte superior de nuestros cráneos (interrumpiendo en el proceso el chakra corona, como cuestión de rutina) para insertar hardware que nos conectará directamente con la nueva "Internet de los Cuerpos". Este enlace cerebro-a-computadora, conocido como "Neurolink," supuestamente estará listo para su lanzamiento en humanos en 2023—básicamente, **ahora.** Mientras tanto, parece que los científicos locos están trabajando para eliminar el Código Dios de nuestro Diseño Divino a través de software intrusivo, ingresado vía inyecciones de ARNm—por lo que, en teoría, pueden reemplazarlo con cualquier "código" o firma que deseen instalar en su lugar, como es el caso con el comando de su ARNm sintético para producir continuamente multitudes de proteínas espiga, que son tan perjudiciales para el organismo, como estamos viendo en las horribles reacciones adversas en un número alarmantemente creciente de personas.

De vez en cuando vislumbramos qué tecnologías futuristas ya se están utilizando para afectar la mutación de la esencia misma de nuestra humanidad y la subsiguiente toma de control de la humanidad, pero aún no estamos al tanto de la mayoría de las aberraciones de laboratorio y de la guerra de vigilancia electrónica que, supuestamente, están al menos cuarenta años por delante de nuestro actual conocimiento y consciencia colectiva.

Pienso que la mayoría de nosotros estamos de acuerdo en que tiene que ser alguna forma de tecnología extraterrestre futurista que se está usando contra nuestra especie, e implementando bajo el disfraz de controlar esta pandemia de un "virus," cuyos orígenes son, en el mejor de los casos, cuestionables. Pero por ahora, mientras las personas están siendo distraídas con una cadena implacable de cuestiones y eventos exagerados, diseñados para accionar sus botones emocionales, la mayor parte de esa información permanece clasificada como **por encima** de "Por Encima de Máximo Secreto".

Lo que estamos aprendiendo, sin embargo, y lo que pretendo exponer con más profundidad en este trabajo, es que la experimentación biogenética sobre el genoma humano, por razones que les hace despojarnos de la esencia misma de nuestra divinidad, está proliferando en bio-laboratorios subterráneos en todo el mundo, y que—junto con todos los subproductos raros inimaginables de su experimentación con seres vivos indefensos, torturados—una nueva especie de ser humano, el "cíborg," se está preparando para ser lanzado en la civilización terrestre del siglo XXI. Es la modificación del ADN humano, la reescritura de nuestro diseño arquitectónico dado por Dios, y la desconexión de la Fuente que surgirá de ello, lo que tiene al Nuevo Orden Mundial tan alborotado.

Esta inquietante realidad no puede descartarse como fantasía de ciencia ficción o "desinformación." La ciencia está fuera de lo normal. Nosotros, los que presentamos esa verdad, ya no podemos ser objeto de burlas como "teóricos de la conspiración" —no cuando la "teoría" ha dado paso a una "realidad" que es visible y tangible, desarrollándose en todas partes a nuestro alrededor.

Habría sido mucho más útil haber expuesto las intenciones de los bioingenieros a gran escala, hace décadas, cuando su progreso aún estaba algo contenido, como yo y varios de mis compañeros tratamos de hacerlo, pero las mentes estaban mucho más cerradas entonces, y el horror de lo que este gobierno secreto estaba tramando era demasiado malvado para que la mayoría de la población mundial lo contemplara—y mucho menos lo aceptara. Tuvo que mostrar su fea cabeza, vomitando humo y terror de las nubes negras, como el aterrador Tifón, padre de todos los monstruos, considerado el más poderoso y mortífero de todas las criaturas en la mitología griega. Y lo ha hecho.

Pero, no olvidemos que todo tiene su tiempo. Y éste es el tiempo de la Revelación.

Cada día, más personas están levantando el velo. Pueden ver los fundamentos del drama retorcido del Nuevo Orden Mundial que se está desarrollando ahora. Paradójicamente, cuanto más se aprietan los tentáculos del poder para intentar exprimirnos la fuerza vital—cuanto mayor es su maldad—más libres nos volvemos. Ese mal es palpable ahora, y la ciencia a través de la cual su veneno se desliza por nuestra fuerza vital, es realmente visible . . .en la placa de Petri y en los ojos hundidos de quienes están poseídos por ella.

Lo podemos sentir en todas partes a nuestro alrededor.

La presión está en pervertir la naturaleza humana: nuestra capacidad innata de amar, soñar, crecer. Los demagogos transhumanistas nos perciben como animales desalmados y hackeables, cuya humanidad puede y debe ser suprimida por el dios de la IA al que adoran. Ellos quieren que creamos que la idea de un alma, de un Primer Creador, es una mera ilusión y que nosotros, humanos biológicos, somos una especie en extinción.

Aparentemente, en su nueva versión mejorada de los futuros humanos, la IA nos dirá todo lo que necesitamos saber, qué pensar y cómo sentir sobre casi todo. Su visión es que seamos reescritos, enchufados a la central de IA: unidades biotecnológicas obedientes, sumisas, sin alma. Sin misterio, sin asombro, sin libre albedrío…sin sueños.

Sin Dios.

Los transhumanistas están ansiosos por clasificar los yoes futuros de uno de cada diez humanos robotoides que esperan que sobrevivan a la extinción. Se refieren a ellos como *Homo sapiens 2.0,* y ya han puesto el acrónimo *HGM* (Humanos Genéticamente Modificados), a esta clase en desarrollo de unidades semibiológicas genéticamente alteradas, con implantes tecnológicos. Científicos locos que no se disculpan, están diciéndonos exactamente lo que han planeado para nuestra especie, y lo que han puesto en marcha—regodeándose en lo que perciben como nuestra impotencia para detenerlos.

Están convencidos de que nos han llevado al punto de no retorno.

No hay duda de que nuestra respuesta a lo que están proyectando en la consciencia humana está siendo escudriñada, clasificada y almacenada en su matrix informática de IA. Por lo tanto, es de suma importancia que nos mantengamos firmes en nuestra determinación, y en ese "saber" absoluto, inquebrantable, de que, por encima y más allá de lo que ellos crean que pueden hacer para mutar nuestra especie, somos seres soberanos. Nuestras almas son inmortales.

Sabemos cómo influir en el cambio y desviar la transgresión.

Nosotros, que no estamos perdidos en la narrativa repartida por los principales propagadores del miedo, nos negamos a que cualquier tipo de interferencia penetre en nuestros cuerpos multidimensionales de capas múltiples, y juegue con nuestras mentes.

Somos seres misteriosos, complejos, chispas de la luz de Dios. Somos almas emocionales, en una búsqueda, en crecimiento (y a veces en caída), nuevas y viejas, que vinimos aquí para experimentar todo lo que podamos como seres con libre albedrío, y para participar en la expulsión del insecto leviatán que se alimenta de la flor—todos los seres vivos—del Planeta Tierra.

Estos transhumanistas radicales todavía tienen que conseguir que sus cabezas de IA entiendan que seguiremos aquí mucho después de que ellos hayan desaparecido para siempre.

Sobreviviremos a ellos . . . y prosperaremos.

Capítulo 2

El Experimento de Sirio

Antes de que profundice en el uso y abuso de la experimentación genética moderna que se ha centrado, durante décadas, en la mutación de nuestro ADN en laboratorios secretos alrededor del mundo, con especial énfasis en lo que sólo puede describirse como el desenfrenado intervencionismo corporativo/farmacéutico de los globalistas en la salud humana y nuestra soberanía de mente/cuerpo/espíritu, creo que es esencial reexaminar la cuestión de nuestra propia herencia como semillas estelares. La información que he presentado a lo largo de los años, con la que pueden o no resonar, describe lo que un número creciente de pensadores alternativos entienden que son nuestros "orígenes extraterrestres", enraizados en una hazaña de bioingeniería llevada a cabo por participantes de varios sistemas estelares más allá de nuestra propia galaxia.

También hay referencias a la participación extraterrestre en nuestro surgimiento ocultas en muchos libros sagrados, incluyendo el Antiguo Testamento. Mis libros anteriores, en particular *Basta de Secretos, Basta de Mentiras*, describen cómo nuestra especie, Homo sapiens, es precisamente eso: el "producto" de un experimento genético de alcance universal, multidimensional, y de proporciones de otro mundo: *El Experimento de Sirio.*

Aquellos de nosotros que nos identificamos con ser parte de un colectivo de seres de semillas estelares de más allá de esta Tierra, a menudo pasamos por alto la idea de que, en realidad, no somos simplemente un grupo selecto de almas interestelares migratorias, como tan a menudo nos identificamos nosotros mismos. Tal vez sea porque tenemos la suerte de conservar recuerdos claros de vidas distantes en varias capas de nuestra consciencia . . . tal vez porque estamos recuperando recuerdos destacados, mientras caminamos por nuestra vida actual aquí. Con lo que observamos en el declive de ciertos segmentos de humanidad en este momento, es un desafío abrazar la idea de que todos somos semillas estelares . . . hasta el último de nosotros. Eso puede ser algo muy difícil de aceptar, viendo qué lejos del Espíritu se han alejado tantas almas. Parece que queremos creer que solo las almas iluminadas pueden ser semillas estelares viajeras, y ese no es, necesariamente, el caso.

Nuestra percepción, y con la que nos identificamos como almas en tránsito, es que vinimos a la Tierra con un noble propósito, uno que nació de una o muchas vidas de civilizaciones planetarias más altamente evolucionadas y de estrellas distantes. Pero, debemos recordar que independientemente de lo que percibimos como almas que atraviesan el universo, debemos tener en cuenta que todo Homo sapiens posee el material de ADN que responde a esas diez hebras dispersas de las que estamos dotados—todavía hoy identificadas como "ADN basura".

Al igual que la diosa egipcia Isis, que recogió las partes de su esposo asesinado, Osiris, y le devolvió la vida para que pudiera darle un hijo, así sabemos, a nivel del alma, que tenemos el poder colectivo de devolver la vida a aquellos que están dispuestos a abandonar su resignación y desesperación, y volver a la Luz. Solo necesitamos recordar quiénes somos realmente, cómo se construyeron estos templos—el cuerpo eléctrico—para saber lo que somos capaces de conseguir para nosotros mismos, para nuestros seres queridos, y para la comunidad.

Hagamos lo que podamos para comprender que, si somos en efecto la "semilla" genética de antiguos genetistas de otros mundos, entonces **todos** los seres humanos son descendientes de seres estelares "extra galácticos", de más allá de nuestra propia galaxia, la Vía Láctea, y también de dimensiones más elevadas. Y si eso es demasiado exagerado para que ustedes lo puedan digerir, pregúntense cómo los cíborgs híbridos del futuro mirarán hacia atrás a su siembra—la mutación transhumanista de la biología humana a la máquina—y si ellos alguna vez serán capaces de aceptar la idea de que una vez fueron simplemente "humanos".

No es fácil aceptar estos paradigmas creacionistas y paralelos de ciencia ficción; la sola idea puede aturdir la mente. O que todos fuimos diseñados para ser seres de luz brillante, sobre todo viendo la poca luz que algunas personas llevan en sus almas atribuladas. Pero necesitamos reclamar esa herencia ahora—para nosotros mismos y para el colectivo humano. Un día, en el futuro no muy lejano, los extraterrestres caminarán abiertamente entre nosotros sin disfraz. Entonces, por fin, nosotros, Homo sapiens, honraremos la historia, la herencia y el alma de nuestras semillas estelares, como una sola especie, sin divisiones, y nos esforzaremos por abrazar lo mismo que los ETs benévolos que han hecho su hogar aquí, junto con nosotros: somos todos seres de la Tierra.

Los supervisores principales del experimento genético, para quienes he tenido el honor de servir como escriba durante casi tres décadas, son Maestros Ascendidos—ya no tienen forma física, ya no están atados a los confines del tiempo y la materia. Mantienen la frecuencia en un campo vibratorio de la sexta dimensión dentro del cual Sirio B, Sothis, un sistema estelar que ascendió a la sexta dimensión hace cientos de miles de años, tiene resonancia todavía hoy. De ahí que originalmente se lo denominara el "Experimento de Sirio," y más tarde el "Gran Experimento" (con varias traducciones relevantes para los idiomas de todos los participantes) ya que el proyecto involucró a expertos, y sus ADN, no sólo de Sirio, sino también de una notable extensión del universo.

Debería señalar aquí que todas las especies inteligentes en desarrollo—desde nuestro mundo hasta los confines más lejanos del universo—eventualmente desarrollan una comprensión de la microbiología de la vida biológica, en todas sus magníficas estructuras y formas, química, proporciones matemáticas y expresiones de consciencia. Todos los seres evolucionan a partir de chispas de luz divina que dan ese salto hacia el abismo oscuro, para luego encontrar lentamente la salida de él: del miedo a lo desconocido—adorando y ofreciendo sacrificios para aplacar a dioses "vengativos"—a la búsqueda de una comprensión de la mecánica de la Creación . . . reconociendo, dentro de su perfección, su propia divinidad.

Es inherente a la naturaleza de todos los seres conscientes que, mientras evolucionamos, nos esforcemos para comprender los orígenes de la vida y por qué existimos. ¿Cuál es el propósito de todo esto? Buscar eso es la motivación que empuja a los seres sintientes hacia adelante—de hecho, es la fuerza motriz de las civilizaciones. Sin embargo, lo que hacen con el conocimiento, una vez que descifran el código genético de la vida en su dominio y cuál es, entonces, su intención y propósito al entrometerse con él, es lo que determina el impacto que su interferencia con el Diseño Divino tendrá en la evolución de su rediseño, y en las deudas kármicas que resulten de ello.

Los diseñadores del Homo sapiens—que entiendo que son los seres extra dimensionales de Sirio y su hábil equipo de genetistas, biólogos y ambientalistas estelares—llegaron al proyecto inspirados por la divinidad. Poseían el conocimiento y las capacidades que les permitieron utilizar el Diseño Divino del Creador para co-crear lo que pretendían que fuera una raza superior de seres Crísticos, caminando en cuerpos físicos, para anclar la luz en este cuadrante de nuestra galaxia. Designaron a la generosa Tierra, el último Jardín del Edén, como la biósfera idílica, inmaculada, en la que anidar su semilla.

Para cumplir su misión, los participantes en la siembra del Homo sapiens recogieron material genético de especies contribuyentes de fuera del planeta, cuyos atributos comunes se aplicaron para ensamblar con éxito secuencias genéticas que luego tejieron en complejas hebras de luz, fusionadas en una matriz dodecaédrica de doce hebras. Utilizando matemáticas y ecuaciones complejas, formas geométricas, sonido y luz como medida científica y espiritual, crearon lo que creían que sería una especie de seres de luz encarnados en la forma humana, en un planeta que serviría de faro a las fuerzas de luz de la Vía Láctea y más allá.

Su placa de Petri metafórica era el universo material; el medio de crecimiento, en el que se cultivaban las células, era el amor puro, manifestado a través de una visión extraordinaria, una unidad de propósito, y un compromiso con el resultado más elevado para todos los involucrados.

Hubo muchos comienzos en falso, varios de los cuales giraron en torno a incompatibilidades genéticas antes de que, finalmente, se lanzara el diseño. La súper raza se sembró en los vientres de miles de madres subrogadas, voluntarias de la *Alianza para el Comercio Intergaláctico y el Intercambio Cultural*, que se tumbaron en el cálido abrazo de la Diosa Tierra y dieron a luz a nuestros antiguos antepasados, progenitores de nuestra especie: Homo sapiens.

La luz de los cielos, y las frecuencias de amor que brotaron del corazón colectivo de tantos seres de luz, brillaron entonces sobre la Tierra, bañando al planeta de esperanza y expectación.

*

Entretejida en esa compleja matriz biológica, de múltiples especies, la memoria celular de cada ser humano vivo hoy todavía contiene todo el material genético de cuatro especies primarias extra planetarias, de un total de doce razas ET participantes, que contribuyeron con sus códigos genéticos a la matriz. Si ustedes creen que eso es imposible, sólo recuerden que nuestros ingenieros genéticos están haciendo un trabajo similar en sus laboratorios secretos, mezclando el ADN de innumerables especies, y han estado en ello durante décadas.

Desafortunadamente, poco después de su inicio, el experimento fue interrumpido por agresores ET antagonistas, que utilizaron frecuencias electromagnéticas avanzadas, emitidas hacia la Tierra, para mezclar diez de esas hebras—de modo que sólo dos, que hoy conocemos como la "doble hélice," permanecieron intactas y activadas.

Ese material adicional de ADN todavía está dentro nuestro, todos estos milenios de generaciones más tarde, esperando la desconexión de la red electromagnética que rodea el planeta, y la fusión de coordenadas multidimensionales que permitirán la reunificación de cada fragmento, de cada trozo microscópico, de regreso a su diseño geométrico, vibratorio: el diseño original. La activación de este material de ADN, y la reestructuración de plantillas geométricas complejas dentro de cada célula, servirán para despertar las estructuras neuronales correspondientes en el cerebro, y para encender entonces el interruptor maestro de nuestra verdadera herencia como Homo sapiens: "seres de luz caminando."

A menudo me pregunto si la perdurable historia de la Virgen María y de la llamada "inmaculada concepción" de Cristo es, en realidad, un vestigio de ese evento prehistórico colosal—la siembra de nuestra especie. ¿Podría ser que ella haya sido un alma hospedada en un cuerpo, viniendo de un pasado mucho más lejano, una madre extra galáctica, subrogada divina de aquella época, y es posible que Cristo fuera un ser exaltado de doce hebras, nacido más de cien mil años después, de ese diseño original, de una población terrestre esclavizada que había sido rediseñada socialmente por extraterrestres?

¿Y la diosa Isis? Según las interpretaciones de los historiadores de los jeroglíficos cincelados que aún existen, ella vagó por todo el antiguo Egipto, en busca de las partes dispersas de su esposo, Osiris, que había sido vilmente asesinado y cortado en pedazos por el envidioso y malvado Set. El espantoso mito describe cómo el dios vengativo esparció catorce partes del cuerpo de Osiris a lo largo del sagrado Nilo, para asegurarse de que nunca pudieran ser recuperadas, para que Osiris nunca pudiera ser resucitado en la otra vida.

Así, con Osiris fuera del camino, Set se convirtió en Rey de Egipto. Pero el amor de Isis era tan inmenso, y sus poderes mágicos tan grandes, que se las arregló, con la ayuda de su hermana Neftis, para encontrar las partes del cuerpo de su esposo y volver a ensamblarlas, tras lo cual moldeó un pene de la tierra y "le devolvió la vida," resucitándolo el tiempo suficiente para darle un hijo, Horus.

¿Es el mito de las partes esparcidas de Osiris una alegoría de las hebras dispersas de ADN dentro nuestro? ¿Y somos capaces de devolverles la vida, reconstruyendo el impulso eléctrico de la mente enfocada que dará nacimiento al Cristo dormido en nuestro interior?

Gran parte de nuestra verdadera historia está oculta en parábolas de antiguos mitos y tradiciones. Sin duda, es del Registro Akáshico, no de la historia escrita, de donde es más probable que recuperemos la verdadera historia detrás de las leyendas y relatos religiosos de nuestro pasado distante . . . una historia grabada en él para siempre, en el ethos y en las estrellas. Pero tenemos pistas que nos han dejado antiguos guardianes de la sabiduría. Están esculpidas en los muros y estatuas de los templos antiguos en tantos sitios sagrados, y escritas en los rollos y papiros gastados de textos antiguos, si tan sólo pudiéramos descubrir cómo descifrarlos correctamente, y extraer de ellos la verdadera sabiduría que aquellos antiguos guardianes de registros quisieron grabar en la memoria colectiva de innumerables generaciones posteriores.

*

Disipando el Darwinismo, una teoría de la evolución biológica que aún no ha descubierto ese "eslabón perdido" no científico de las morfologías de transición, tan necesario para probar la teoría de la evolución, y para establecer que el Homo sapiens desciende genéticamente de los primates, mis fuentes de Sirio siempre han insistido en que, aunque compartimos un ADN similar al de los homínidos de nuestro planeta, no somos autóctonos de la Tierra.

Tampoco somos descendientes o parientes de los simios, aunque compartimos elementos esenciales similares de material de ADN.

Como todos sabemos muy bien, el noventa por ciento o más de nuestro ADN ha sido tachado de "basura" por los "expertos" actuales en campos científicos relacionados con la industria genética. . .como si hubiera un aspecto superfluo en la Creación. ¿Cómo se salen con la suya los que aún pretenden ser los dueños de la ciencia y del conocimiento de nuestra ascendencia? Nunca deja de asombrarme cómo gran parte de la raza humana sigue comprando la historia de que solo se utiliza el diez por ciento del ADN humano—nuestra esencia misma— y que el resto es simplemente "basura" superflua. O que solo utilizamos el diez por ciento de nuestro cerebro y el resto, el noventa por ciento, es "materia gris." Como los investigadores en el campo de la bioingeniería—los "científicos"—han sido incapaces de recomponer los trillones de piezas microscópicas de nuestro rompecabezas genético, debe ser, en términos de su ignorancia de nuestro Diseño Divino y del espíritu que define la esencia de lo que realmente significa ser humano, que tenemos un océano de "basura" flotando sin rumbo en nuestras células, y una masa superflua de "materia gris," ociosa, en nuestros por lo demás brillantes cerebros.

Eslabones perdidos, ADN basura y materia gris, me temo, son meros caprichos de hombres que afirman conocer la ciencia y la biología de los seres humanos—pero que obviamente no las conocen. A eso no se le puede llamar "ciencia." Llevan demasiado tiempo saliéndose con la suya con sus eslabones perdidos, mientras que el propósito del noventa por ciento de nuestro ADN, al que hoy se refieren como "material genético no codificado," parece habérseles escapado por completo. A pesar de la tecnología futurista, parece que todos los caballos del rey y todos los hombres del rey aún tienen que volver a armar a Humpty Dumpty.

Obviamente, la verdadera función del noventa por ciento "desconocido" de nuestro ADN y nuestro cerebro tiene un propósito muy específico que, sin dudas, nos vincula con otras dimensiones, frecuencias y el Espíritu. Una vez que ese ADN se vuelva a ensamblar, y esas autopistas neuronales de nuestros complejos cerebros se vuelvan a conectar a la glándula pineal, nuestro circuito celular se encenderá como un reflector. Entraremos en la encarnación de la luz de Cristo de nuestro diseño original, vueltos a cablear para acceder sin esfuerzo a dimensiones superiores, al conocimiento central de nuestros antiguos ancestros, y a nuestra conexión directa e inmutable con la Fuente.

Pero por ahora, gran parte de esa información permanece dormida, aunque tenemos los medios para activar más de esa información genética si así lo deseamos, y si poseemos la claridad espiritual para utilizar la mente altamente enfocada sobre la materia. De hecho, algunos de nosotros tenemos hebras adicionales ya encendidas. Pero para los genetistas de hoy en día y los investigadores relacionados, el ADN no codificado permanece revuelto e ininteligible—y somos sabios al considerar cómo, paradójicamente, eso puede ser una bendición. . .al menos por el momento.

De hecho, puede ser la salvación de nuestra especie.

Es imperativo que la increíble sabiduría y los registros estelares contenidos en nuestra "materia gris" y nuestro ADN deconstruido no caigan en manos de los transhumanistas, quienes, a juzgar por sus planes hasta el momento, inevitablemente los utilizarían por las razones más nefastas imaginables, empezando por conectarnos a la red mecánica de las nuevas computadoras llamadas "cuánticas" —y a la red de internet de cuarta generación. Si realmente tienen la intención de robar el código Dios de nuestro ADN, como creo que es el caso, entonces es esencial que no accedan a ese noventa por ciento. Basta decir que dentro de esa "basura" se encuentra el mapa de todos nuestros puentes y autopistas estelares y multidimensionales, a los que estamos aprendiendo a acceder, a través de factores que incluyen las transmisiones altamente activas de nuestra estrella, la resonancia aumentada de la Tierra, y nuestro inmenso salto evolutivo de la tercera a la cuarta dimensión. Y sobre todo, dentro de sus fragmentos, se encuentra la firma, el nombre, y el lenguaje divino del Creador, esperando volver a ensamblarse.

Eso debe venir de nuestra propia manifestación consciente y determinada de la mente sobre la materia, no de las manos frías de un materialista insensibilizado de laboratorio.

La información que describe el desorden de nuestro diseño original de doce hebras no es exclusiva de las obras de Sirio que he tenido el honor de sacar a la luz, sin embargo mi primer libro, *El Cosmos del Alma: Un llamado al Despertar de la Humanidad*, canalizado en 1997, fue una de las primera fuentes en proponer esta idea a la comunidad de almas despertando en nuestro planeta. Ofrece al buscador una teoría de co-creación de especies, que hoy en día se ha convertido en mucho más aceptada por las comunidades espirituales como nuestra verdadera herencia.

En el capítulo El ADN y el Gran Experimento[1], leemos:
"Ustedes no son la cría evolutiva del gorila, ni son primos del chimpancé, como se les ha enseñado en el contexto Darwiniano. Son una especie propia, Homo Sapiens, sembrados de muchos otros sistemas y galaxias paralelas. . .seres estelares del Proyecto Tierra.

Como ustedes eran híbridos de muchas especies en el universo, su raza fue un experimento multidimensional en la consciencia polar extrema de la realidad física. Originalmente, fueron diseñados con doce hebras de ADN, códigos de luz de inteligencia que les permitirían todos los dones y potencial de su herencia estelar—el ensamblaje genético de algunos de los

---

1   The Cosmos of Soul, Patricia Cori, 2022 edition, pgs. 184-187.

seres más evolucionados del universo. Fueron diseñados para ser la más grande de todas las formas de vida inteligente en el universo material, para dominar la 3D como ninguna otra especie lo había hecho nunca antes. En esencia, nosotros pensamos que podíamos crear una súper raza de seres con cuerpo de luz que serían capaces de anclar las frecuencias más altas, mientras cristalizaban la forma en la tercera dimensión. Ese era nuestro desafío. Creíamos que era una búsqueda de luz de noble intención.

Nuestros Ancianos participaron en el Proyecto Tierra, junto con los Emisarios de Luz de muchas otras dimensiones y sistemas estelares. Nunca se celebró una victoria mayor que la siembra de Gaia—el empalme genético exitoso de códigos de ADN de muchas especies—que utilizó una cepa selecta de bacteria como estructura base, en la que se implantaron recortes de diverso material genético, creando hebras de lo que sus científicos denominan "ADN recombinante." Seres de muchas galaxias se unieron en ese esfuerzo y su planeta se convirtió, en muchos sentidos, en el centro del universo, ya que todos los ojos estaban puestos en ustedes—la súper raza emergente de seres humanos. Las energías de la Tierra vibraron doradas a través de toda la Red, mientras la expectativa sobre la Gran Raza resonaba a través del Cosmos.

Gaia iba a convertirse en la luz más clara de la galaxia, la mayor estación de comunicación del universo. El ser humano sería conocido como el niño de oro de la creación: una entidad física impecable de suprema inteligencia, Espíritu, y luz.

El Proyecto Tierra tenía otro significado, que creemos que tienen derecho a conocer. Es muy probable que ustedes sepan, por su historia y la de sus animales, que la composición genética en una especie se debilita con el mestizaje. Con el tiempo, los defectos de una especie genéticamente aislada se convierten en debilidades de la cepa, que finalmente se extingue por completo. Este fue un aspecto a considerar en la siembra de la Tierra, pues creíamos que, a través de la creación del ADN recombinante, estábamos asegurando la supervivencia de muchas civilizaciones remotas, que no tendrían acceso a otras razas con las que cruzarse. Al crear los cuatro prototipos maestros de la raza humana, cada uno con material genético de diferentes especies, estábamos asegurando también la supervivencia del acervo genético de la Tierra.

Poco después de la gestación de estas cuatro razas maestras, las fuerzas polares de la oscuridad entraron y tomaron el control del planeta en todos los sentidos de la palabra. Sólo les dejaron dos hebras activas, la matriz incompleta, y así es como los han controlado desde entonces. Si hubieran podido desconectarlas también, lo habrían hecho, despojándolos por completo de toda inteligencia y de la memoria ancestral de sus verdaderos orígenes. Afortunadamente, su existencia dependía de la doble hélice, así que no tuvieron más remedio que dejar las dos hélices vitales. La memoria, como ven, reside en esos códigos, porque forman el núcleo de cada una de las células de sus cuerpos y los señores controladores querían que se olvidaran para siempre de la Familia de la Luz.

Este es el motivo por el que se formó e implantó en su consciencia la creencia central de que la suya es la única vida en el universo. Es por eso que las religiones se niegan a contemplar la vida en otros planetas, y por qué sus gobiernos ocultan a los habitantes de la Tierra sus contactos con seres de otros mundos. Los que antecedieron a la élite del poder temían que, algún día, ustedes fueran reactivados, y ese día ha llegado por fin. Ahora es el momento de recordar.

Aprendimos del Experimento que, al igual que sus ingenieros genéticos actuales, estábamos jugando a ser Dios al extremo—sobrepasando nuestros límites—y que tal manipulación genética les negaba el proceso del autodescubrimiento y el viaje al Espíritu. Les negó la elección de la que hemos hablado con tanto énfasis e interfirió con el Plan Maestro del Creador. Como niños de un planeta tridimensional en evolución, nunca debieron tener ese tipo de super cableado genético, porque no estaba en armonía con la naturaleza misma de la evolución dentro de su realidad. De hecho, estaban destinados a poblar a Gaia en su etapa física de evolución y a despertar, como raza, junto con ella. Estaba destinado a ocurrir en este momento, previsto por el Primer Creador, ya que el hecho de que ustedes alcanzaran los límites de la realidad física y exacerbaran los extremos de su polaridad era parte del diseño mismo de la evolución de Gaia.

¿Comprenden la importancia de lo que les estamos diciendo aquí? Esperamos que entiendan que se permitió a las fuerzas oscuras perturbar el proceso de incubación de ustedes porque, como todas las demás especies sintientes, tenían que recorrer el camino de la ascensión del alma: no había atajos entonces, y tampoco ahora.

Hagan memoria. ¿Recuerdan la emoción de ahorrar diligentemente su dinero para comprar su primer coche usado y el orgullo y la sensación de logro que derivaron de comprarlo ustedes mismos? Seguramente habrán comentado cuanto mayor era su satisfacción que la de los niños de hoy, que exigen que les regalen lo llamativo y nuevo que acaba de salir a la calle. Los valores, como ven, están muy determinados por su compromiso personal, motivación, y necesidades. Como seres con libre albedrío, ustedes vinieron para crear su propia experiencia, hacer sus propias elecciones, y conocer lo que es dedicarse a un ideal. Sencillamente, vinieron para hacer el trabajo.

Nuestra intención fue crear una raza de Súper Dioses sobre la Tierra. Cómo podríamos haber pasado por alto lo obvio—que es la chispa de divinidad dentro de cada forma de vida la que conoce tal título. Es la esencia del alma la que crea la forma y desciende a la materia y esa es la creación del Primer Creador saliendo de sí mismo; es la Divinidad cristalizando en la materia para conocer el proceso de su retorno a la luz. Ese es el propósito de la esencia del alma. Ningún otro arquitecto sino el Creador es capaz de tal diseño.

En nuestro entusiasmo equivocado y nuestra creatividad centrada en el ego, creímos que se podía construir genéticamente una raza maestra, olvidando que el propósito mismo de la vida es convertirse en maestros a través del proceso de descender a la oscuridad y luego regresar a la Fuente. De lo contrario, no habría razón para separarnos como co-creadores. Como Adán y Eva en el paraíso, todo habría sido hecho para ustedes. No habría habido ninguna motivación o razón para que tal raza de gigantes existiera en absoluto.

Fuimos humillados por la lección del Gran Experimento, porque el Primer Creador permitió que la oscuridad destruyera nuestra obra maestra para enseñarnos la deuda kármica, la acción correcta, y una comprensión fundamental del proceso del libre albedrío. En cierto sentido, somos tan responsables de la esclavitud de ustedes como lo son los señores de su sometimiento. Habiendo experimentado la intervención divina, sabemos ahora que es contrario a la ley universal intervenir en el karma de cualquier ser sintiente."

Antes del gran sabotaje que despojó al Homo sapiens de todas estas hebras de luz excepto de dos, reduciéndonos a la doble hélice (el mínimo necesario para nuestra supervivencia biológica), estos seres Crísticos—nuestros verdaderos ancestros—caminaron, brevemente, en el antiguo mundo de su creación, la antigua civilización de la Atlántida antes de que, también, fuera destruida por fuerzas oscuras. Esa misma raza nos perturba hasta el día de hoy: oscuros merodeadores que desean que ninguna luz penetre este rincón de la galaxia, y que cualquier forma de vida biológica que no se deslice ni arrastre sea expulsada de nuestro planeta para siempre.

Ya sea que tengamos la bendición de haber retenido la consciencia de nuestra verdadera ascendencia humana—semillas estelares de antiguos progenitores bioingenieros de otros mundos—o que estemos tan encerrados en el mundo polarizado y de sensaciones de la Tierra del siglo XXI que no podemos ver más allá de las puntas de nuestros dedos para alcanzar las estrellas, todos somos, según lo que he traído de mi conexión con Sirio, descendientes de ese experimento original.

Como niños esperanzados, esperamos ansiosamente el regreso de nuestros creadores cósmicos, preguntándonos por qué no vienen a ayudarnos a guiarnos, a nosotros seres de su diseño genético, fuera del drama que se desarrolla en el Planeta Tierra. Con demasiada frecuencia, olvidamos que **nosotros** somos los extraterrestres que hemos estado esperando y que nosotros, y otras innumerables almas, elegimos venir a este preciso punto en la pantalla del universo para este momento tan particular.

Estamos aquí para eliminar la mancha oscura de la marca del Orden en nuestra preciosa Tierra y para restaurar la luz en este cuadrante del espacio, tal como aquellos antiguos seres estelares pretendían en nuestra siembra, con el fin de traer alegría, amor y prosperidad, mientras damos nuestros saltos gigantes en la línea de tiempo de la ascensión.

Piensen en eso, cuando se estén ahogando en momentos de desesperación, sintiendo que ya no pueden soportar más el mal que intenta apoderarse de este asombrosamente hermoso planeta en los cielos, ni la locura que esa huella diabólica está grabando en la fibra subconsciente de la mente de la gente, por todas partes alrededor de ustedes. Esfuércense por recordar por qué se embarcaron en una vida como humanos del siglo XXI, y lo que han venido a aprender y lograr de la agitación y eventual resolución de la Tierra, ascendiendo.

Cierren sus ojos y escuchen . . .la música de sus almas.

¿Pueden escuchar la melodía divina del Espíritu, tocando las cuerdas de sus corazones?

Capítulo 3

Caminan Entre Nosotros

Mientras tanto, hay formas de vida extraterrestre sintientes, no humanas, que visitan o residen actualmente en nuestro planeta, que ha estado plagado de intervenciones extraterrestres desde nuestros inicios, y mucho antes.

Los extraterrestres caminan entre nosotros. Esto será revelado, en la mayoría de nuestras vidas. Ya lo ha sido, en la mía.

Hemos caminado durante décadas a través de un proceso de revelación lento, suprimido, que ha visto cómo pruebas innegables eran negadas y "desacreditadas" por innumerables denunciantes: del gobierno, militares, investigadores, contactados y experimentadores. Hemos visto fotos borrosas y retocadas de la NASA, supuestamente del suelo marciano y de la Luna. Obviamente hay estructuras allí e incluso los astrónomos aficionados son capaces de identificar construcciones artificiales en la Luna, y en la región conocida como "Cidonia" en Marte—con su estructura similar a la Esfinge y su pirámide, que la NASA descarta como un "truco de luces y sombras." Y durante más de medio siglo, hemos tenido avistamientos de naves no identificadas sobrevolando y rodeando nuestro planeta, cerniéndose sobre emplazamientos militares estratégicos y, según se informa, secuestrando a seres humanos, que afirman haber sido sometidos a experimentos aterradores que, en la mayoría de los casos, tienen que ver con la extracción de esperma y óvulos por seres extraterrestres—o por nuestro propio gobierno secreto. Algunos, como en el caso Roswell, se han estrellado, pero por supuesto, estos eventos se han ocultado y negado por el gobierno secreto y sus milicias militares.

Pero lo que los medios están impulsando ahora, con el apoyo de la NASA y otras agencias gubernamentales, es una "revelación" global, a gran escala, que mostrará flotas de naves extraterrestres llegando a lugares clave de todo el mundo, anunciando simultánea, innegablemente que, por fin, podemos dejar de lado la noción de que somos los "huérfanos" de una galaxia deshabitada, y despertar al hecho de que somos oficialmente introducidos en un universo repleto de vida.

Cómo se verá eso nadie lo sabe. ¿Será la "cosa verdadera," como lo profetizó el Alto Consejo de Sirio, o será un evento escenificado de falsa bandera, una "invasión ET," orquestada por la Cábala? Imagínense, si tienen control sobre ese drama, el tipo de miedo que podría generar. ¿Y nos enfrentaremos a fuerzas alienígenas agresivas de la persuasión oscura, decididas a la dominación total y la destrucción final de nuestro mundo, o finalmente nos encontraremos con seres iluminados que vienen en paz, como representantes de una alianza interplanetaria para el avance de las civilizaciones galácticas?

Lo que más me preocupa es la primera opción, en la que los muchachos que manejan nuestros hilos fingen una serie de acontecimientos que incluyen comunicaciones iniciales, respaldadas por imágenes que prueban alguna forma de vida en Marte y la Luna, luego, naves sobre la Casa Blanca y el Kremlin y, finalmente, la aparición de algunas formas de vida de aspecto extraño (posiblemente ET reales de áreas subterráneas . . .posiblemente actores del estado profundo, disfrazados y enmascarados) tomando el centro del escenario mundial. Tienen la tecnología, los medios y todo tipo de sistemas de control para montar un escenario como ése—y ciertamente tienen la motivación, por lo que la ciencia-no-más-ficción es muy posible, en un momento no muy lejano.

Algunos de nosotros creemos que esta es la última carta que esta cábala intenta jugar.

Todo lo que sabemos con cierta certeza, en este punto, es que un encuentro ET real, global, va a catapultar nuestra civilización a un paradigma tan extraño a nuestra comprensión actual del universo y nuestra existencia mortal dentro de él que nos veremos obligados a percibir la vida y nuestro papel en el orden galáctico de las cosas bajo una luz muy diferente a como lo hacemos ahora. Queremos creer que será positivo . . .pero aún no lo sabemos. Simplemente no sabemos con quién o con qué nos vamos a encontrar cuando esto llegue realmente, así que mantengámonos cautelosamente optimistas de que lo que se nos presentará será real, sobre todo, y si algunos seres extraplanetarios deciden que es el momento de mostrarse en masa a la raza humana, que sean al menos benignos y, con suerte, del lado luminoso de la galaxia.

Además de los muchos años de avistamientos que he experimentado personalmente, he tenido mi propio encuentro con nórdicos altos, supuestos "hermanos del espacio," en los círculos de las cosechas de Wiltshire, y en Roma, Italia, donde originariamente me buscaron, hace varios años, disfrazados de oficiales de inteligencia de la base de la OTAN en Nápoles. Algo acerca de mi trabajo como canalizadora del Alto Consejo de Sirio los intrigaba, me dijeron, y desde lo que proyectaban como una perspectiva puramente científica, estaban decididos a comprender cómo yo recibía los mensajes de Sirio: en qué ancho de banda, y en qué estado de consciencia me encontraría antes, durante y después de las transmisiones.

Supe que algo estaba "fuera de lugar" en ellos desde el primer momento en que bajaron de su coche, en nuestro punto de encuentro en Roma. Fue un encuentro intimidatorio e incómodo. No sentí ninguna energía de amor "fraternal" de esos dos—ninguna simbiosis—y mi instinto me dijo que tuviera cuidado, que me mantuviera firme. No emanaban un campo áurico que yo pudiera percibir, al menos no uno que pudiera reconocer, y no había luz en sus ojos. Más bien, era como si hubiera una cámara detrás de la lente de esos ojos azules antinaturales—el ojo derecho concretamente— y estaba segura de que todo lo que decía estaba siendo grabado.

Fue una de las experiencias sobrenaturales y misteriosas más incómodas de mi vida.

Esa presencia constante y penetrante de mis exquisitos guías, y las comunicaciones que recibo de ellos, me dijeron que no mirara a los dos a los ojos, que me mantuviera cerrada psíquicamente en su presencia, y que me alejara lo más rápidamente posible—lo cual hice.

Después de aquel primer encuentro en Roma, este dúo alienígena que se hacía pasar por agentes de inteligencia se me apareció misteriosamente varias veces en Inglaterra, año tras año, adonde viajaba cada verano para explorar los círculos de las cosechas, o para dirigir grupos espirituales por sitios sagrados. Tener a estos dos extraños apareciendo de la nada, siempre era una experiencia invasiva, incómoda. Estaría tumbada en un círculo de cosecha, experimentando estados alterados profundos, y de repente, ¡bum! sentiría que su presencia me devolvía a mi cuerpo demasiado abruptamente, y activaba en mí la respuesta de lucha o huida. Se metían en la formación, justo donde yo estaba tumbada, sin tener en cuenta lo que fuera que yo estaba experimentando, y mirarían dentro de mí, como científicos fríos, indiferentes, en un laboratorio, mirando por un microscopio a un microbio desprevenido.

Todavía hoy se me "pone la piel de gallina" solo de pensarlo. De hecho, hago todo lo que puedo para no atraerlos de vuelta a mi consciencia, para asegurarme de que no hay ninguna abertura en mi envoltura etérica para que su examen telepático de visión remota me alcance.

Otro encuentro ocurrió cuando estaba guiando a un grupo de viajeros espirituales en una meditación en la mística Glastonbury Tor. También allí, estos dos aparecieron de la nada y se metieron en nuestro círculo, sin ser invitados. La mayoría de la gente estaba demasiado embelesada como para darse cuenta de que yo había interrumpido la meditación bastante abruptamente, por su seguridad. No volví a reunir nuestro círculo, hasta que los dos alienígenas desaparecieron, pero admito que me sacudió. Y una vez más, habían roto la energía a mi alrededor.

En otra ocasión, emergieron a través de un portal dimensional de su propia creación y se materializaron detrás de mí en un pequeño puente peatonal en Marlborough, Inglaterra, donde me encontraba con una amiga observando tranquilamente los patos reales en el arroyo de abajo. Ella me miraba fijamente cuando aparecieron de la nada, detrás de mí, en un puente en el que solo estábamos ella y yo. ¡Pensé que se le iban a salir los ojos de la cabeza! Estoy muy agradecida de que ella estuviera allí para verlo ocurrir en tiempo real, y de haber sido testigo de cómo estos intrusos persistentes eran capaces de entrar en mi espacio a través de algún tipo de desgarro en el universo. Un observador externo me ayuda a mantener la cordura en momentos tan extraños como esos, y también ayuda a evitar que me vuelva completamente paranoica frente a manifestaciones de otro mundo—por ejemplo, ser acechada por extraterrestres—que ponen a prueba perpetuamente mi cordura y, algunas veces, juegan con ella.

No es el tipo de cosa que se puede discutir con cualquiera. De hecho, nunca antes había escrito acerca de esto, por razones que son obvias—y otras, no tanto. Todo lo que puedo decir es que no disfruté en absoluto estos "encuentros cercanos". No pude romper mi propia resistencia a los dos seres para explorar quiénes eran realmente, de dónde venían, y que querían realmente de mí. Solo sé que esos no eran el tipo de extraterrestres que pensaba encontrar en esta vida, y me sentí más que aliviada cuando finalmente terminaron sus apariciones improvisadas en mis momentos sagrados en los círculos de las cosechas y templos de Inglaterra, que se prolongaron durante un período de cinco o seis años.

Quizás, si esos encuentros hubieran ocurrido ahora que tengo casi treinta años más de experiencia a mis espaldas, podría haberlo manejado de manera muy diferente a como lo hice en su día. Me doy cuenta de que hubo una oportunidad para aprender mucho de esos episodios que no aproveché. Pero mi guía y mi respuesta instintiva a ellos me dijeron que me alejara, y así es cómo elegí lidiar con eso en ese momento.

Y así, cuando escucho a la gente anhelar que los ET vengan finalmente a "ayudarnos" al Planeta Tierra, siempre me acuerdo de los dos nórdicos (si es que eran eso), y de cómo, cuando se trata de extraterrestres, realmente no tenemos idea de a qué nos estamos enfrentando. Tenemos nuestras fantasías, información "privilegiada," informantes, informes militares, "investigadores de la verdad", canalizadores (incluida yo misma), videntes remotos y místicos, y avistamientos, y los relatos más aterradores de personas abducidas—pero, en general, aún no sabemos en absoluto a qué nos enfrentamos realmente.

La experiencia me dice que, como mínimo, debemos ser prudentes sobre a quién o qué estamos llamando, antes de abordar la pregunta aún más importante de por qué creemos que necesitamos ayuda para gestionar nuestras obras de luz por nuestra cuenta.

¿No es hora de que acabemos con el mito de un "salvador", de una vez por todas . . .y que continuemos con el trabajo de salvarnos a nosotros mismos . . .si es que es necesario "salvarnos"?

Los ETs caminan a plena vista para aquellos que tienen ojos para verlos, como en mi caso con los dos ETs, que parecían lo suficientemente humanos, y que fácilmente podrían haber pasado por suecos muy altos—excepto por esos extraños ojos mecánicos. Caminan libremente por los pasillos de los pisos superiores de varias corporaciones y centros de comando militar, donde los rangos más altos saben que están dirigiendo por encima de enclaves gubernamentales ultrasecretos con los que interactúan, y a los que dan órdenes regularmente. También penetran en varias capas del subsuelo, excavadas profundamente debajo nuestro, tan lejos de la luz como les sea posible. Otros, como los nórdicos, atraviesan las dimensiones sin esfuerzo y se materializan, aparentemente a voluntad, como seres físicos, pseudohumanos, en 3D. Algunos—los reptilianos y los insectoides—pueden cambiar de forma a réplicas aproximadas de la forma humana (o de animal) como camaleones de otros mundos, pero no son humanos. Lejos de eso. Nunca hay luz en sus ojos. Y si ustedes pueden leer la energía físicamente, serán muy conscientes, en su presencia, de que no tienen un biosistema electromagnético familiar.

Ese fue el caso con los dos nórdicos. No había un plano familiar en sus campos áuricos y me resultaba imposible leerlos. Por lo que sé, bien podrían haber sido formas de vida no biológicas: sintéticos, robots o cíborgs.

Como aparece en mi novela *El Emisario*, las razas ET residen en colonias de las profundidades marinas, y de hecho, han estado aquí desde cientos de miles de años antes que nosotros. Ellos perciben a los humanos como los verdaderos alienígenas de la Tierra—hostiles—y por una buena razón, si somos lo suficientemente objetivos como para reconocer la relación inarmónica de nuestra especie con la ecología de nuestra Tierra y los grandes océanos, que se manifiesta en los comportamientos de los militares y de la industria hacia las grandes ballenas y los seres delfines . . .y toda la vida oceánica.

Algunos son benévolos; otros, como los seres de cráneo alargado, los grises, insectoides y los reptilianos, definitivamente no lo son. Tampoco lo eran los dos con los que me encontré.

A través de la mascarada, estamos empezando a ver cómo entran y salen de las dimensiones sin esfuerzo, a medida que se levanta el velo sobre nuestro tercer ojo colectivo, y se revela el marco de cuarta dimensión de nuestra consciencia cambiante.

Estas criaturas, que creen que la Tierra es su dominio y sólo suyo, están decididas a aniquilar al Homo sapiens y a sacarnos de su camino, de una vez por todas. Pero no les basta con llevarnos a la extinción, cosa que podrían haber hecho hace mucho tiempo. No, quieren disminuir drásticamente nuestro número, para hacernos más manejables, y luego apoderarse de nuestros cuerpos y mentes para controlar totalmente toda la vida biológica en el planeta, y dar paso al Comando Central Borg, inspirado en la serie Star Trek (Viaje a las Estrellas)—la "Internet de los Cuerpos."

Ver la luz del Homo sapiens finalmente extinguida, y dominar sobre nosotros extrayendo el Código Dios de nuestro ADN y reemplazándolo con tecnología IA, son sus ambiciones últimas. Están detrás de la esencia de nuestra alma: la negación completa de la luz, de Dios y del Espíritu, y no se equivoquen con esto: vienen por esa luz dentro de ustedes. . .y de sus hijos.

Es muy importante saber cómo actuar en cualquier interferencia que intente penetrar nuestro campo energético, poseer el conocimiento de cómo proteger el cuerpo energético bioeléctrico, y ejercer un poder mental extremadamente enfocado para anular toda programación, como la que se está introduciendo en nuestra población ahora. Además, dada la agenda acelerada que se está llevando a cabo desde el inicio de la década actual, es una cuestión de absoluta autopreservación que todos sepamos cómo sanar, reponer y activar nuestro ADN biológico, a través de la alineación mental, emocional y espiritual con el campo de luz cuántico, utilizando los infinitos recursos de energía, abundantemente disponibles para nosotros, para mantener nuestra integridad mental, emocional y física y la experiencia soberana del alma en transición.

*

Incluso aquellos de nosotros que tenemos la bendición de conservar la memoria de vidas vividas en otros puntos en el continuum espacio-tiempo y que, atravesando el campo cuántico del ser universal, determinamos que deseábamos encarnar como humanos en este planeta ahora, todavía cristalizamos como seres humanos con la plantilla biológica de ADN de aquellos antiguos genetistas. Todavía es el modelo de cómo construimos y manifestamos la forma humana, aunque con el noventa por ciento de esa información aún dispersa y "no codificada". Inmigrantes del más allá, millones de almas que nunca antes habían caminado por la buena tierra de nuestra generosa Tierra, están eligiendo hacer precisamente eso—cristalizar en este campo físico de la materia—vertiéndose en masa en nuestra porción de realidad. Son atraídas a esta escuela kármica de aprendizaje, encarnando como seres humanos, para participar en el Gran Cambio que está revolucionando nuestro planeta: ya sea para servir como guerreros de la luz, o simplemente para ver, de cerca, el mayor reality show jamás emitido . . .en tiempo real.

La convergencia de tantas almas atraídas aquí, de reinos cercanos y lejanos, es un acontecimiento cósmico significativo y relativamente raro. Se las llama, a nivel del alma, a participar en la batalla de la oscuridad y la luz que se está desarrollando en un planeta que está luchando contemporáneamente para ascender de la tercera a la cuarta, a la quinta dimensión y más arriba, mientras se enfrenta a un Armagedón global, de fuerza total.

Nosotros somos esas almas.

Llegamos un poco por delante de la multitud.

Es importante reconocer que, en nuestro ascenso por la espiral de luz, nosotros, semillas estelares, tenemos miles de millones de opciones entre las que elegir para resolver nuestras lecciones kármicas, que definen el paso del viaje del alma, mientras regresamos a la Fuente. Aunque nuestra asediada Tierra del siglo XXI puede parecer un último recurso para algunos, para aquellos que comprenden la mecánica del karma, en realidad sirve como un instituto superior de aprendizaje, donde las lecciones son insoportablemente desafiantes y las pruebas son interminables—pero donde, sin embargo, las almas en tránsito reciben una educación increíble, de valor incalculable.

Nosotros elegimos venir aquí. Nunca olviden eso.

Lamentablemente, desde que comenzaron las inyecciones "experimentales", un número creciente de almas nuevas que intentan entrar ahora se dan cuenta, durante la gestación, de que algo anda gravemente mal. Algo ha alterado el diseño arquitectónico de la especie a la que habían evolucionado después de su última vida. Se alejan del feto sospechoso y nunca miran atrás, en lugar de nacer en una vida no totalmente humana . . .en una vida desprovista de la luz de Dios. Cómo los que eligen entrar, a pesar de las apocalípticas señales biológicas de advertencia, y cómo estos nuevos bebés transhumanistas se desarrollarán ahora que están naciendo con grafeno, células de fetos humanos y animales, y ARNm sintético adquirido, en el útero, a través de sus padres "vacunados", es motivo de inmensa preocupación.

A pesar de que el programa de censura que sigue negando la verdad a la población mundial no nos permite reconocer lo que realmente les está pasado a estos bebés, o lo que realmente hay en esas agujas, hay personas en la profesión médica filtrando imágenes de bebés con ojos negros, y recién nacidos con comportamientos extremadamente extraños, y malformaciones. Algunos profesionales médicos muy asustados nos están diciendo que estos recién nacidos no son completamente humanos.

¿Son ellos, de hecho, los nuevos humanos genéticamente modificados de diseño transhumanista?

Es posible que no estemos todos de acuerdo en que tenemos pruebas de que esta aberración aparece en los recién nacidos, o que es la causa, en 2022, de un aumento escandaloso de abortos espontáneos y muertes fetales. Lamentablemente, supuestos informes de fuentes fiables, que indicaban tasas escandalosas de abortos espontáneos en mujeres embarazadas vacunadas en el primer y segundo trimestre, han sido oscurecidos o eliminados por completo. Desafortunadamente, algunos de nosotros conocemos a personas que han tenido que vivir esta tragedia.

Prestemos mucha atención y hagamos todo lo posible para educar a las mujeres embarazadas sobre los peligros de ponerse esas inyecciones, mientras llevan una vida dentro, o poco después, cuando pasarán el veneno a través de su leche, si alimentan a sus niños.

El futuro cercano y lejano, no sólo de nuestras vidas individuales sino de la supervivencia de nuestra especie completa, depende de ello.

Capítulo 4

La Marcha Estridente del Transhumanismo

El concepto de un experimento genético realizado por seres de otros mundos, que condujo al nacimiento de la súper especie multirracial híbrida Homo sapiens, no es seguramente nuevo para aquellos de ustedes que están familiarizados con mi trabajo, porque es un tema recurrente que he compartido desde ese primer libro de la trilogía clásica de Revelaciones de Sirio, publicado por primera vez hace casi veinticinco años.

Nuestros propios científicos están realizando experimentos de alteración de genes todo el tiempo en laboratorios subterráneos, creando armas biológicas a partir de virus y bacterias genéticamente mejorados o mutados, experimentando con quimeras extrañas a partir del ADN de animales, y mezclando su ADN con fragmentos del genoma humano. La mayoría de las veces lo ignoramos, porque si reconociéramos lo que está ocurriendo allí, tendríamos que cuestionar la ética, moralidad, y la maldad absoluta de lo que se está haciendo a seres vivos—víctimas inocentes de científicos tan crueles e indiferentes. La verdad es que no queremos sentir ese dolor. Y la mayoría de la gente no se siente empoderada para hacer algo al respecto. Entonces, en general, ignoramos lo que ocurre detrás de esos muros secretos, y los científicos dementes se salen con la suya con casi cualquier cosa que quieran hacer.

Al menos, hasta ahora.

Dicho eso, ¿es tan difícil imaginar que ETs a años luz de nuestros bioingenieros contemporáneos habrían dominado la tecnología requerida para crear un humanoide híbrido a partir del ADN de varias especies extraterrestres colaboradoras?

¿Es ese el verdadero "eslabón perdido"?

Sin duda, como dije anteriormente, algunos de ustedes han obtenido conocimiento del gran experimento genético en otros lugares, porque hay otros canalizadores y luminarias que han aportado información muy similar. Pero la cuestión de nuestra verdadera ascendencia estelar, y cómo nuestra especie surgió del Experimento de Sirio (realizado con las más elevadas intenciones) todavía necesita ser reexaminada, una y otra vez, hasta que realmente comprendamos qué universal que es la práctica de la ingeniería genética. Además, los científicos de todo el universo necesitan aprender—sin importar cuán pura sea la intención de las almas que lo intentan . . .ni cuán noble sea su visión—que alterar la perfección del diseño divino, que siempre permanecerá más allá del alcance de cualquiera de las creaciones conscientes de Dios, nunca puede conducir a mejorarlo.

Al final, ¿cómo puede un ser consciente pretender saber más que su propio Creador?

¡Ay! parece ser una lección que se debe aprender "por las malas".

Financiados por una colectividad de eugenistas, muchos de los genetistas y bioingenieros terrícolas actuales parecen conspiradores voluntarios en la agenda transhumanista de los globalistas, ya que acuden a esa tarea con una intención completamente opuesta a la que trajeron los seres distantes del equipo estelar de Sirio. Está lejos de ser "pura", y ciertamente no es noble. Hablo, principálmente, de la guerra sin cuartel que se está librando contra nuestro ADN, y de la implementación de nanotecnología dentro de nuestras células que tiene, como objetivo, la mutación final de seres humanos biológicos (y de animales) en quimeras, clones, híbridos alienígenas y, en última instancia, en formas de vida semihumanas, robóticas: los cíborgs.

No se dejen engañar por la retórica altruista que proviene de sus medios de relaciones públicas y la desorientación que expone las maravillas que dicha tecnología proporcionará a la humanidad "necesitada". Nos dicen que se avecinan más "vacunas" ARNm, y que la nueva medicina revolucionaria de nuestro presente y futuro cercano se administrará directamente en nuestras células, a través de ARNm creado en laboratorio, para reparar nuestro ADN "roto", para todo tipo de problemas de salud y enfermedades. Precipitada al primer plano de nuestra consciencia individual y social, esa agenda transhumanista tiene la intención de mutar el genoma humano para su versión humano 2.0 del Homo sapiens: primero, implantando un software que puede despojarnos por completo del código Dios—la Gran Desconexión—y luego fusionando lo que queda de nosotros en una vasta matrix tecno-mecánica como seres robóticos sin emociones . . .como herramientas sin mente, controladas y manipuladas por la inteligencia artificial.

No "necesitamos" eso. Y yo, por mi parte, no permitiré que se implanten dispositivos sintéticos en el templo sagrado de mi ser.

La carrera hacia el transhumanismo va por la vía rápida hacia el infierno—que no haya equivocación al respecto. La tecnocracia abandonó la puerta de embarque hace mucho tiempo. Simplemente no estábamos prestando atención. Mientras estábamos siendo seducidos por trucos e ilusiones de la mano izquierda del mago, la derecha estaba configurando todos los sistemas necesarios que eventualmente nos conectarían a su matrix final.

Y entonces llegó el Covid-19.

Existe todo un campo de investigación sobre los verdaderos orígenes de este "virus", lo que prueba que ya estaba en juego años antes de que "saltara de la cueva de un murciélago" para infectar al mundo entero. A pesar de todos los esfuerzos por ocultar la historia, esa información—

incluidas varias patentes que tienen que ver con el diseño genético de varias armas biológicas etiquetadas como "virus" —está archivada en la Oficina de Patentes de Estados Unidos. Si están dispuestos a investigar, la encontrarán fácilmente a su disposición. No es coincidencia que los nombres de las personas que están dirigiendo todo el "programa de vacunación de emergencia" figuren en esas patentes, pero entonces . . .se supone que no debemos saber esas cosas, aunque estén en registros públicos.

Pueden seguir el rastro de la evidencia hasta la verdad, si buscan la prueba científica . . .y si están listos para eso. Tenemos abogados, médicos y senadores muy valientes que se han unido para revelar lo que han hecho los autores de la campaña de la "vacuna" contra la gente, superando las barreras, desafiando a los gobiernos y organizaciones de la salud a que se sinceren—y luego, a que se los responsabilice. Las demandas contra estas personas y las corporaciones detrás de ellos están emergiendo de la niebla de su narrativa fallida. Ciudadanos de todo el mundo están desafiando el mayor crimen jamás perpetrado contra toda la humanidad. Y tenemos medios de comunicación alternativos, editores y autores, como yo, sacando a la luz esa información.

La agenda Covid-19 se precipitó en febrero de 2020, con la evolución de la abruptamente llamada "pandemia", y la campaña de emergencia de la "vacuna" no probada que siguió inmediatamente—un experimento global nunca antes probado que continúa, dos años después, inyectando a miles de millones de personas con ARNm sintético, que altera el ADN, una y otra vez, demostrando que lo que están poniendo en la gente no es una vacuna en absoluto.

Si lo es, ciertamente no es eficaz.

Y no, la idea de que cualquier veneno y software que estén inyectando a la gente altera su genoma humano no es una "teoría de la conspiración." A pesar de la controversia sobre si el mecanismo del ARNm sintético de la "vacuna" altera o no el ADN, existen pruebas científicas disponibles de investigadores calificados, y cada día aparecen más.

¡Claro que afecta el ADN!

Tenemos ARNm sintético implantado en el cuerpo de forma antinatural, bloqueando el ARN mensajero natural del cuerpo, diseñado para crear la respuesta biológica necesaria a cualquier invasor viral o bacteriano. El ARNm sintético producido en laboratorio que se inyecta envía un nuevo mensaje a los sistemas del cuerpo—producir constantemente una peligrosa "proteína espiga," que parece tomar el control de todo el organismo sin válvula de "apagado", en lugar de lo que el cuerpo está naturalmente diseñado para hacer, con el objeto de luchar contra la infección y mantener el balance natural.

El cuerpo de ustedes sabe qué hacer. Fue diseñado para protegerse y mantener un estado de salud y bienestar.

Cualquiera con la más mínima comprensión de cómo funcionan realmente las vacunas y la inmunidad reconocería inmediatamente que lo que se está poniendo a la gente no puede clasificarse como vacuna. Es algo muy diferente. . .algo que la propia Big Pharma admite que nunca antes se ha utilizado en seres humanos . . .de ahí el término "programa experimental."

Las ratas de laboratorio de la "vacuna" Covid-19 son seres humanos, y el laboratorio es todo el planeta.

Seguramente la gente puede ver esto ahora . . .¿no?

Podemos identificar un despliegue premeditado entre la explosión de la pandemia, el confinamiento de sociedades en todo el mundo, la retórica fuerte del Nuevo Orden Mundial, la destrucción deliberada de la economía global, y la venta ambulante de una forma completamente nueva de "tratar enfermedades" mediante vacunas ARNm.

La Big Pharma y las organizaciones mundiales de la salud nos dicen que hay muchas más vacunas de ARNm en camino, y que la terapia de genes es el futuro de la medicina. Para que no lo olvidemos, ¡la inyección de ARNm **no** es una vacuna! Sin embargo, las masas se niegan a hacer la pregunta evidente de qué significa esta nueva tecnología invasiva para nuestro genoma humano y nuestro futuro. Todavía confían en lo que les dicen y creen lo que les venden. Muchos se encuentran en un estado de hipnosis masiva, arrastrados por la narrativa.

Después de todas las muertes, todas las reacciones adversas y las vidas destruidas, siguen creyendo que lo que se les está poniendo en el brazo, varias veces—una substancia que supuestamente contiene venenos, grafeno, ARNm sintético que altera los genes, y materia biológica aún no identificada—es una vacuna, para un virus que, supuestamente, nunca ha sido identificado.

Estas personas se niegan a aceptar pruebas irrefutables de que sus propios gobiernos, respaldados por organizaciones mundiales de la salud que supuestamente se ocupan de la salud de la población, les están inyectando nanotecnología sintética que altera los genes. Después de todo, sus medios de comunicación y organizaciones sanitarias insisten en que las inyecciones de ARNm no alteran el ADN . . . o que sí lo alteran, pero sólo "temporalmente." Y, después de todo, tienen a los "verificadores de hechos" confirmando lo que quieren que aceptemos como "la ciencia."

Entonces, ¿de qué preocuparse?

Los investigadores de la Lund University en Malmö, Suecia, descubrieron que la vacuna ARNm ingresa en las células hepáticas humanas y activa el ADN de la célula en el núcleo para aumentar la producción de la expresión del gen LINE-1 para producir ARNm. Aparentemente, todo el proceso se produjo rápidamente en el laboratorio, en seis horas, según concluyó su estudio.

Publicado en el sitio de internet de la prestigiosa revista médica MDPI, el artículo de referencia de la Lund University[2], titulado: *Transcripción Inversa Intracelular del ARNm de la Vacuna BioNTech Covid-19 de Pfizer BNT 162b2 In Vitro en una Línea Celular de Hígado Humano*, mayormente un revoltijo de terminología médica afirma claramente:

---

2   https://www.mdpi.com/1467-3045/44/3/73/htm

"Un estudio reciente demostró que el ARN SARS-CoV-2 puede transcribirse inversamente e **integrarse en el genoma de células humanas.**"

El MDPI (Instituto de Edición Digital Multidisciplinaria) es una editorial de revistas científicas de libre acceso, con sede en Suiza. Afirma haber publicado investigaciones de más de 330.000 autores colaboradores, y que sus revistas reciben más de veinticinco millones de visitas mensuales en internet. Entonces, tal vez deberíamos, por lo menos, dedicar el mismo tiempo a lo que ellos presentan que a lo que permitimos que se filtre de los medios de comunicación masivos, desde los portavoces que representan a las corporaciones farmacéuticas que producen estas "vacunas", y desde organizaciones mundiales de la salud que niegan categóricamente que la nanotecnología de ARNm contenida en esas ampollas altera, de hecho, el ADN.

El Dr. Peter McCullough, un muy respetado y consolidado médico interno, cardiólogo y epidemiólogo, uno de los principales críticos de lo que se está inyectando a la gente como vacunas Covid-19, dijo que los hallazgos de la Lund University tienen "enormes consecuencias de cambio cromosómico permanente que podría impulsar todo un nuevo género de enfermedades crónicas."

Si pueden alterar la naturaleza cromosómica de nuestro cuerpo eléctrico, pueden alterar todos los aspectos de nuestra biología: pensamientos, emociones y formas físicas. Este creciente grupo de transhumanistas influyentes está presionando a los gobiernos del mundo para que adopten tecnología de IA que puede fusionar la consciencia humana con un computador central, para utilizarla, lo queramos o no, con ese fin. Están hablando abiertamente de alterar el mismo ADN que las corporaciones farmacéuticas dicen que no están alterando. Se trata de robar nuestras almas, enganchándonos a un centro de control robotizado de IA que altera la mente, el cuerpo emocional y el funcionamiento de nuestro ser físico.

Este es nuestro último llamado para despertar. No hay más tiempo para darnos la vuelta y volver a dormir, deseando que todo esto sea un mal sueño y que se desvanezca con el café de la mañana y un McMuffin de huevo. Con la excusa del Covid-19, nos han lanzado a una mutación distópica del mundo que conocimos, cuando, en muchos sentidos, nos sentíamos mucho más humanos que ahora . . .mucho más libres para vivir nuestras vidas, mientras que ahora la gente todavía se esconde detrás de sus caretas de plástico y sus sucias máscaras, encerrándose en sus propias jaulas de paranoia y miedo.

Es una locura que alguien que camine por este planeta siga creyendo que esta conspiración contra la humanidad es una mera teoría . . .no cuando están exponiendo a la vista de todos que tienen la intención de rediseñar la antigua versión del Homo sapiens (la natural) para una nueva edición, genéticamente reestructurada, controlada por la IA: Homo sapiens 2.0. Y lo están discutiendo abiertamente, impulsando la agenda, mutando la consciencia humana en el camino hacia su objetivo.

En la mente estéril del transhumanista devoto, no hay futuro, no hay alma, y no hay nada más allá de la vida física, a menos que la consciencia pueda ser capturada y redefinida en terabytes, encontrando una falsa inmortalidad tecnológica en la mente de colmena de la inteligencia artificial. Qué terriblemente difícil debe ser no encontrar nunca la paz, y qué imposible dar sentido a la existencia, si uno cree, como ellos, que no existe nada más allá de estos limitados años de vida física.

No tener visión de la eternidad, el alma inmortal, es algo que no puedo imaginar. Tendría que ser un estado mental tan doloroso, una sensación tan vacía, por muchas mansiones, Bentleys, y lingotes de oro que uno pueda comprar. No importa cuánto acumulemos en el mundo de la materia, no importa qué vorazmente vivamos nuestras vidas, no tiene sentido si no percibimos nada más, cuando por fin llega esa cita con nuestro creador, y pasamos la barrera vida-muerte, para viajar como espíritu a nuestro próximo destino.

Qué absolutamente aterrador sería creer que se deja de existir en ese momento . . .y que todo lo que queda es polvo.

Cae el telón. Se apagan las luces.

Acabó todo.

No es de extrañar que tantas personas se pierdan en la adicción, tratando de adormecer el dolor que nace del miedo a un futuro de nada. Lo siento por aquellos que perciben que estos pocos años de vida física en la Tierra, muchos pasados en sufrimiento y deseo insatisfecho, son todo lo que tienen y que, cuando hacen esa reverencia final, no sigue nada; no queda rastro, como pisadas en una playa con arena . . .arrastradas por las olas.

O peor, tal vez porque saben que han vendido sus almas, temer tan profundamente la oscuridad que les espera a la hora de su muerte, que están desesperados por preservar su mortalidad por todos los medios . . . cueste lo que cueste. Congelar el cuerpo a través de la criónica hasta que se encuentre una cura para la enfermedad que se llevó sus vidas, o fusionarse voluntariamente con la IA para proyectar su consciencia en una nube en la red de una computadora, son actos desesperados de seres que no comprenden su propia inmortalidad.

Aparte de las recompensas que les llegan en su corto viaje por el reino de la materia, ¿piensan, cuando venden sus almas, que el "diablo" da puntos de mérito por cuántas almas pueden entregar al lado oscuro? ¿Creen, me pregunto, que vendiendo a tanta gente como puedan, podrán librarse de algún modo del garfio de su torturador? ¿Es el miedo a no existir después de esta vida física lo que lleva al transhumanista a buscar inmortalidad en un montón de impulsos neuronales, frecuencias pulsantes a través del cerebro mecánico de una mega computadora?

¿O es más probable que el miedo a un demonio que espera, deseoso de administrar su castigo, sea lo que los impulsa a hacer todo lo posible para atraer gente al crepúsculo de su interminable desesperación?

Realmente hace que nos lo preguntemos, ¿no?

A mí, desde luego.

Capítulo 5

Diseñando el "Humano 2.0"

Entonces, ¿cómo construyen un robot humano—uno que rediseñan a partir de su plantilla biológica autoperpetuadora y perpetuadora de la especie—para conectarlo sistémicamente a la monstruosa "nube" de la computadora central, a través de la cual será manejado, controlado y esclavizado por la inteligencia artificial? Y luego, una vez que sus desviados sirvientes tecno y equipos de bioingeniería financiados han adquirido el know-how y la capacidad de reescribir el Diseño Divino, borrando el Código Dios dentro del ADN y reemplazándolo por el mensajero codificado de su elección, ¿cómo consiguen reconstruir lo que ustedes describen como el anticuado, imperfecto "humano 1.0," sin que sus desprevenidos sujetos de prueba sepan nunca que están siendo mutados a una versión nueva, mejorada de su antiguo yo—el hombre fusionado con la máquina—el modelo "humano 2.0" actualizado?

¿Qué necesitan poner en marcha, antes de que activen el plan para alterar la esencia del ser humano, a fin de cambiar el curso del futuro evolutivo de toda una civilización? Es sencillo. Crean la percepción de una amenaza existencial para la supervivencia misma de la gente, bombeada desde los medios de comunicación que básicamente ustedes poseen, y les meten la propaganda en el cerebro, cada minuto de cada día, creando una mentalidad de grupo tan aterradora que aquellos que son arrastrados a ella aceptan ciegamente lo que ustedes decretan como antídoto para el peligro proyectado.

Así que, en esencia, ustedes son dueños del problema. Está patentado, y son dueños de la solución, que también han patentado. Eso es lo que se llama una esfera estrecha de influencia omnipotente.

A aquellos que no se acobardan ni adhieren al plan de ustedes los designan como peligrosos insurgentes y extremistas, que deben ser aislados del rebaño, apartados de la sociedad, internados en "centros de re-educación," y finalmente eliminados. Silencian toda lógica y ciencia real, eliminan todo testimonio experto, y expulsan a cualquiera que cuestione algo que pueda exponer la posición de ustedes o revelar el plan maestro, hasta el momento en que la gente esté tan anestesiada que no les importará cuando se enfrenten con la verdad, de todos modos.

Destruyen la credibilidad, las carreras y las vidas de la oposición.

Como una página de una novela orwelliana, convencen al público hipnotizado de que estas "otras" personas—los renegados—representan un grave peligro para su supervivencia, para que sospechen de ellos, y rechacen cualquier verdad que estén tratando de compartir, en su búsqueda para ayudar a despertar a aquellos que han sido tan cegados por la interminable campaña de terror de ustedes que todavía no pueden ver lo que se está perpetrando contra la raza humana.

Convencen a sus súbditos de que tienen los medios para protegerlos de cualquier peligro, porque ustedes son, de hecho, su salvador. Ellos deben confiar, porque ustedes tienen todo bajo control. Ustedes y solo ustedes saben qué hacer para mantenerlos "a salvo." Después de todo, todo lo que hace el alma noble de ustedes es por su seguridad.

Distorsionan la percepción de la gente hasta que llega a creer que servir como esclavo a un amo central es una cosa buena. Serán recompensados por ello, ganando méritos en el sistema de crédito social, mientras que los librepensadores serán condenados al ostracismo y castigados. Y entonces, una vez logrado eso, y cuando hayan capturado por completo las mentes de un segmento suficientemente grande de población mundial entregan el Caballo de Troya.

Le muestran a la gente, a través de la manipulación financiera y la destrucción de la economía, que las cosas materiales no son importantes y que pueden vivir sin ellas, porque, al final, sólo el Orden de ustedes—el sistema de control—puede salvarla. Exprimiéndola hasta que pierden sus trabajos, casas, coches, y todo lo que han adquirido, la llevan a la mente carnal, de supervivencia, donde aceptará casi cualquier cosa para sobrevivir.

Incluso le dicen que deberían comenzar a añadir insectos a sus dietas y aprender a comer malas hierbas, mientras ustedes destruyen deliberadamente el suministro de alimentos y se preparan para matar de hambre a miles de millones de personas.

Ustedes velan el plan para robar el libre albedrío de la gente, sus pensamientos independientes y su capacidad de amar y sentir compasión, haciéndoles creer que el mensaje "no tendrán nada y serán felices," se refiere a posesiones materiales, mientras que el verdadero mensaje detrás de esas palabras escalofriantes es que ya no tendrán más sentido del "yo", ni libre albedrío—nada—y que obedecerán sin resistencia y felizmente a los autoproclamados guardianes de su seguridad: los señores de los Borg.

La tarea de ustedes, como mente maestra, transhumanistas adoradores de la tecnología, es encontrar el método más eficaz de entrega, uno que les permita construir en secreto tecnología cíborg desde dentro de los cuerpos en pleno funcionamiento de la población objetivo, sin que ninguno de ellos siquiera se dé cuenta—hasta que, por supuesto, sea demasiado tarde para hacer nada al respecto y hasta que la voluntad de salvar sus propias almas haya sido suplantada por el disco duro y el software, incrustados en sus cerebros, órganos, células y sangre.

Ustedes desarrollan los medios engañosos para suministrar los componentes fundamentales, materiales estructurales y auto-organizados, como el óxido de grafeno, para construir sus sistemas intracelulares de nanotecnología, diseñados y operados por inteligencia artificial, en sus cuerpos desprevenidos—tecnología que tiene la capacidad de suministrar la carga útil, poco a poco, con el fin de establecer una unidad nano-informática auto-ensamblada a nivel celular. Lo diseñan para anular el "software" anterior —la arquitectura ADN dada por Dios—eliminando del diseño la firma del Creador y robando el alma de los sujetos de prueba, al construir "hardware" genético sintético para sobrescribir el original.

Una vez que han cortado el ADN, interrumpiendo el lenguaje sagrado de su diseño, insertan un programa de su elección, suplantando el Código Dios con una nueva firma, mientras masajean a los nuevos sujetos a través de una propaganda controlada y casi ineludible, que los convence de que convertirlos a ellos, sus hijos y a toda la raza humana (un diseño anticuado, inferior) en una versión robotizada, de alimentados-de-colmena, de sus antiguos yoes individuales, es simplemente una progresión inevitable de su especie.

Así es como ustedes lo hacen.

Y no, lo que estoy describiendo aquí no es un guion aguado de una película de terror de ciencia ficción, o una página de *1984 d*e Orwell. Es exactamente como están las cosas en nuestro camino hacia 2030, la fecha objetivo para la conversión del Homo sapiens al modelo "nuevo, mejorado" del diseño de los transhumanistas: humano 2.0.

Pueden pensar que estoy bromeando aquí, pero les aseguro que no. He observado este despliegue durante décadas, compartiendo lo que he podido todos estos años para ayudar a despertar a tanta gente como fuera posible. Y aquí está. Como el Alto Consejo de Sirio declaró hace veinticinco años, "El Nuevo Orden Mundial está sobre ustedes".

O aceptamos este horror como nuestro futuro, o decimos "no," alto y triunfante, y conservamos la pureza de nuestras almas soberanas. El destino de nuestras vidas, nuestras familias y comunidades y el futuro de nuestra especie está en nuestras manos—no en las de ellos.

Tenemos el poder de decir "no" al Homo sapiens 2.0.

Con todos nuestros defectos, debilidades y carencias, seguimos siendo una especie magnífica. Tenemos la capacidad de amar sin medida; tenemos risas, alegría y un propósito para estar aquí. Somos almas en la escuela, aprendiendo a subir más alto.

Somos las Brigadas de la Luz.

Así que, escudos arriba, queridos. Ya no hay vuelta atrás.

Debemos impedir que los arquitectos del Nuevo Orden Mundial cumplan con éxito su fecha límite de 2030 que se acerca rápidamente. Ellos saben que está surgiendo una rebelión y que no pueden reprimirnos por mucho más tiempo. Deben desconectar de la Fuente a tantos de nosotros como sea posible, y eliminar la luz de Dios por completo, o su agenda no avanzará según lo planeado. Ustedes pueden entender por qué han montado una campaña total contra aquellos de nosotros que simplemente nos negamos a beber del cáliz envenenado.

El plan que han puesto en marcha para 2030 es matar a tanta gente como sea posible, y para el resto—deconstruir el ADN humano completamente, reemplazando el Código Dios con una sobreescritura luciferina. Antes de que nuestros cuerpos biológicos sean entregados por completo a los Borg, para ser absorbidos por la matrix de IA, quieren asegurarse de que no quede nada de la conexión de nuestra alma con la Fuente: ninguna firma divina, ningún Código Dios, ninguna luz escrita en el software de su híbrido humano/Borg recién diseñado. Es la intención expresa de esos señores oscuros eliminar la firma del Creador dentro de ese Código, para oscurecer el camino de regreso a Dios, para que nada nos pueda guiar nunca de regreso a la luz, y para que sólo quede un reemplazo sintético "sobrescrito" que no habla la palabra de Dios de ninguna forma.

Eso, mis amigos, es la Marca de la Bestia. No tengan miedo de mirarla a la cara.

En esa ecuación no hay lugar para el amor y la expansión de la emoción humana. No hay lugar para la luz . . .a menos que sea la luz ilusoria, falsa, del ídolo luciferino.

No es difícil comprender por qué nos odian por ser los portadores de luz de este lugar relativamente remoto en nuestro espacio galáctico—en un planeta que sus antiguos antepasados pretendían reclamar como su propiedad, antes de que naciéramos aquí. Obviamente, lo quieren de vuelta, como si alguna vez hubieran tenido el título de propiedad, para empezar, y nos quieren fuera del camino.

Su objetivo es nublar toda luz, todo calor, todo amor, dentro y alredededor de todos nosotros. Están disminuyendo el brillo del sol—no como nos quieren hacer creer, para cumplir un simulacro de "plan de energía sostenible," diseñado para llenarse los bolsillos aún más, sino porque detestan el sol por nutrir nuestra luz interior, iluminar las autopistas de la vida dentro de nuestros sistemas corporales, y transformar el colesterol de nuestra piel en Vitamina D, tan esencial para el sistema inmunitario y la salud de los huesos. Nos da tanta energía esencial a todos los niveles, calentando el corazón y evocando la alegría, que luego se manifiesta como la exaltación de la forma geométrica sagrada, dentro de cada célula de nuestro ser.

Ellos no quieren eso.

Nos quieren enfermos, de la cuna hasta la tumba, para que sigamos ingiriendo sus fármacos y estemos débiles, envenenados y dependientes.

Recuerden esto: necesitan que un gran número de nosotros muera lo más rápido posible. Aquellos que sobrevivan al programa de eugenesia que ya han puesto en marcha sobre nosotros, quieren que alimenten su sistema, nuevas versiones zombis del Homo sapiens, para caminar sobre la Tierra como unidades sin alma de los de Borg.

*

No puedo evitar preguntarme, una y otra vez: "¿Cómo es posible que los seres humanos que trabajan en estos laboratorios demuestren tan poca preocupación por la ética y las consecuencias de sus acciones?" ¿Alguno de ellos es siquiera humano? Tienen hijos, y si los tienen—¿los aman?

¿No se dan cuenta del enorme impacto que tendrán sus acciones sobre la totalidad de los seres vivos de este planeta, incluyendo a ellos mismos?

La respuesta obvia es no, simplemente no. No podrían actuar tan cruelmente contra nosotros si lo fueran. Estos clínicos parecen no ser conscientes de la deuda kármica que están contrayendo, muy probablemente por una inmensa franja de su eternidad, dada la enormidad de sus transgresiones. Entonces, de nuevo, debo recordarme que la mayoría de ellos no creen en el alma, ni pueden percibir la eternidad. En absoluto. Entonces, obviamente, no les importa. Y, en el caso de la intervención en animales vivos, claramente no sienten compasión por esas víctimas inocentes de sus experimentos extraños y protocolos tortuosos. Si la sintieran, nunca podrían hacer lo que hacen.

Ávidos intervencionistas, se les ha dado rienda suelta para llevar su experimentación al siguiente nivel—directamente a la población humana—bajo las órdenes de los globalistas, que han trazado claramente el rumbo. Entiendo que eso es la separación de todos los seres humanos entre sí (en particular los hijos de sus padres), de la fuerza vital de la diosa, Gaia, y, sobre todo, de la Luz de la Fuente, por medio de la deconstrucción del Código Dios dentro del ADN.

Han adquirido la capacidad de alterar, empalmar y reescribir nuestro diseño divino—los mismos principios básicos utilizados por nuestros ancestros estelares, que se unieron para darnos nacimiento. Y cuando digo que "se unieron", me refiero no solo al esfuerzo consolidado de científicos exoplanetarios, biólogos y genetistas participantes, unidos a los supervisores del experimento de Sirio. Me refiero más específicamente a la "unión" y amalgama de material de ADN de doce especies distintivas, de dentro y fuera de nuestra propia galaxia, la Vía Láctea.

El Homo sapiens, la creación de Sirio, es en realidad el linaje genéticamente mejorado, fusionado, de estos seres extraterrestres extraordinariamente inteligentes y profundamente compasivos—representantes de la *Alianza para el Comercio Intergaláctico y el Intercam-*

bio Cultural. Representado como el "Comando de la Flota Estelar" en la serie de ciencia ficción *Star Trek* original, la AICCE (pronunciado "ace") se nos mostró a través de esa maravillosa visión de nuestro futuro, cortesía del viajero del tiempo Gene Roddenberry. Se adelantó tanto a su tiempo, en los años 60, cuando aún nos quedaba mucho camino por recorrer antes de que pudiéramos imaginar una posibilidad muy real de culturas interactivas más allá de nuestros límites planetarios, y el funcionamiento del universo mayor. Y, sin embargo, *Star Trek* despertó nuestra imaginación.

Sin duda, despertó la mía.

Esa deliciosa ficción trazó nuestro rumbo para *ir audazmente adonde nunca antes habíamos ido.*

Qué legado dejaron Roddenberry y sus heroicos personajes—un legado que, creo, realmente ha impactado nuestra visión del futuro. La serie tuvo mucho que ver con nuestro despertar al hecho de que no somos huérfanos en lo que muchos percibían entonces, más allá de nuestro propio patio trasero, como un universo sin vida, sin motivo, más allá de las fronteras de la Tierra. Nos llevó a contemplar un universo de vida consciente, vibrante, y nos mostró que la integración entre civilizaciones de todo el universo era una realidad muy cercana y probable.

En esencia, *Star Trek* nos enseñó a soñar.

Y aquí estamos en 2022, debatiéndonos entre las dimensiones, viviendo un escenario de ciencia ficción mucho más increíble de lo que la nave estelar Enterprise podría habernos pintado, desde aquellos primeros tiempos de los estudios de Hollywood, hasta la "frontera final."

*

Para comprender totalmente nuestra verdadera ascendencia, y para aplicar a nuestro actual "dilema" genético, lo que obtenemos de ese conocimiento, necesitamos entender cómo y por qué los seres estelares del más allá se encargaron de la bioingeniería de una sofisticada, genéticamente mejorada súper raza de seres de luz, para sembrar y multiplicar sobre el Planeta Tierra . . .y cómo eso ha afectado a nuestro karma respectivo. Aquellos que contribuyeron, comprendieron y reverenciaron el Código Dios dentro de sí mismos y en toda la Creación. Su intención mutua era ofrecer al Planeta Tierra una ventaja evolutiva para salir de su estado primitivo—un salto gigantesco—para llevar luz a un lugar comparativamente oscuro en el espacio, en una ubicación remota de nuestra galaxia, la Vía Láctea, que, a su vez, está situada en un cúmulo relativamente pequeño de galaxias. . .en un lugar particularmente remoto en el espacio.

Bodhisattvas del universo, aquellos que contribuyeron al Gran Experimento, sabían lo suficiente sobre la retribución kármica como para comprender que estarían atando su karma al nuestro, pero hicieron lo que creyeron que era necesario para anclar la luz aquí, tal como todos los trabajadores de la luz intentan hacer, allí donde percibimos la oscuridad.

Si queremos comprender lo que significa realmente intervenir en el Diseño Divino, el mapa de rutas arquitectónico del Primer Creador, entonces no podemos ignorar que, a pesar de las intenciones más elevadas, los Seres de Sirio y su equipo reconocen cómo sus ancestros han provocado que estén kármicamente ligados a nuestra especie. En efecto, existe un lazo entre ellos, nuestra raza humana, y la propia Tierra, porque su intervención en la propia evolución de Gaia los vinculó también a ella. Lo que eso signifique para su avance es difícil de saber para nosotros y probablemente para ellos, pero solo podemos considerarnos bendecidos por eso—ya que tienen un interés personal en nuestra liberación e iluminación como individuos, y como raza completa de seres. Tienen un propósito kármico para ayudarnos en nuestra evolución. Y eso es algo bueno.

En esta hora de indecible perturbación de los armónicos de nuestro planeta, es muy tranquilizador, tanto como fortalecedor, saber que no estamos solos en nuestra lucha contra el gran antagonista. Y, aunque sabemos más que esperar un salvador que arregle las cosas por nosotros, podemos encontrar consuelo en saber que esos seres estelares tienen todo el interés en ver la luz reinar sobre la oscuridad—dentro de nosotros y en nuestras formas de vida biológicas electromagnéticas—y rodeando esta preciosa joya de planeta.

Ahora que la poderosa fuerza oscura que sin duda previeron que intentaría consumir nuestro reino ha iniciado su campaña total para despojar la luz misma de nuestra matriz de ADN, para sobrescribirla con un sistema de control de inteligencia artificial estilo dominatrix sobre toda la vida en nuestro planeta y, finalmente, para atenuar la propia luz de Gaia para siempre, es, de hecho, algo muy bueno de saber.

*

Aquí **hay** una puerta trasera. Consideren cómo manejan el almacenamiento de datos en las computadoras los desarrolladores de software. Cuando se borra un archivo, no significa que haya desaparecido. El sistema de archivos del disco actualiza la base de datos para indicar que el archivo ya no está más activo, o en uso, por lo que queda oculto. Pero todavía está ahí, y a menos que el espacio que ocupaba se sobrescriba con otra información, esos datos pueden recuperarse eventualmente.

Estoy sugiriendo que cuando procedamos con la visualización de la sanación del ADN más adelante en este libro, tengamos en cuenta que, como cualquier escritor de software, somos capaces de recuperar lo que puede haber sido enviado a un segundo plano, y restaurarlo. Entonces, utilizando los mismos principios de sobreescritura de datos que usan los expertos en computación, vamos a mirar dentro del rollo sagrado, como si estuviéramos mirando en un microscopio electrónico, para ver si existe un código invasivo, o "reescritura" en la doble hélice del sistema corporal. Si es así, lo sobrescribiremos con las letras sagradas del Diseño Divino, y removeremos cualquier dato invasivo, asegurándonos de que el espacio que ocupaba en el genoma alterado ha sido totalmente borrado.

Todo está escrito en el Registro Akáshico, el campo cuántico que sirve como una especie de biblioteca cósmica para toda la Creación: todos los seres, todos los universos, todas las consciencias. Mientras no estemos desconectados del Código Dios que todos llevamos dentro, interactuamos perpetuamente con, y somos receptivos a, ese recurso a nivel celular, accediendo a lo que necesitemos para restructurar, renovar y acelerar nuestra memoria genética—tanto a nivel biológico como de consciencia, que por supuesto nunca están separados.

Esto es de suma importancia para nuestra capacidad de sanar y activar la construcción de nuestro ADN, y la forma sagrada que lo encarna—a través de un enfoque agudo del pensamiento y la intención—que desarrollaré en la Segunda Parte de esta obra.

*

Embriagados por el poder y control que perciben, estos "gobernantes" han salido del armario: ya no les importa si sabemos lo que nos tienen reservado—de hecho, se deleitan viendo cómo cedemos nuestro poder a su tecno-mundo. Todos estos desarrollos están a nuestra vista, mientras Silicon Valley y los principales medios de comunicación masajean la mente de las masas para que acepten lo que quieren que creamos que es un futuro no humano inevitable.

Es el ahora mismo de su show de terror.

Combinen la capacidad de interferir y alterar el genoma humano con la inmensa capacidad de procesamiento de datos de las supercomputadoras y lo que obtienen es un puñado de mentes transhumanistas dementes que tienen las llaves para alterar el comportamiento humano, y la capacidad de recodificar el sistema operativo básico—el ADN—del organismo humano, para que simplemente no sea más humano. Su oscura visión del futuro del Homo sapiens implica alterar nuestros biorritmos naturales hasta tal punto que, con la implantación de sensores, chips y sensores ponibles, nuestros pensamientos se reducirán a señales electrónicas, recibidas, almacenadas y analizadas por computadoras. Esas mismas tecnologías también se estructurarán para que la IA no solo reciba información y datos de nuestros cuerpos monitoreados, sino que también envíe órdenes: instrucciones para manipular nuestros pensamientos, y órdenes que le digan al cuerpo cómo moverse, cómo sentir, y en quién se ha convertido la versión controlada de nuestro antiguo yo.

*

A estos agentes modernos del tecno-dios transhumanista no les basta que esos antiguos perturbadores alienígenas nos despojaran de nuestra consciencia hasta reducirla a dos hebras, reduciendo nuestro brillo y subvirtiendo nuestra trayectoria, en la que caminábamos en la luz de Cristo. Sobrevivimos a ese "hackeo," y aun así nos levantamos, conociéndonos a nosotros mismos, y aprendiendo más, a cada momento, sobre quiénes somos realmente y dónde encajamos en el universo. A través de los picos y valles de nuestra existencia, y a pesar de la implacable, perpetua interferencia en la evolución humana, nuestra luz de Dios aún brillaba.

Somos capaces de una grandeza que nunca imaginaron, tan brillante es el Diseño Divino. A pesar de todos los intentos de diseccionarnos y destruirnos, hay un número creciente de seres humanos creativos que siguen siendo chispas de ese fuego divino e inextinguible, libres pensadores, buscadores de amor. Cada hora y cada día despiertan más.

Nosotros, almas humanas **soberanas** de la Tierra, no nos perderemos en la tecno-nube. Nos negamos a ser reducidos a algoritmos, a ser fusionados en una matrix inventada de información simulada y biotecnología. No nos van a decir quiénes somos. Nunca nos tendrán, porque no pueden hackear la luz de la consciencia divina dentro nuestro—a menos que los dejemos entrar. Pueden tener éxito en controlar una franja de la población, para alimentar a su bestia de IA, pero nunca tendrán éxito en transformar la raza humana a su fin deseado. Nunca matarán el espíritu de los despiertos, porque nunca firmaremos el contrato, aceptaremos la aguja, tragaremos el veneno de buena gana—y necesitan esa resignación para lograr su objetivo. Nosotros sabemos eso.

Con todos sus algoritmos, biometrías y procesadores de datos informáticos, siguen subestimando al ser humano. Encontraremos la manera de sortearlos, créanme. Sea lo que sea que lancen contra nuestra civilización, pronto terminará su tiempo en el Planeta Tierra.

Es posible que hayan robado algunas almas en el camino. Que Dios las ayude. . .los dejaron entrar. Pero haremos lo que podamos para liberarlas, y ayudarlas a sanar.

Nosotros, los soberanos, nunca nos inclinaremos ante ellos.

No lo consentimos.

No tienen entrada aquí, así que aléjense.

*

Si queremos liberarnos a nosotros mismos y a nuestra familia humana de las garras de estas fuerzas adversarias, para voltear la agenda transhumanista a tiempo para preservar nuestra biología humana fundamental, presente y futura, debemos empezar con una campaña total para desconectar de la red tecnológica a tanta gente como podamos, comenzando con nosotros mismos, con especial énfasis en el teléfono celular, la televisión y la computadora en casa. La desintoxicación de esos programas es difícil, porque están diseñados para ser más adictivos que cualquier sustancia disponible en la Tierra, y porque muchas actividades vitales, como la banca, la búsqueda de material e información, y el comercio online, nos hacen dependientes de ellos. ¿Por qué creen que ellos los llaman "programas?". Sin embargo, liberarnos de esa dependencia y adaptación electromagnética es esencial para nuestra claridad mental, independencia emocional y, según parece ahora, nuestra supervivencia misma.

Estas herramientas de los tecno-señores adaptan la mente y el cuerpo emocional para aceptar y absorber cualquier programación, llena de mensajes subliminales, que inventan para su audiencia global. Se absorbe en varios niveles de la mente hipnótica y se introduce profundamente en el fondo del subconsciente, que lo refleja constantemente en forma de mecanismos de respuesta conductual.

Desde que soy una figura pública, he pedido a la gente que evite la atracción de la IA y apague sus dispositivos—o, por lo menos, limite el acceso a ellos.

Cuando no estoy escribiendo en la computadora, escribiendo un libro o grabando una entrevista, limito el acceso a la tecnología—especialmente a las redes sociales. Nunca en mi vida jugué un juego de computadora, y no tengo ningún deseo ni intención de empezar a hacerlo. Nunca tuve un sistema GPS en mi coche, sencillamente porque prefiero usar mi mente para llegar adónde quiero ir, en todos los sentidos de esas palabras. Aprender a leer mapas y prestar atención a las señales a tener en cuenta desarrolla la función cognitiva. ¿Por qué querría regalar eso?

Pienso que es una locura introducir un dispositivo de IA en el hogar, como Alexa, la última tecnología de Gran Hermano, supuestamente diseñada para proporcionar a la gente cualquier información que su corazón desee en un abrir y cerrar de ojos. Su verdadero propósito es espiar a la gente en la santidad de sus propios hogares. Los están grabando.

¿Por qué alguien aceptaría de buena gana esta intromisión? ¿Es la "comodidad" mucho más valiosa que la privacidad y el dominio de los propios pensamientos? Aparentemente estos orgullosos "alexianos" son tan ingenuos que no comprenden cómo su información privada, sus hábitos y sus intimidades se están introduciendo en una computadora central—como si la IA solo sirviera para introducir información ... y no para sacarla.

¿Quién sabe? Tal vez simplemente no les importa. Lo más probable es que todavía tengan que aprender sobre el sistema de crédito social, probado y operando en la China comunista, donde cada paso y movimiento, cada acción, cada palabra dicha y, muy posiblemente, cada pensamiento es controlado por el gobierno. Todo comportamiento es evaluado por sistemas de IA que determinan constantemente un "rating social" en tiempo real, que proporciona recompensas, o créditos, por buena conducta, y reparte castigos y restricciones por lo que el gobierno determina que es "inaceptable."

Todo esto está llegando a un país cerca de ustedes.

Y, mientras Alexa prolifera en los hogares de todo el mundo, vendiéndose por miles de millones, el negocio de la tecnología está haciendo una fortuna con ella. Estoy segura de que quienquiera, o lo que sea, que esté detrás de la tecnología está agradecido a su creciente base de clientes por el negocio, por hacer el trabajo de controlar a los ciudadanos mucho más fácil y tan rentable. Me imagino que nos estamos acercando al momento previsto en el libro de Orwell, cuando esos dispositivos de espionaje y otros mucho más sofisticados y penetrantes serán requeridos por el gobierno, en cada habitación de cada casa: ya no más vendidos como una comodidad, sino como un requisito del gobierno mundial único.

Estas son solo algunas de las razones por las que las simulaciones, la realidad virtual y la inteligencia artificial no me atraen en absoluto.

¿Y qué hay de los jóvenes? No hay duda de que la sobreexposición a la tecnología lleva a la adicción, y limita la capacidad de los niños para crear, disfrutar de la actividad física y estar en la naturaleza. Frena su crecimiento intelectual, social y emocional. Debe haber una razón por la que gente como Steve Jobs y Bill Gates restringieron a sus hijos el uso de computadoras, iPhones y otros dispositivos, incluso en la adolescencia. Jobs era conocido por decir que limitar el uso de las computadoras a sus hijas era importante para su desarrollo creativo. Se decía que Bill Gates y su esposa limitaban el tiempo que sus hijos pasaban conectados a internet en casa a cuarenta y cinco minutos por día. Por desgracia, la sensatez y las precauciones de seguridad que impusieron a sus hijos claramente no se aplicaron al resto de los niños del mundo.

El cuerpo físico sufre como consecuencia de estar sentado frente a una pantalla, durante horas y horas, en estados de estrés adrenalínico acelerado. El Departamento de Salud y Servicios Humanos de Estados Unidos recomienda limitar el tiempo con la pantalla a menos de dos horas por día para proteger contra el deterioro de la visión. La obesidad, el letargo y los trastornos nerviosos—incluso infartos y derrames cerebrales en niños—se están volviendo manifestaciones más comunes de quienes están pegados a la pantalla.

Así que, a riesgo de sonar como una madre sobreprotectora, permítanme reiterar que ahora es el momento de encontrar la fuerza para apagar la televisión—el principal mecanismo de control de Gran Hermano—y liberarnos a nosotros mismos y a nuestros hijos de sus controles hipnóticos, adormecedores de la mente. Debemos reducir drásticamente nuestro uso del teléfono celular, la herramienta de obediencia y rastreo del poder por excelencia. Debemos limitar nuestra dependencia de las computadoras, gadgets y todo tipo de tecnología que nos distrae de volver a sintonizar con el mundo natural, hermoso que nos rodea, mientras nos mantiene pegados a la matrix.

Solo entonces podremos encontrar nuestro camino hacia la restauración de la verdadera independencia en este planeta.

*

En nuestra lucha por recuperar nuestro poder de toda esta intrusión y manipulación de la psique humana, necesitamos perdonar la oscuridad en nosotros mismos, y en todos—porque esa es sin duda una de las lecciones más grandes de este drama y, creo, es el último obstáculo para nuestra ascensión.

Dios sabe que no es fácil. Nos enfrentamos con seres monstruosos que se deleitan con su maldad: cuanto más malévolos . . .mejor. Pero entonces, parafraseando las palabras del difunto gran Presidente John F. Kennedy, "No vinimos porque fuera fácil, vinimos porque era difícil".

Lo "fácil" no enseña. No inspira. No nos desafía a alcanzar la luna y las estrellas. No nos mueve a la grandeza, a buscar al Creador, para que siempre encendamos la luz . . .la luz. . .la luz . . .reencendiendo al Cristo interior.

En cuanto al vínculo kármico que nos une a los Seres de Sirio, estoy agradecida, a un nivel muy profundo y muy personal, por haber recibido la oportunidad gloriosa de servir como su escriba todos estos años. Claramente, si vamos a creer, como yo, que el alma sabe exactamente lo que está haciendo, antes de aceptar manifestarse en lo físico, entonces seguramente participé en ese experimento voluntariamente, hace muchas vidas, como esencia de alma y como viajera galáctica. Muchos somos semillas estelares, que hicimos esa elección ahora, cuando decidimos encarnar aquí en la Tierra, para formar parte de esta revolución. Firmamos para participar en un contrato colectivo de almas. Honramos eso, porque sabemos, en algún nivel, que estamos aquí cientos de miles de años más tarde, para permanecer en la luz del Espíritu y anclarla en la Tierra, sin importar lo difícil que sea mantener nuestro equilibrio contra vientos galácticos tan feroces como los que nos están empujando con fuerza a través de esta Era de cambio.

Hay otros, que son participantes voluntarios en el experimento genocida actualmente en curso, aceptando ansiosamente lo que el gobierno les sirve sin cuestionar, sin una duda en sus mentes. Eso, también, solo puede considerarse un contrato del alma, al que eligieron adherirse en esta vida. Cuando me aflijo por los que ya han sufrido tanto, y por los que aún perecerán, hago todo lo posible para recordar siempre que no me corresponde a mí, ni a ninguno de nosotros, juzgar a los demás. Y me recuerdo a mí misma que debo honrar la elección y el proceso de todas y de cada una de las almas, por doloroso que sea, sabiendo qué karma están creando para sí mismas, y cómo esas elecciones afectan a la totalidad de la realidad consciente

En cuanto a los autores de tanta maldad, busco encontrar compasión incluso por las almas más oscuras, perdonar sus graves actos sobre todos nosotros, y rezar para que otros encuentren esa compasión, para que no estemos atados a ellos a perpetuidad . . .y para que siempre resonemos a frecuencias que emanan del corazón y de la mente elevada.

Estamos en nuestro máximo poder cuando predicamos con el ejemplo de ser seres soberanos, hijos de la Creación, de las estrellas y la Tierra, y celebramos que, independientemente de lo que se desarrolle a nuestro alrededor o dentro nuestro, siempre somos una bendita manifestación de la luz de Dios.

En mi experiencia personal, he muerto dos veces y he regresado—por lo que tengo el privilegio, como otros que han pasado por la experiencia cercana a la muerte, de saber, sin lugar a dudas, que **no morimos.**

Conozco la inmortalidad del alma y nunca permitiré que nada interfiera con el desarrollo natural de mi ser eterno. No importa lo que ocurra en el mundo exterior, o en mi interior, sé que mi paso por aquí es una mera gota en el mar cósmico de la experiencia del "Yo soy".

Siempre seré soberana. Así entré en este mundo de la materia, acunada en el inmenso y amoroso abrazo vibratorio de mi extraordinaria, amada madre, que me dio a luz en este tubo de ensayo físico de la vida terrenal, y así permaneceré, cuando suba el telón final. Allí, de vuelta en la brillante luz de la llama cósmica, me reuniré con ella y con todos mis ancestros (de la Tierra y de las estrellas) una vez más, un paso más arriba en la espiral de luz que me lleva a casa. . .de vuelta adonde mi memoria de la forma se disipa y hace que mi espíritu se eleve.

Qué inmenso regalo haber tenido esa breve visión de la eternidad: morir y volver a la vida. Regresé de esa experiencia con una imagen del "cielo," grabada, indeleble, en mi alma. . .junto a toda la belleza de esta magnífica Madre Tierra, y todo el amor que he conocido en ésta y en otras vidas.

A medida que mi esencia atraviesa el Cosmos, lo llevo todo en mi bolso kármico—incluso el dolor y los recuerdos difíciles—con una sensación de alegría y asombro: de vida a vida; de estrella a estrella.

Capítulo 6

Nuestro Planeta "Tipo Cero"

En el transcurso de mis muchos años explorando esa pregunta por excelencia sobre la existencia—el significado de la vida y nuestro lugar en el universo y más allá (porque siempre hay un más allá. . .desde cualquier punto de vista)—he tenido el privilegio de reunirme y conversar con algunos de los grandes pensadores de nuestro tiempo: filósofos, exploradores, científicos, visionarios, futuristas. Lo que he recogido de todos ellos es que, sin importar nuestro campo de especialización o experiencia, los seres conscientes compartimos un objetivo común: comprender de dónde o de qué venimos, descubrir nuestro propósito al encarnar aquí y ahora, y saber hacia dónde nos dirigimos nosotros, guardianes del Planeta Tierra, como individuos y como civilización global.

Los científicos e ingenieros están decididos a llegar a los detalles de todo esto, para que nuestra civilización pueda ser catapultada hacia una nueva era de exploración fuera del planeta, a medida que una nueva mentalidad de "destino manifiesto" proyecta a nuestra especie hacia el futuro. Los metafísicos y espiritualistas, por otro lado, parten de la perspectiva de cómo nosotros, unidades de consciencia universal, reconocemos y comprendemos que somos co-creadores de toda la realidad, y que la inmensa extensión de la Creación se encuentra dentro nuestro—

dentro de cada célula—e incluso más allá, en las minucias del mundo subatómico.

Desde ese país de las maravillas microcósmico, que es el universo subatómico, hasta el multiverso macrocósmico, todo lo infinito se nos escapa a los que creemos en la eternidad, tanto como desconcierta la mente de la ingeniería de IA. Los telescopios que penetran en el espacio y los microscopios electrónicos que nos permiten asomarnos al mundo subatómico nos permiten vislumbrar—pequeños fragmentos—lo ilimitado de la existencia, pero aún hoy, los vastos e impenetrables confines del universo, y la complejidad de la realidad multidimensional, siguen siendo incognoscibles. Compartimos innumerables teorías, pistas y enigmas y un montón de convicciones, pero al final, todo lo que tiene sentido para mí, personalmente, en mi incansable búsqueda espiritual para definir de alguna manera lo incognoscible, es que algún matemático increíble, amante del arte—la música, el color y la vibración—tuvo que haber cocinado la sopa cósmica que desencadenó un número preciso y predeterminado de átomos, protones y neutrones para crear toda la vida, y para replicar esas mismas relaciones dinámicas y espaciales en los planetas, lunas y estrellas.

Donde fusionamos estos dos sistemas—ciencia y espíritu—es donde más nos acercamos a desentrañar los misterios de la existencia y la proliferación de la vida misma.

Al observar cómo nuestro conocimiento avanzado de física hiper-dimensional debe, por su propia naturaleza, unirse con una aceptación más amplia de lo metafísico, se vuelve muy claro que, al final, todos buscamos lo mismo: conocer al Primer Creador, tener pruebas de que Dios existe. Incluso el ateo acérrimo tropieza cuando se le pregunta sobre el detonante que enciende la vida. Si no es de un Primer Creador, entonces ¿de dónde, cómo, por qué y cuándo se origina todo? ¿Y con qué propósito?

Los físicos, luchando con el interrogante planteado por la teoría del "Big Bang", buscan en vano la explicación de lo que le precedió; los líderes religiosos nunca pueden responder en forma convincente a la pregunta irresoluble: "¿Quién creó a Dios?" Los físicos cuánticos, que estudian la materia y la energía a ese nivel fundamental, microcósmico, nos dicen que están descubriendo aspectos de la materia y la energía que la ciencia aún no comprende completamente, y que están encontrando nuevas llaves sobre la evolución real del Cosmos. Están entusiasmados con sus avances, como lo estamos nosotros, devotos espiritualistas, porque estamos accediendo, desde dos "rampas" diferentes, a las autopistas de un universo multidimensional que llama a todos los exploradores galácticos a llegar más alto, y a elevar nuestras frecuencias para alcanzar el amanecer de nuestro verdadero despertar: la Era de Acuario, cuando la humanidad está destinada a evolucionar a una comprensión más elevada de la verdad y la realidad, y a tomar finalmente su destino en sus propias manos.

Tenemos otros dos mil años más o menos para ver cómo se desarrolla eso, antes de que demos el siguiente salto cósmico a la Era de Capricornio. No planeo volver para ese salto.

Saber qué hay más allá de lo que creemos que conocemos . . .de lo que vemos . . .de lo que experimentamos en el mundo de los sentidos, y desafiar esas percepciones en busca de una verdad mayor, más universal: ese es el reto del verdadero acuariano—espiritualistas y científicos por igual.

De esos encuentros esclarecedores, uno de los más memorables fue con el cofundador de la Teoría de Cuerdas, el Dr. Michio Kaku, descrito por muchos como el "Einstein de nuestros tiempos." Podría decirse que es uno de los físicos teóricos más renombrados de este siglo y de muchos otros. Indiscutiblemente, el Dr. Kaku ha demostrado ser uno de los grandes contribuyentes a un campo de la ciencia que intenta comprender cómo interactúan los universos, cómo coexisten y comparten en el gran multiverso de mundos paralelos, realidades simultáneas y campos vibratorios multidimensionales.

En un esfuerzo, siempre que sea posible, por tender un puente entre la ciencia y el espíritu, el conocimiento empírico y la sabiduría innata, me encantó tener la oportunidad de entrevistarlo en mi programa de Radio BBS, *Más allá de la Matrix*, hace muchos años. Hablando con él directamente, confiando en que mi sentido intuitivo de la realidad y una comprensión muy básica de física cuántica (que me proporcionó mi trabajo con mis guías y maestros extra dimensionales) podrían seguir el ritmo de su genio, me complació poder seguir y captar su análisis científico del siempre incognoscible Cosmos del Alma.

No resoné con todo lo que dijo, especialmente cuando su ideología política parecía querer redirigir la conversación hacia donde seguramente llegaríamos a un callejón sin salida, pero escuchaba atentamente cada palabra, pensando en sus percepciones, y recogiendo lo que podía de la ciencia—un campo diametralmente opuesto a mi propio proceso intuitivo.

En su mayor parte, hubo muchas sincronías entre nuestros dos campos de pensamiento, donde la física se encuentra con la metafísica. El Dr. Kaku fue educado como budista, por lo que a una edad temprana conoció el precepto filosófico de que la existencia no tiene comienzo, ni fin. Sin embargo, como físico que cree que existimos "en un multiverso de universos," la ciencia lo obligó, a él y a sus colegas, a explorar el reino de lo posible para buscar y finalmente ¡descubrir pruebas sobre los verdaderos comienzos del universo físico!

En nuestro fascinante intercambio, durante el cual discutimos varias teorías no probadas acerca de ese "comienzo" aún indeterminado—la perpetuidad del universo en expansión, y nuestro papel en él como seres conscientes en esta pequeña roca en el espacio—elucidó un sistema para medir el avance de cualquier cuerpo planetario en función de su desarrollo y consumo de energía, clasificado por primera vez en 1964 por el astrónomo soviético Nikolai Kardashev, en tres categorías principales:

Tipo Uno – se define como una civilización *planetaria*, que utiliza y almacena la energía disponible en su propio planeta.

Tipo Dos – descrito como una civilización *estelar*, una que obtiene todas sus necesidades energéticas de su propia estrella central.

Tipo Tres – conocida como una civilización *galáctica*, capaz de controlar su consumo de energía a gran escala de toda su galaxia anfitriona.

Le pregunté al Dr. Kaku dónde encajaba la Tierra en esta escala de calificación de la evolución celeste bastante simplista, basada en la energía. Me contestó que nuestro planeta aún no había avanzado a un estatus de civilización Tipo Uno, ya que todavía estamos explotando, principalmente, los recursos del planeta, consumiendo combustibles fósiles y gestionando mal la fisión nuclear y que, en general, podríamos no alcanzar el estatus de Tipo Uno hasta dentro de cien o doscientos años más.

La Tierra, según el Dr. Kaku, es simplemente un planeta "Tipo Cero".

¿Podría nuestro asediado planeta, con sus líderes mundiales sedientos de sangre, sus poblaciones humanas ecológicamente negligentes y sus recursos menguantes, soportar otros doscientos años antes de evolucionar a su etapa siguiente? "Interesante," pensé, contemplando todas las razones mucho más rotundas por las que seguíamos en cero que por la energía solamente y que, a medida que entrábamos en la Era de Acuario, tendríamos que sortear primero algunas barreras evolutivas extremadamente traicioneras, antes de que pudiéramos dar el salto gigante hacia la Edad de Oro, profetizada por la ciencia de la astrología, los maestros esotéricos y los guardianes de la sabiduría indígena de antaño.

Y luego estaba la cuestión de la ascensión planetaria, y si estábamos, de hecho, en nuestro camino a través de la cuarta dimensión (como nos parece a muchos de nosotros que la estamos experimentando psíquica y visceralmente), como el Alto Consejo de Sirio profetizó como nuestra trayectoria solar y planetaria. ¿Estábamos realmente ascendiendo—acelerando nuestras frecuencias vibratorias resonantes a un "terreno" más alto—y ese proceso de liberarnos de la densidad de nuestro mundo tridimensional sería algo menos doloroso que lo que estamos experimentando actualmente, en el caos que hemos visto desplegarse, desde el comienzo de esta década?

Que monumental es el alcance del Gran Cambio de Eras. Qué poderoso y doloroso, y al mismo tiempo extraordinario es estar vivo para este inmenso cambio de la Era de Piscis a este próximo ciclo de 2.160 años de la Era de Acuario, mientras contemplamos la trayectoria de la Tierra hacia un futuro multidimensional aún desconocido. Algunos astrólogos conocidos creen que ésta es la Edad de Oro en la que la humanidad finalmente recupera su poder y se adentra en su destino, para caminar una vez más como seres Crísticos y guardianes de los reinos físicos—como se pretendía cuando fuimos sembrados aquí, en este Jardín del Edén.

Sin duda, nos queda un largo camino por recorrer, considerando el traumático mundo en el que nos encontramos en este momento. Y, sin embargo, a pesar de los obstáculos que tenemos ante nosotros, estamos siendo catapultados desde aquellos días ambivalentes de nuestros sillones cómodos y la televisión nocturna, en los que gran parte de nuestra civilización "occidental" solo observaba el sufrimiento de grandes franjas de humanidad desde lejos . . .donde no nos tocaba personalmente .. .hasta las primeras líneas de nuestra actual guerra mundial por la soberanía humana.

La guerra que ha emprendido la élite dominante contra toda la civilización es devastadora. Es aterradora y exasperante en tantos niveles, pero, para aquellos de nosotros que entendemos lo que está en juego aquí, es muy fortalecedor. Es el ímpetu que nos ha sacado de nuestras zonas de confort y nos ha lanzado a un campo de batalla que sin duda nos está impulsando a salvar un mundo en vías de extinción. Nos está llamando a despertar, a sacudirnos la niebla mental, a levantar nuestros sables de luz, y a defender a todas las criaturas vivientes de esta buena Tierra.

Cada ser humano en este planeta se enfrenta ahora a la elección entre obediencia y resistencia. No hay escapatoria, no importa lo alejados o distraídos que estemos del desarrollo de los eventos. Hay una revolución en marcha, en todo el mundo, y ahora ha llegado a nuestras puertas. O nos mantenemos en nuestro poder, o nos inclinamos, tal vez para no levantarnos nunca más.

A través del Armagedón espiritual en curso en nuestro pequeño rincón de la galaxia, se está desarrollando un gran enfrentamiento entre el mal y el amor en la arena global. Y, a pesar de nuestra desesperación por lo que tenemos que pasar para llegar al otro lado, sentimos una inmensa urgencia de pasar a la acción, porque esta mancha sobre nuestra libertad se está extendiendo rápidamente, enturbiando las aguas. Para aquellos de nosotros que podemos ver, cada día se acerca más el rostro del mal, empujando contra el nuestro como si dijera, "La resistencia es inútil. No pueden escapar de mi . . ." y, para muchos de nosotros, esta abierta malevolencia no sirve para debilitarnos, como está diseñada y destinada a hacer, pero sí para empoderarnos, fortaleciendo nuestra determinación. Por fin estamos llegando a comprender a qué nos enfrentamos realmente, quizás más de lo que nunca antes lo habíamos reconocido—como individuos, y como consciencia colectiva de nuestra especie despierta y que despierta.

No buscamos escapar, porque sabemos que estamos aquí para enfrentar al demonio. . .de una vez por todas. Es la única manera de restaurar la libertad. Y eso es lo que debemos hacer, no importa dónde nos lleve: no importa cuánto tiempo. . .no importa lo extendida que nos parezca la maldad. Debemos blanquear su oscuridad en nuestra luz de Dios, donde se marchita, se encoge hasta no ser más que un pequeño punto en nuestra visión periférica, y finalmente se evapora en el polvo etérico.

Nosotros, que elegimos enfrentarnos al venenoso aliento de fuego del dragón, estamos más vivos, en muchos sentidos, de lo que creíamos imaginable. A través de este renacimiento, creo, estamos sintiendo los dolores crecientes del brote de nuestras alas metafóricas . . .mientras nos preparamos para levantar vuelo y volar más allá de los extremos de las polaridades y oposiciones de la Tierra: más allá del bien y del mal, más allá de la luz y de la oscuridad, más allá de todo el sufrimiento del que somos testigos, cuando observamos el mundo a través de una lente oscura.

Con estos pensamientos dándome vueltas en la cabeza, salí de aquella conversación con el ilustre Dr. Kaku, pensando que lo que realmente determinaba el ritmo evolutivo de una civilización no era en absoluto la cuestión del consumo de energía, aunque estoy de acuerdo en que volver a la energía estelar reflejaría sin duda un mayor respeto y una relación sinérgica con su planeta correspondiente. En el caso de nuestra propia Madre Tierra, no cabe duda de que el planeta se beneficiaría de nuestro avance hacia un uso ecológicamente racional de la energía solar (que aún tenemos que diseñar eficazmente), y del fin del consumo venenoso de combustibles fósiles, que tanto ha despojado a la Tierra de sus recursos y tanto daño ha causado al medio ambiente.

Irónicamente, ya poseemos el conocimiento tecnológico para hacer precisamente eso, si tan sólo esta cobarde clase dominante, asquerosamente enriquecida por los mismos productos derivados del petróleo que actualmente afirman despreciar, pusieran a la humanidad y al planeta en primer lugar—y si tan sólo permitieran, en lugar de suprimir, la proliferación de la energía solar, lo que han estado haciendo durante décadas, mientras bloquean la luz del sol con su omnipresente, perenne envoltura de partículas químicas, dispersadas en la atmosfera a través de los mortíferos aerosoles chemtrails.

El Estado Profundo ha estado rociando el planeta por treinta años o más, atenuando la luz del sol, alterando los climas micro y mundial, y rociándonos con cualquier veneno que sus retorcidos secuaces y esclavos obedientes dentro del complejo militar-corporativo deseen: lloviendo sin cesar cócteles químicos mortales mezclados con toxinas de su elección. Es un asalto a todo el planeta: por encima del Himalaya, sobre los Andes y los océanos, sobre las ciudades densamente pobladas de todo el mundo y por todas partes. La mayoría de los seres humanos, ciegos a los entramados químicos visibles que se depositan en la atmosfera día tras día, siguen negando con su "ignorancia es felicidad" el bombardeo diario de tableros de ajedrez y rejillas inconfundibles y antinaturales que se unen en lo alto, dando crédito al lema: "El mejor lugar para esconder un secreto es justo a la vista de todos".

Es escalofriante pensar que esas estelas de aerosol, que envuelven la atmósfera de la Tierra desde el Polo Norte al Polo Sur, se pueden observar claramente, a más de doscientas treinta millas por encima de nuestro planeta, desde la estación espacial internacional. Sin embargo, miles de millones de seres humanos, que solo necesitan quitarse la venda de sus ojos y mirar al cielo un momento—realmente mirar—no pueden, o simplemente no quieren ver lo que está justo sobre sus cabezas, goteando productos químicos peligrosos y partículas de metal sobre ellos.

Después de todo, es una "teoría de la conspiración". Sólo una teoría de la conspiración . . .

La información está ampliamente disponible para aquellos que al menos están dispuestos a considerar que se está librando de forma perpetua un ataque aero-químico coordinado, y que ha estado andando durante décadas. El gobierno de Estados Unidos lo explica muy claramente en un documento de 363 páginas titulado, *Geoingeniería: Partes I, II y III*[3], presentado hace más de diez años en la Cámara de Representantes, en una audiencia ante el Comité de Ciencia y Tecnología. El documento describe, con detalles escalofriantes, cómo el gobierno mundial planeaba alterar el clima del planeta, supuestamente para reducir las emanaciones de efecto invernadero, mediante "métodos de gestión de la radiación solar que reflejan una parte de la radiación del sol de vuelta al espacio,"

---

3   https://www.govinfo.gov/content/pkg/CHRG-111hhrg53007/pdf/ CHRG-111hhrg53007.pdf

e inyectando productos químicos en aerosol en la atmósfera: productos químicos que, admiten, "presentan desafíos fundamentalmente diferentes de gobernanza, ética, economía e impactos ecológicos".

Estos autoproclamados administradores de nuestra comunión energética con el sol, y de cualquier intercambio eventual con planetas vecinos, se han encargado de bloquear el resplandor de nuestra estrella central de los campos vivos de la Tierra, alterando las capacidades de autocorrección del propio acto de equilibrio de la naturaleza para repararse y rejuvenecerse a sí misma, en alineación con el campo galáctico. La forma en que el sol interactúa con nosotros como individuos, alimentando nuestras propias almas, activando la estructura celular física a través de la luz y la alegría misma, y amplificando la envoltura energética, dentro de la cual lo físico mantiene su presencia, es algo que tampoco nos atrevemos a pasar por alto.

Si el plan consiste en hacer rebotar la energía solar, lejos del planeta, uno solo puede preguntarse, ¿cómo se supone que la Tierra progresará desde nuestro primitivo estatus de Tipo Cero a una civilización planetaria de Tipo Dos, galácticamente más progresiva? No hace falta ser un genio en ingeniería aeroespacial para darse cuenta de que estos dos enfoques para gestionar el problema del sistema energético de un planeta determinado—el nuestro, por ejemplo—se encuentran en extremos opuestos del espectro de soluciones.

Me preguntaba si el Dr. Kaku y sus colegas físicos estaban teniendo **eso** en consideración—la ofuscación deliberada de la energía solar por parte de la cábala que dirige esa operación—en su evaluación de nuestro ranking en la jerarquía de la evolución planetaria. ¿Estaban los astrofísicos e ingenieros de la NASA y de su gran comunidad científica también ciegos al rociado de aerosoles? A mí, desde luego, eso no me parecía científico. Y si no, si eran muy conscientes de la agenda global de fumigación de aerosoles que durante años los militares han perpetrado en el planeta en operaciones de guerras climáticas, ¿se habrían atrevido el Dr. Kaku y sus amigos a discutirlo en algún foro abierto?

¿Saberlo los convertiría en cómplices de uno de los mayores crímenes jamás cometidos contra la humanidad...y la propia Madre Tierra?

Pero sí, por supuesto que tendría mucho sentido que una civilización que utilizara la energía solar o galáctica, en lugar de despojar al planeta de su sangre vital, estaría más alineada con las energías universales—y por lo tanto, sería significativamente más consciente de su papel en la dinámica planetaria y galáctica. ¿Pero, hablaba eso necesariamente de la gran cuestión de la evolución de la sociedad? ¿Respondía a la pregunta de la progresión espiritual y la ascensión de los individuos y su planeta por igual?

Tal vez el sistema de clasificación de Kardashev, por simplista y limitado de alcance que sea, tenía sentido en 3D para el mundo científico...para los ingenieros y físicos que buscan respuestas físicas a problemas celestiales. Pero no para mí.

¿Cuál fue el diseño mayor? ¿Evolucionaron algunos planetas en un sistema solar más rápidamente que otros? Y ¿por qué? Y si nuestro sol está realmente ascendiendo a través de la cuarta dimensión, como lo he discutido en mis trabajos anteriores, ¿cómo afecta eso a todos los cuerpos planetarios y lunas que orbitan perennemente esa estrella, en la sinergia galáctica que conocemos como "el sistema solar?"

¿Cómo afectan las formas de vida biológica de un planeta determinado a su evolución—o es al revés, y se puede separar uno del otro? Y ¿cómo, por la naturaleza de esa relación galáctica entre planetas en un sistema solar dado, puede evolucionar o evoluciona uno a un ritmo diferente de otro?

Mentes geniales, como la del Dr. Kaku, están decididas a descifrar la mecánica de todo esto, con el fin de que nuestra civilización sea catapultada hacia una nueva era de exploración fuera del planeta, trayendo con nuestros futuros exploradores galácticos una comprensión mucho más compleja de la naturaleza del universo físico que la que poseemos hoy en día—o, debería decir, que la que ellos "admiten" hoy en día. Sin embargo, hay cuestiones mucho más apremiantes que necesitan ser tratadas por nuestras comunidades científicas, y esas deben incluir seguramente la cuestión de la ética en todos los campos de pensamiento y experimentación que afectan al planeta y a los seres vivos que lo habitan, incluyendo:

- la experimentación bioquímica y genética de todas las formas de vida
- la presión por la introducción de organismos genéticamente-controlados y modificados en el suministro de alimentos
- la creación de híbridos, clones y seres sintéticos por razones que hablan del abuso diabólico de todas las formas de vida naturales, particularmente del Homo sapiens
- la experimentación macabra con la mezcla de genomas para crear quimeras y otras mutaciones
- la carrera hacia el transhumanismo y el dominio cada vez más evidente de la inteligencia artificial sobre la mente, el cuerpo y el alma humanos
- la alteración deliberada de la atmósfera, y sus consecuencias ecológicas para todo el planeta.

¿Adónde conduce todo esto, en esl esquema mayor de la Creación, que une todo lo que sabemos sobre ciencia y Espíritu? ¿Qué ocurre si estos científicos caprichosos abortan el Plan Divino?, y ¿es eso siquiera posible, si una Consciencia Suprema lo creó todo: la oscuridad y la luz? ¿Cuál fue el ímpetu causal que desencadenó todo lo que existe, y cuál es el propósito de su creación? ¿De dónde fluye el manantial hacia el gran océano de nuestra realidad sensorial, y la consciencia mayor que se encuentra más allá de ella? Y dentro de ese inmenso marco, ¿dónde encontramos y conocemos nosotros, simples mortales, esa Fuente . . .dentro y fuera de lo que entendemos por "yo?"

Nosotros, los metafísicos, sabemos desde hace tiempo que la materia no es más que la unión de la energía dirigida y su manifestación, enfocada a través de la intención del motor principal.

Un carpintero construye una mesa. Es su visión, su intención, su habilidad física y conocimientos adquiridos lo que esculpe la materia en bruto para que sirva para una función específica, basándose en principios establecidos por la física rudimentaria, un conocimiento de la forma y estructura, el diseño, etc. Pero ¿quién diseñó la madera? ¿Quién insufló la chispa de vida dentro de la semilla, de la que creció para ser un poderoso árbol, y quién creó la propia semilla? Y luego . . . ¿de quién fue la intención de diseñar la arquitectura biológica que determinaría la vida perenne, cíclica, de la semilla al árbol, de cuya substancia se da otra forma y propósito—y de nuevo a la semilla, para que brote otra vez?

¿Quién es ese Primer Creador?

¿Se supone que debemos saberlo?

*

Cuanto más reconocemos cómo nuestro conocimiento cada vez mayor de la física hiper-dimensional debe, por su propia naturaleza, fundirse con una aceptación más amplia de la metafísica, más claro queda que, al final, todos buscamos lo mismo: conocer al Primer Creador: el desencadenante . . . la chispa . . . el diseñador de toda la vida. En su incansable búsqueda de una respuesta definitiva a la pregunta de qué surgió antes, los físicos aún no han resuelto el evidente enigma pre-bang con su teoría del "Big Bang". Tampoco los líderes religiosos, fijos en sus escrituras y libros sagrados, responden nunca de forma convincente a la pregunta irresoluble: "Si Dios (Primer Creador) creó todo lo que existe, entonces ¿quién creó a Dios?"

Físicos, sacerdotes, gurús . . . nadie ha respondido aún las preguntas evidentes que rodean el enigma pre-Dios/pre-big bang. Es decir: si lo que entendemos como "Todo-Lo-que-Es" no es el diseño de un Primer

Creador, un arquitecto supra inteligente, entonces ¿de dónde, cómo, por qué y qué surgió? ¿Quién pretendía que existiera el Cosmos? ¿Cuándo, si es que alguna vez, conoceremos por fin a nuestro Creador con certeza, en lugar de tener una convicción, una teoría, o una simple "fe ciega?".

Lo que se me había mostrado, en mis primeros años de escribir tal sabiduría multidimensional, desgastada por el tiempo, del Alto Consejo de Sirio, fue que el avance último de los individuos, y la consciencia colectiva de los seres inteligentes de cualquier planeta dado, tenían que mantener como su comprensión central de la realidad, una consciencia de toda la vida como la creación biológica manifiesta formada a partir del diseño artístico y arquitectónico de un Ser Supremo, o consciencia.

Qué difícil es conceptualizar que esta llama de la Creación ha existido siempre, sin principio ni fin, y que todo brota de su perpetuo arte, genio matemático y amor por su propias obras maravillosas—y que, por encima de todo, está diseñada para perpetuar una luz eterna que nunca puede extinguirse. Sí, en efecto, la Creación se ama a sí misma. Se maravilla de su belleza infinita, porque es todo amor—cada parte de ella.

Nosotros, chispas de esa luz de amor, saltamos desde la Divinidad al oscuro abismo que nosotros, también, somos capaces de crear o más bien "co-crear," para que los aspectos de la Fuente—chispas de la Llama Divina—puedan experimentar lo lejos de la luz que pueden viajar, experimentando lo que eso implica, y luego encontrar lentamente el camino de vuelta, de regreso a la luz infinitesimal, para fundirse de nuevo en el Fuego Sagrado.

Para mí, no hay otra explicación que se sostenga ante la complejidad y maravilla de la existencia. Simplemente no la hay.

Y no hay oscuridad tan profunda y fría que no pueda ser alcanzada, para encontrar calor y perdón en la Luz.

Capítulo 7

ADN: El Diseño Divino

El diseño maestro del Creador, el arte fusionado de la vibración, música y una exquisita formulación de software biológico complejo—el genoma a partir del cual es diseñada y construida toda la vida—es el ácido desoxirribonucleico: el ADN. Enrollado dentro del núcleo de cada célula, es la semilla absoluta de la vida. . .la arquitectura superinteligente de toda la biología e, inevitablemente, de todos los aspectos dimensionales que contribuyen a la complejidad de todos y cada uno de los seres vivos, en cualquier lugar y en todas partes donde la vida se manifiesta en la Creación. Define cada aspecto individual de todas las formas orgánicas que existen en el Cosmos del Alma, e impulsa el progreso evolutivo de todas las sustancias y seres orgánicos.

A pesar de lo importante que es esto, pensamos muy poco en nuestros propios sistemas operativos, y en la cuestión de nuestra propia sobrevivencia como especie. Sin embargo, la Big Pharma se dedica a poco más. Ellos quieren ser dueños de cada ser vivo, modificarlo a su voluntad, como conviene a su propósito, y patentar nuestro ADN modificado genéticamente para ser legalmente, realmente, nuestros dueños—hasta de cada célula en nuestros cuerpos.

Este es un lenguaje complejo, dictado por la Suprema Inteligencia que, transformado en materia, es un programa de software vivo de extraordinaria complejidad, sabiduría y propósito. Como un manual del usuario increíblemente articulado, nuestro ADN define, a través de un código, todo lo que constituye toda forma de vida biológica, con especial detalle en todo lo que se refiere a las proteínas que determinan la estructura y función del ser vivo. Y le dice a cada aspecto de la célula qué hacer y cuándo, cómo operar, cuándo nacer y cuándo morir—todo para un rendimiento óptimo, el bienestar y la longevidad de la unidad electromagnética biológica de la vida, a través de la cual a cada uno de nosotros se nos da la maravillosa oportunidad de experimentar nuestro lugar en el universo, en esta época, como seres que viven y respiran en el reino de la Tierra.

Dentro de su estructura química—dentro del núcleo de cada célula de cada ser vivo—hay un mapa de rutas muy preciso, un manual de instrucción biológica interpretado por cada uno de los elementos de todo lo que tiene vida y consciencia. Y dentro de este increíble y complejo lenguaje de codificación luz está incrustado el Código Dios.

Déjenme decirlo de nuevo.

Codificado dentro de cada una de las células de nuestros cuerpos, dentro del núcleo, está enrollado el material de ADN que lleva dentro de su sabiduría insondable la esencia del Creador: Su identidad y Su Palabra. Estoy hablando no solo de la vibración, la luz, el amor. Digo que, como cualquier artista, Él dejó su firma: enterrada dentro de cada célula de nuestro ser, en más de dos metros de códigos microscópicos apretadamente enrollados que revelan una secuencia estimada de más de dos billones de "palabras". Allí mismo. en el genoma, la secuencia del ADN, identificada en el software de nucleótidos TCAG de todas las formas de vida biológica, Dios dejó una huella de Su identidad codificada, una y otra vez. ¡Qué emocionante contemplar esto! Tratar de descubrir el Código Dios, el "Yo Soy", escrito en el ADN, seguramente es un desafío, un viaje de expansión de la mente hacia lo desconocido.

Sin embargo, piensen sobre esto. Por supuesto, Su firma estaría allí—justo allí, entretejida en el propio ADN.

Esa super-alma, el Dios dentro de nosotros, está escrita en el Diseño Divino.

*

Deseo enfatizar que no es mi propósito aquí probar o desmentir la existencia de Dios, a quien prefiero referirme como "Creador", ni de un demonio, a quien considero lo opuesto al Dios luz: la construcción "Lucifer". Hace mucho tiempo aprendí a nunca involucrarme en esa discusión, y ciertamente nunca he estado interesada en persuadir a nadie de abrazar ninguna fe o sistema de creencias, porque no hay un camino especifico con el cual yo misma me haya "fusionado" espiritualmente. Simplemente, no hay ningún camino correcto para conectarse con Dios, el Creador . . . como sea que perciban que Él. Ella, o Eso es. Por lo tanto, discutir cuestiones de fe, arraigadas en individuos encerrados en una religión, es algo inútil y, como lo hemos visto a lo largo de nuestra historia, solo conduce a la desarmonía y la desconfianza, y sirve como una excusa perpetua para llevar a las personas hacia guerras y disonancias sin sentido y sin solución.

Encontrar el propio camino en este mundo terrenal y experimentar una conexión con la Fuente es muy personal, y no hay una respuesta correcta, no importa con cuánto fervor un individuo o cultura intente imponerlo sobre otro. No importa lo ardua que sea la devoción a un sistema de creencias, pues es solo eso—un sistema. A lo largo del tiempo, con cada civilización luchando por entender las fuerzas del universo y de más allá, todavía tenemos que descubrir una respuesta correcta a la pregunta que el hombre ha buscado conocer desde nuestros comienzos más primitivos, hasta el día de hoy.

En mi experiencia, aunque he encontrado mucha verdad y belleza en las escrituras que he leído, de muchas religiones y creencias, he elegido, respetuosamente, evitar la religión. A pesar de toda su sabiduría, bellas parábolas e ideologías profundas, la religión, inevitablemente, refleja la interpretación de Dios de otra persona. Inherente a esa interpretación está la intención del escritor, predicador, profesor, sacerdote. No quiero que ese filtro altere la forma en que percibo mi conexión directa con mi Creador, a quien busco y encuentro en la extraordinaria belleza de la naturaleza. . . en la inocencia y la gracia de todos los seres que caminan en la luz del amor.

Allí se encuentra mi templo: en el corazón, en la complejidad interactiva y la belleza de todo lo que me rodea y allí, donde las manifestaciones inimitables de la tierra, del mar y del aire vivos se reflejan en el milagro que es la vida—la exaltación que proviene de la propia conexión muy poderosa con el Espíritu.

Me llama a conocer y explorar el "Yo Soy" dentro de mí.

Me deleito en la forma sagrada y en la geometría de una hoja; siento el tirón y el balanceo de los planetas, la luna y nuestra deidad solar. Estoy siempre sorprendida por la eterna inmensidad de las estrellas, sabiendo que no hay un final para el multiverso y, por lo tanto, que no puede haber un principio. Observo la marea subir, que me hace correr de regreso a lo alto de las dunas, y luego salir de nuevo, revelando un universo mágico de diminutas criaturas que residen entre el gran océano y la orilla arenosa: cada una con su dignidad . . .cada una con su razón y propósito . . . cada una con su divinidad.

Es difícil, incluso para el ateo devoto, no reconocer o admitir el hecho inevitable de que una fuerza y una inteligencia más allá de la comprensión del hombre, más allá de la ciencia y del conocimiento empírico, está detrás del gran diseño. Es tan innegable, tanto desde un punto de vista científico como espiritual, que todos los seres vivos son organismos creados divinamente, en última instancia, organismos simples y milagrosamente complejos que contienen, dentro del núcleo de cada célula, un Plan Maestro, el diseño de la suprema inteligencia y arte. Es la base de la fisicalidad de todos los seres vivos—desde el humilde gusano de tierra, a las poderosas ballenas y delfines. . . al ser humano.

El conocimiento central que abre las almas a su autoconsciencia y conexión con la Fuente se obtiene no solo de su búsqueda personal del significado de la vida, ni de la búsqueda mal dirigida de conocer al Creador a través de religiones esculpidas por humanos, y ciertamente no de sistemas analíticos limitantes dentro de los campos científicos.

Solo cuando estos enfoques a las grandes cuestiones de la existencia, de la Creación, se fusionen en forma equilibrada y con reconocimiento y respeto mutuos, cualquier civilización podrá finalmente comenzar a saber y descubrir que todos los seres vivos se originan en la luz de Dios, y que conocer la Fuente/conocerse a sí mismo está codificado hasta el núcleo esencial de su ser.

Hay un mapa de rutas, un sistema meticulosamente codificado, similar en muchos aspectos, aunque infinitamente mayor que el software complejo de las computadoras más insondablemente sofisticadas. Ese mapa define cada aspecto de una forma determinada de vida: todas las cualidades genéticas, aspectos y funciones, explicadas con precisión científica. Una vez que se ha identificado ese diseño maestro, es entonces el uso o abuso de ese conocimiento lo que determina el ritmo evolutivo o involutivo de cualquier civilización dada: construyendo o destruyendo, aumentando o disminuyendo, ascendiendo o descendiendo en la espiral evolutiva de toda consciencia.

Y estamos allí ahora.

Lo que nosotros, el Homo sapiens del siglo XXI, hagamos con ese conocimiento determinará el progreso o la difícil situación de nuestra civilización. Mientras los dictadores intentan superar y aplastar todo lo que se parece a una democracia verdadera y destruir la civilización, hemos llegado a la encrucijada moral y tecnológica, donde alguna vez observamos y esperamos, pero ahora debemos decidir qué dirección elegirá la humanidad.

La pregunta preocupante sigue siendo: ¿posee la gobernanza científica, financiada por el gobierno y dirigida por militares, la suficiente sustancia moral y ética para que se le permita el libre acceso para experimentar y manipular el diseño fundamental de la vida en nuestro planeta? La respuesta es un rotundo "No". Herramientas que son capaces de alterar la evolución desde el nivel celular de todas las formas de vida están fuera de lugar y son altamente peligrosas en manos de seres espiritualmente no evolucionados.

¿Esos científicos y biogenetistas que juegan a Dios con la vida, respetarán y honrarán el secreto que se encuentra dentro de ese diseño arquitectónico divino? ¿Se les puede confiar este conocimiento?

A juzgar por lo que está ocurriendo en esos laboratorios secretos, y por la proliferación de programas de inoculación de la "terapia de genes" ARNm, definitivamente parece que no.

La pregunta más importante es: "¿Quién los detendrá?"

*

Además del programa de geoingeniería y rociado con aerosoles que ha estado en marcha por décadas, el gobierno mundial admite abiertamente un plan para la próxima etapa para disminuir el acceso de la Tierra a nuestro sol central—la fuente de energía que alimenta toda la vida en este reino galáctico.

¿No es eso algo diametralmente opuesto a la búsqueda del Dr. Kaku de nuestro gigante salto evolutivo?

Uno de los tantos emprendimientos preocupantes, *SCoPex* (Experimento de Perturbación Estratosférica Controlada), desarrollado por científicos de la Universidad de Harvard financiados por Bill Gates tiene, como objetivo principal, el desarrollo e implementación de tecnología de oscurecimiento del sol que tendría la capacidad de rebotar aún más luz solar fuera de nuestra atmósfera, mediante el rociado de polvo de carbonato de calcio en la atmósfera superior de la Tierra.

La primera fase de tres millones de dólares de la prueba del Sr. Gates y su equipo de Harvard, que ha sido bloqueada momentáneamente, incluye el lanzamiento de dos globos dirigibles a la estratósfera, donde liberarían partículas de carbonato de calcio, para que el equipo pueda estudiar con que éxito las partículas se dispersan. La idea detrás de este experimento altamente cuestionable es que, como las pequeñas partículas inyectadas en la estratosfera pueden propagarse rápidamente alrededor del globo y permanecer en esa capa por muchos años, las partículas inyectadas estratégicamente en ambos hemisferios podrían crear un escudo artificial contra la propia luz del sol, y enfriar un planeta que, para empezar, ellos aún no han demostrado que esté sobrecalentado (al menos no de forma natural)—¡un planeta que, por el contrario, varios ecologistas creen que está a punto de entrar en una nueva Era de Hielo!

¿Y qué pasa con el extenso programa de chemtrails que está en marcha? ¿No es eso un oscurecimiento suficiente de la luz solar vital para los globalistas? Y la proliferación de erupciones volcánicas alrededor del globo—¿qué hay de eso? ¿No es posible que sean artificialmente activados para alcanzar el mismo fin: bloquear el sol?

Según un artículo titulado *Cómo los Volcanes Influencian el Clima*[4], del UCAR, el Centro para la Educación en Ciencias:

"La ceniza volcánica o el polvo lanzados a la atmósfera durante una erupción ocultan la luz del sol y provocan un enfriamiento temporario. Las partículas de ceniza más grandes tienen poco efecto porque caen del aire rápidamente. Las partículas pequeñas forman una nube oscura en la tropósfera que da sombra y enfría el área que está directamente debajo de ella. La mayoría de estas partículas caen de la atmósfera con la lluvia unas pocas horas o días después de una erupción. Pero las partículas de polvo más pequeñas llegan a la estratósfera y tienen la capacidad de viajar grandes distancias, a menudo

---

4   https://scied.ucar.edu/learning-zone/how-climate-works/how-volcanoes-influence-climate

por todo el mundo. Estas diminutas partículas son tan livianas que pueden permanecer en la estratósfera durante meses, bloqueando la luz solar y provocando el enfriamiento de grandes áreas de la Tierra.

A menudo, los volcanes en erupción emiten dióxido de sulfuro hacia la atmósfera. El dióxido de sulfuro es mucho más efectivo que las partículas de ceniza para enfriar el clima. El dióxido de sulfuro entra en la estratósfera y se combina con el agua para formar aerosoles de ácido sulfúrico. El ácido sulfúrico forma una neblina de pequeñas gotas en la estratósfera que rebota la radiación solar entrante, lo que causa el enfriamiento de la superficie de la Tierra. Los aerosoles pueden permanecer en la estratósfera hasta tres años, movidos alrededor por los vientos y causando un enfriamiento significativo en todo el mundo. Finalmente, las pequeñas gotas crecen lo suficiente como para caer a la Tierra".

Al leer este resumen del documento científico de UCAR, tenemos que preguntarnos: ¿es ir demasiado lejos considerar que las personas que tienen la intención de disminuir la luz de nuestra estrella central, con el fin de "enfriar" el planeta, podrían estar interesadas en zapear unos pocos volcanes? Sabemos que fuerzas militares tienen la tecnología y los equipos para hacer estallar cualquier cosa que quieran, en cualquier momento, en cualquier lugar del planeta, y que la proliferación de armas en el espacio es interminable. ¿Es exagerado considerar cómo las cenizas y el polvo volcánico lanzados a la atmósfera durante las erupciones volcánicas ensombrecen la luz del sol y producen el enfriamiento temporario y a largo plazo del planeta? ¿No sería eso de gran interés para los científicos locos—especialmente para aquellos que preferirían no vernos subir la escala del Dr. Kaku para convertirnos en un planeta Tipo Uno, donde progresaríamos a tal punto que estaríamos utilizando nuestra estrella central para todas nuestras necesidades planetarias de energía?

Por el momento, SCoPEx está sobre la mesa, pero pueden apostar que **no está fuera** de la mesa. Supuestamente, este último plan del Sr. Gates tiene la intención altruista de provocar el enfriamiento global de nuestro planeta presumiblemente sobrecalentado. No confío en eso. Entiendo que las personas más ricas del planeta tienen la vista puesta en adueñarse de la Tierra y de todo lo que está dentro y sobre ella, pero me gustaría señalar aquí que experimentar con las dinámicas cósmicas, como la interacción de nuestro planeta con el sol y con otros planetas en nuestro sistema solar, es pura locura—así como es un crimen, perpetrado contra la propia soberanía divina del Planeta Tierra, para despojarla de todos sus recursos, mientras ellos alteran genéticamente las plantas, insectos, animales y seres humanos.

Ninguna excusa en la trama de la agenda del efecto invernadero puede borrar el hecho de que ya se nos está negando la luz solar vital en todos los niveles de la biología en este planeta, y que esto está interfiriendo directamente con el diseño galáctico de nuestro pequeño rincón del universo. Interfiere con nuestra salud, nuestra alegría y bienestar. Y, de manera similar, ¿planean estos anuladores de los rayos del sol bloquear la luz etérica de nuestro propio ADN? ¿Qué hay de eso?

¿Qué pasaría si de hecho estuviera en marcha un plan mucho más siniestro, por parte de los señores transhumanistas, para de alguna manera desconectarnos o interrumpir nuestra conexión con la luz de la Fuente, nuestro alimento, para interrumpir o remover el Código Dios de nuestro ADN y reemplazarlo con algo oscuro y siniestro, digamos algo como una firma, código o identificación "Luciferina"?

Si genetistas enloquecidos, financiados por esa estructura de poder nefasta, cuyos tentáculos Satánicos/Luciferinos intentan con rapacidad ahogar la luz de nuestro planeta vivo, fueran a desarrollar un sistema que pudiera borrar el código Dios—¿qué hay de eso? ¿Y si encontraran una forma de borrarlo de nuestro ADN, separándonos de esa divinidad y luz dados por Dios, e implantaran, en su lugar, un código numérico o vibratorio tan oscuro, tan poderoso cuando se activa, que tuviera la capacidad de servir como una fuerza destructiva dentro del Diseño Divino—una fuerza que trabajaría en oposición a lo Divino?

¿Entonces qué?

En el nombre de Dios, ¿qué pasaría entonces?

Quizás la pregunta más importante, la más preocupante de nuestros tiempos peligrosos es esta: ¿están estos lideres mundiales dementes, claramente encaminados hacia una desastrosa destrucción de la civilización del siglo XXI, conduciendo lo que quedará de la humanidad de seres biológicos a robots transhumanistas? ¿Tienen realmente la intención de hackear el Código Dios, para separar a cada ser humano de su espíritu—de la Fuente—así como tienen el propósito de separar al ser planetario de su dador de luz: nuestra estrella central?

Y lo que es más importante, si todo lo que existe es, de hecho, un aspecto o manifestación del plan maestro de Dios, ¿pueden realmente lograr apagar las luces en el Planeta Tierra?

La respuesta es simple.

O creen en Dios, o no creen.

Si creen, saben la respuesta en lo más profundo de ustedes.

Y eso, mis amigos, es todo lo que necesitan saber sobre el futuro de nuestro mundo.

Capítulo 8

Estación de Batalla: Tierra

Estos son los años que marcan nuestro paso de la Era de Piscis a la Era de Acuario, en la que nos encontramos en medio de una enorme transición que nos aleja de valores ideológicos basados en una religión global, la fe y sistemas de creencias globales, hacia valores que conducen la civilización a una expansión de la consciencia humana, la innovación y la ciencia. Primero, según parece, tenemos que liberarnos de lo viejo que se aferra con venganza, porque un cambio inmenso nunca es fácil.

La zona de confort de la posguerra de la que han disfrutado los más afortunados de la población mundial ha quedado definitivamente atrás, y lo reemplazará algo que nosotros crearemos—las elecciones del colectivo. Siento que hablo por la mayoría de los humanos de este planeta, incluida yo misma, cuando digo que las personas alrededor del mundo están sintiendo la agitación de esta transformación cultural, política y social en una gran medida, mientras experimentamos que nosotros mismos y nuestro mundo estamos siendo arrastrados, como cardos rodantes, bajando por un camino peligrosamente difícil, y preguntándonos dónde aterrizaremos todos, cuando superemos este Gran Cambio de Eras.

Aumentando la intensidad de lo que eso realmente significa y lo que se necesitará para pasar al otro lado, es nuestra progresión, en tándem con la colosal transición de eras celestiales, a través del alucinante desplazamiento por la curvatura de cuarta dimensión de la ascensión de nuestro sol fuera de la 3D, y la metamorfosis contemporánea de todos los planetas que sigan que, en esencia, forman los chakras de nuestro sistema solar. En un planeta que corresponde al centro de comunicación—el chakra de la garganta—de nuestra estrella central, no se me escapa la paradoja de estar siendo silenciados, a través de la censura, y obligados, durante más de dos años, a usar mascaras sofocantes sobre nuestras bocas, que interrumpen e incapacitan nuestra habla y la comunicación clara.

De una dimensión a otra, y atravesando los Grandes Ciclos del no-tiempo cósmico, la colosal fuerza cósmica de esos cambios tan inmensos puede ser tan abrumadora para nosotros que, a veces, se siente que ya casi no podemos mantenernos de pie. Estamos siendo empujados y tironeados en todas las direcciones, desequilibrados deliberadamente, y luchando—día a día, hora a hora—para evitar hundirnos.

La lucha para mantenernos firmes contra lo que a muchos les parecen energías negativas insuperables está desgastando a las personas; vemos a los que nos rodean volverse mental y emocionalmente exhaustos. Y, de nuevo, este es un fenómeno global. Trágicamente, el número de personas que terminan con sus vidas, incluso niños pequeños, está aumentando dramáticamente. Cada vez más personas eligen el suicidio como una forma de salir de lo que perciben como una existencia solitaria y aterradora, con nada más en el horizonte que un futuro sin esperanza, insoportable. Me rompe el corazón que alguien pueda estar sufriendo tanto y que la condición humana en este momento esté tan cargada de sufrimiento y miedo que escapar a través de una muerte prematura parezca ser la única opción para un número creciente de almas desesperadas.

Tenemos que encontrar formas de ayudar a estas personas a salir del abismo.

En días recientes, he hablado con algunas personas para que se bajen de la cornisa, pero son tantas, vacilando al borde de la desesperación, que no pueden ser alcanzadas, y otras que no tienen a nadie que les pueda extender una mano …y así, saltan.

El resto de nosotros clavamos nuestros tacones en cualquier cosa que nos ayude a mantenernos firmes contra los vientos galácticos de cambio y la interrupción que parecen decididos a desarraigarnos a todos, constantemente, arrancándonos furiosamente de nuestros propios cimientos. Si tan solo podemos recuperar el aliento el tiempo suficiente para comprender el significado de esta tormenta cósmica, tendremos un vistazo de lo que viene después de este viaje salvaje. Reconoceremos que, en un sentido muy hermoso, donde debemos poner nuestras energías es exactamente en enraizarnos en la Madre Tierra, para prepararnos para lo que sigue. Si, de hecho, vamos a asegurar nuestras propias vidas mientras ayudamos a la Diosa a moverse hacia arriba en la espiral vibratoria en nuestro viaje evolutivo de regreso a la Fuente, necesitaremos dirigir nuestras raíces profundamente al corazón de nuestra amada deidad planetaria, soltar anclas y aferrarnos con fuerza.

Amémosla y celebrémosla más allá de toda medida, y comprometámonos a estar aquí y ahora, a ser parte de lo que esto sea, y a mantener el rumbo.

A pesar de cuánto anhelamos regresar a nuestras respectivas estrellas, dejando atrás este pequeño rincón de torbellino celestial, nosotros, semillas estelares, no hemos atravesado el universo para llegar a este lejano cuello de los bosques galácticos simplemente para escapar de él "cuando las cosas se pusieran difíciles". Sabíamos muy bien que sería bastante difícil cuando firmamos para participar en lo que eventualmente se revelará como un glorioso hito evolutivo, actualmente registrando cada detalle de la inmensa transición de la Tierra en el Registro Akáshico.

Sé, en mi corazón, que miraremos hacia atrás, desde algún lugar en el camino, recordando nuestro paso por aquí en un tiempo tan extraordinario como este. Entonces, nos sonreiremos a nosotros mismos, y pensaremos: "Yo estuve allí para eso".

"Yo estuve allí…"

Mientras tanto, en esos momentos en los que nos sentimos fatigados y vencidos, tenemos derecho a bajar nuestros sables de luz para secarnos la frente, respirar y reunir fuerzas. Debe haber tiempo para eso. Lo que importa es que volvamos aún más fuertes, recordemos que vinimos **porque** las cosas se pondrían difíciles, y elegimos estar aquí para eso, sosteniendo la luz como Homo sapiens encarnados—los Nuevos Acuarianos.

Nuestro máximo empoderamiento proviene de asumir el hecho de que sabíamos exactamente en qué nos estábamos metiendo cuando nos alistamos para servir con las brigadas de la luz, ahora … cuando el Gran Armagedón estaría ocurriendo aquí en la Tierra. Entramos en esta carne mortal sin vacilar, con absoluta determinación, ejerciendo nuestro libre albedrio y honrando nuestra misión. Para muchos de nosotros, fue una decisión difícil, una que pondría a prueba nuestro espíritu, y desafiaría nuestra resolución hasta el límite y, sin embargo, lo hicimos voluntariamente. Guerreros espirituales decididos a dar esos saltos gigantes en la espiral de luz que aceleran nuestro eventual regreso a la Fuente, encarnamos en una vida en la Tierra en este momento para hacer precisamente eso: ser probados, ser desafiados, servir y ser parte del proceso de ascensión de esa notable deidad celestial que es Gaia.

Es comprensible que tengamos momentos en los que estemos cansados de la batalla, y sintamos que estamos perdiendo terreno. Cuando miramos al mundo exterior, puede parecer aterrador y de mal agüero, sin importar que sepamos cuán poderosamente la Luz está empujando hacia adelante, hacia esos rincones oscúros. Independientemente de lo que acordamos en espíritu, no podemos negar que la Tierra del siglo XXI podría ser un poco más de lo que esperábamos, mientras luchamos para hacer frente a tanta agitación y malicia, y lo que es peor …nos encontramos cara a cara con el mal que las alimenta.

Pero sabemos cómo lidiar con eso, o no estaríamos aquí, ahora, ¿verdad?

Así como las fuerzas de la luz de incontables sistemas estelares y realidades paralelas eligieron ser parte de este drama, también las fuerzas de la oscuridad lo eligieron, pues, así como fuimos atraídos hasta aquí, también se atrajo a la oposición para que viniera y asumiera roles antagónicos en esta cita teatral con el destino. La Tierra es el campo de batalla y el gran choque de fuerzas—buenas y malas—que están desplegadas, como juegos de guerra, a través de todos nosotros, hasta un final más amargo o más dulce. Me recuerdan que en algún lugar hace mucho tiempo atrás nosotros, chispas de luz, nos sumergimos en el abismo para conocer la oscuridad; nosotros, también, elegimos, como dicen los Seres de Sirio, "beber del vino oscuro, en nuestro largo viaje de regreso a casa".

Shakespeare lo expresó maravillosamente en un soliloquio de su obra, *Como Les Guste:*

"Todo el mundo es un escenario,
Y todos los hombres y mujeres meros actores.
Ellos tienen sus salidas y sus entradas;
Y un hombre en su tiempo representa muchos papeles…"

No es coincidencia que los señores supremos de sangre fría del Planeta Tierra eligieron este tiempo, uno de enorme turbulencia cósmica e inmenso cambio cíclico, para llevar a cabo su holocausto contra la humanidad. Sus descendientes han sabido durante mucho tiempo que estas serían las coordenadas en el continuum espacio-tiempo para hacer su movimiento final, para intentar impedir que la Tierra realice su verdadero destino y evitar que progresemos en nuestra trayectoria hacia dimensiones más elevadas—¡fuera de sus garras!

Los individuos que dominan estas sociedades secretas están ahora a la vista, sin máscaras, usando peones políticos corruptos y medios controlados para torcer la opinión pública para que acepte su manifiesto de destrucción final: la Agenda 2030. Recordemos que su propósito final es eliminar al noventa por ciento de la población, y mutar lo que quede de seres humanos biológicos (y de animales), después de la eliminación, en robots transhumanistas y quimeras: criaturas sin alma que serían bio-ingenierizadas solo para alimentar la rejilla de control mental de la colmena, para obtener partes de cuerpos biológicos, o simplemente, para el entretenimiento perverso de criaturas muy enfermas, cercanas y lejanas.

Para ganar esta guerra final, deben controlar la narrativa, manteniendo a tantas personas como sea posible en un estado de obediencia hipnótica. Han sido extremadamente exitosos en esto durante mucho tiempo, pero nunca tanto como ahora, desde que el Covid hizo su primera aparición. Una campaña de terror cuidadosamente construida que nos ha despojado nuestras libertades y nos ha llenado de pavor, el "plan-demoniaco" ha tenido a miles de millones de personas adhiriéndose a él con vehemencia, como si su propia existencia dependiera de abrazar cada palabra, y seguir cada orden. Trágicamente, muchas de ellas están muertas; otras mutiladas y sufriendo condiciones de salud graves y crónicas. Morirán más en los meses y años venideros.

Aquellos que, en cambio, son conscientes—aquellos que no pueden ser hipnotizados ni controlados mentalmente—son clasificados por las marionetas de los medios como peligrosos teóricos de la conspiración, radicales y extremistas. Lo sé, porque algunos me perciben de esa forma, simplemente porque me atrevo a cuestionar la autoridad, sigo mi instinto y encuentro mis propias respuestas.

Ya sea despiertos o dormidos, nos mantienen a una distancia ideológica entre unos y otros, en un estado perenne de antagonismo exaltado: luchando por espacio, por dominar, y por ese trozo de queso proverbial—como ratas frenéticas, prisioneras de sus jaulas electromagnéticas. Creen que deben sacarnos la compasión a golpes, hasta que no tengamos ninguna reverencia por la vida, la que fuera, en cualquier forma. Ese aspecto de nuestra humanidad se tiene que ir, y con él toda esperanza, alegría y hasta la más mínima cosa que sirva para elevar nuestro espíritu. Deben mantenernos distraídos, tan encerrados en los chakras inferiores, que nunca, ni siquiera por un momento, podamos pasar de sentimientos de impotencia frente a ellos a darnos cuenta de los pocos que son, en realidad, y de lo que pretenden imponer sobre los muchos que constituyen la totalidad de la humanidad—y nuestro mundo cada vez más distópico y dividido.

Sentados en sus tronos dorados, en la cúspide dorada de su pirámide de poder, son apenas dos mil jefes titiriteros, que cuelgan sus marionetas en cuerdas tensas y las hacen bailar frente a la pantalla verde de la ilusión—donde sincronizan sus labios con tópicos vacíos y falsas emociones que ya no tienen, para engañar a las masas.

Si pueden soportar mirarlos a los ojos, verán los largos y vacíos pasillos de su vacuidad.

Ya no hay nadie en casa.

Tengan pena por las marionetas de madera, porque están atadas a aquellos que, a su vez, se inclinan ante el señor oscuro. Por feroces que sean sus amenazas e intimidatorias sus órdenes contra todos nosotros, no son más que figuras decorativas, poseídas, que vendieron sus verdaderas emociones humanas, junto con sus almas, al más alto postor ... hace mucho tiempo.

Por otro lado, nosotros, el "ganado", como nos consideran cariñosamente, somos casi ocho mil millones y seguimos aumentando. Decir que están superados en número es una declaración de proporciones épicas. A decir verdad, la élite del poder está aterrorizada por la imparable ola creciente de seres humanos en todo el mundo, que nos unimos y permanecemos desafiantes. Estamos sobre ellos, y ellos lo saben. Lo que temen —un levantamiento global— ya está ocurriendo y saben que no pueden detenerlo. Están utilizando todas las herramientas, todos los trucos a su disposición y armas que ni siquiera podemos comprender para ejercer su poder sobre nosotros y sofocar cualquier resistencia. Aun así, todavía nos levantamos.

Aun así, nos levantamos.

Más personas se están sacudiendo el programa hipnótico que llega a través de sus televisores y dispositivos de control mental de teléfonos móviles, y reclamando su soberanía. Están despertando por fin: alertas y viendo con claridad. Ahora muy pronto, otros van a entrar en la luz y se unirán a este Gran Despertar, en el que se están revelando todos esos secretos sucios, y donde prevalecerá la verdadera justicia.

Lo que más les preocupa en los niveles superiores de la cábala y a sus secuaces, lo que los frustra sin medida, es que es su mismo abuso del poder lo que está provocando este despertar en las masas. Pueden ver que cuanto más interrumpen el orden social en este planeta, invadiendo nuestras libertades, más se equivocan, frustrando su propia agenda y saboteando su "Gran Reseteo" para toda la humanidad. ¿Se imaginan la frustración y la ira de estos "jefes" omnipotentes, al aceptar su propia incompetencia?

Ya comenzaron a canibalizarse entre sí.

En la hora cenit del Armagedón, comienzan a darse cuenta de que, a pesar de la omnipotencia que estaban tan seguros de poseer—a pesar de todo el dinero, la magia negra, todas las manipulaciones, la corrupción descontrolada— de alguna manera su agenda no está funcionando como habían planeado. Han retrocedido hacia un rincón, atrapados en su propia trampa.

¡Que monstruoso golpe para su inmenso ego colectivo! En ninguna parte de su gran diseño podrían haberse visto a sí mismos cediendo ante una civilización de seres que perciben como sus "inferiores". Eso simplemente no cuenta. Sin embargo, a medida que unimos fuerzas—haciéndoles frente en reuniones ciudadanas, en las plazas de ciudad y en las calles de todo el mundo, negándonos a obedecer, diciendo "no" a sus dardos venenosos—no pueden evitar ser conscientes de que es por sus actos rapaces contra nosotros que hemos sido llevados a revertir sus órdenes, exponiéndolos a ellos y a los medios que están bajo su control por lo que realmente son, rompiendo su sofocamiento sobre nuestro amado planeta.

A pesar de su narrativa inflexible y de las mentiras interminables, a pesar de las amenazas y las falsas banderas que se desarrollan en momentos estratégicos y en sitios predeterminados, estamos, de hecho, neutralizando su poder. Ellos, simplemente, no lo pueden creer. Han cometido ese grave error de subestimar el espíritu humano, y las fuerzas de la luz—capa tras capa—que están con nosotros y detrás nuestro, empujándonos hacia adelante.

Un gran error.

Nada menos que una guerra termonuclear total puede detener lo que se avecina y, aunque nos amenazan con esto diariamente, eso no será permitido. Nuestro planeta está bajo vigilancia constante no solo por razas extraterrestres amenazadoras, sino también por fuerzas galácticas que mantienen la paz y que son capaces de neutralizar todos los arsenales nucleares que hay en esta buena Tierra. Lo han estado haciendo desde la Segunda Guerra Mundial, y ellos no permitirán que la locura de la bestia y el hombre equivocado ejecuten el tipo de destrucción que volaría un planeta en pedazos, abriendo un agujero gigantesco en la fibra del campo galáctico, y enviando una onda de choque devastadora a través del Cosmos del Alma. . . una fuerza tan inmensamente catastrófica que se extendería por el universo multidimensional por toda la eternidad.

Qué dilema para los arquitectos luciferinos. La única cosa que saben hacer ahora es llevar adelante su agenda defectuosa, pase lo que pase, infierno o marea. El infierno, lo pueden tener: es un fin que ellos mismos han creado, y ya están viviendo en las afueras de lo que les espera allí. La "marea" somos nosotros, la raza humana que despierta, y nos estamos levantando muy rápidamente ahora, eliminando los viejos sistemas de control corruptos y respirando una nueva vida, una nueva energía vital sobre los paisajes de arena de siempre.

Estamos ganando.

Sabemos lo suficiente del karma para no desear ningún sufrimiento a ningún ser, y damos gracias al Espíritu, confiando en que la Justicia Divina implementará la medida apropiada, donde se necesite hacer justicia. Pero, oh, como le encanta al universo agregar una buena dosis de ironía cuando sirve su retribución kármica. ¿Quién sabe? Tal vez viviremos para ver estos bichos asquerosos arrojados todos fuera de nuestro planeta, hacia un planeta estéril que no puedan destruir . . . en un universo muy, muy lejano.

*

Quiero enfatizar lo importante que es que nunca nos rindamos con las personas que todavía están dormidas y no quieren sacudirse su aletargamiento opiáceo, para ver con sus propios ojos lo que el Orden les está arrojando. Una vez que nos dediquemos a dar el siguiente paso, uniéndonos de brazos como una sola raza, indivisa, derrocaremos a los tiranos y restableceremos el equilibrio. Esas ciudades subterráneas secretas con las que tanto cuentan están siendo destruidas—bombardeadas e inundadas—así que no escaparán a sus condominios de millones de dólares en ese mundo subterráneo en el corto plazo. Tampoco se les permitirá caminar libremente entre nosotros, aquí en la superficie, porque son hombres muertos que caminan. Y, probablemente, ningún planeta civilizado los recibirá, si intentan anunciarse, sin invitación.

Ninguna astucia, manipulación, sistema de control high-tech y armamento los salvará, ahora que han desatado el Armagedón. Se los dejará sin salida, porque, como todos sabemos, no se puede escapar al karma—especialmente ahora, en la cuarta dimensión, donde la retribución kármica es tan instantánea y sabia. Sus marionetas, sus actividades encubiertas, la corrupción y el abuso del poder están siendo expuestos por quienes son y lo que son. Ni siquiera los medios controlados pueden detener la furia de la verdad. Y ninguna cantidad de trucos y engaños puede distraer por más tiempo esta creciente marea de guerreros de la luz. Es inútil en el largo plazo, porque cuanto más nos expriman, más libres nos volvemos.

Han visto que su agenda, que pensaban que era infalible, no nos engaña en absoluto, y solo nos hace más fuertes, y a la luz más brillante, que nunca antes. No importa cuánto más exacerben la maldad de sus actos, no importa qué trucos les queden por sacar de la galera del mago, ven el triunfo de la luz sobre la oscuridad, porque ellos pueden acceder a ese futuro luminoso—**nuestro** futuro—a través del Espejo: el *Portal Estelar Cubo de Orión*. No importa cómo manipulen los datos que introducen en la máquina del tiempo … no importa cómo juegan con los resultados probables y las realidades alteradas … ellos siempre son los perdedores.

Nosotros, el pueblo de esta Buena Tierra, no tenemos ninguna necesidad de computadoras futurísticas que puedan ver en otras líneas de tiempo para predecir el futuro, porque poseemos nuestro propio espejo interior, que es el corazón, y la lente del alma humana.

Tenemos la última ventaja de saber lo que el amor puede hacer. Y, mientras vemos a los desamorados autodestruirse lentamente, consumidos por demonios que ellos mismos evocan y llaman dentro de sus seres, sabemos lo que el odio no puede hacer.

Recuerden siempre que no resuenan con el amor, así como no pueden soportar la Luz. Ni siquiera pueden acercarse a ella, pues su ancho de banda está tan bajo en el espectro vibratorio, en el nido de serpientes, donde permanecen encerrados en energías negativas que prosperan en su desprecio por el otro, y un hambre insaciable de poder sobre todo y todos. No tienen idea de cómo operar en el campo energético vibratorio del corazón y no conocen otra forma de manejarnos que destruir esta cosa molesta—AMOR—que tanto detestan, para arrastrarnos hacia abajo a sus campos resonantes a través del miedo, la lujuria sensorial y todo tipo de abusos: mental, emocional y físico. Junto con todos sus demonios, ellos existen en ese campo de baja frecuencia: la firma vibratoria de la guerra y la disidencia. . .dolor y perversión. . .odio y codicia.

La firma vibratoria de la paz es el amor incondicional.

Ellos no pueden soportar eso.

No pueden beber de nuestra energía ni oscurecer nuestra luz, cuando estamos sentados en el santuario del Corazón Único.

No pueden dejar que nos amemos unos a otros, viviendo vidas prósperas, armoniosas. El amor y la luz que de él emana es lo que ellos más temen. Es difícil creer que puedan tener mucho más miedo de nuestra luz que nosotros de su oscuridad, pero lo tienen. Están aterrorizados de lo que la luz puede hacer.

Si solo somos capaces de estar en el corazón, expulsando el miedo, ellos nunca nos llevarán adonde quieren llevarnos. Nunca podrán ponernos bajo su control absoluto. El odio, la desconfianza, la destrucción, y el terror que ellos crean en todas partes a nuestro alrededor es donde prolifera su poder.

Ellos viven en un bosque embrujado metafórico, rodeados por sus propios demonios. Eso es todo lo que saben. Su Armagedón es contra todos y en todas partes: enfrentando a las personas entre sí, dividiéndonos e intentando desviarnos del camino, para desconectarnos de la Fuente. Sus falsas ideologías y sus mentiras apuntan a nuestra capacidad ilimitada de amar, y armados como misiles, golpean donde perciben nuestra fuerza, nuestra pureza y luz.

Con este propósito, estas criaturas han dado grandes pasos en los últimos años, causando estragos en nuestras sociedades, incitando a la agitación, interrupción y miseria en todo el mundo—sofocando la libertad.

Aun así, nos levantamos.

Lo que es más que claro para mí, como también lo es para muchos de ustedes, es que lo que realmente se está desplegando en nuestro planeta cansado de la guerra, es un programa sistémico, que lleva décadas en desarrollo, cuyo propósito es dar un golpe para robar el alma del corazón mismo de la humanidad—una persona por vez, desconectándonos de la luz de Dios.

Luego, cuando la mayoría de nuestra especie, los "alimentadores inútiles", haya sido desalojada, y todo lo que quede por hacer de una Tierra robótica y estéril sea una estación minera en un espacio frio y oscuro, ellos creen que serán capaces de apagar permanentemente las luces en esta joya que tanto desdeñan… desconectar la tercera roca desde el sol de todo lo que es divino y floreciente en la perfección de vida, amor y belleza del Creador.

Son unas criaturas miserables, deslizándose en su camino a través del barro y la sustancia negra viscosa. No puedo imaginar el horrible destino que les espera cuando intenten arrastrarse hacia tierra firme, sólo para ser absorbidos nuevamente por el fétido pantano.

Nunca olvidemos, ni por un momento, cuán bendecidos somos por haber elegido la luz, mientras emplumamos nuestras alas para volar por encima de las nubes.

Capítulo 9

Guerra Biológica: Simple y Llanamente

El 9 de enero de 2020, la Organización Mundial de la Salud anunció que se había desatado una serie de casos extremos parecidos a la neumonía (cincuenta y nueve para ser exactos), en la población humana de Wuhan, China, donde casualmente está ubicado un laboratorio patógeno de alta seguridad, el Instituto de Virología de Wuhan, con unas instalaciones extensas cuyos laboratorios cubren aproximadamente dos campos de fútbol, y están rodeados por terrenos doce veces más grandes.

De notable importancia es el hecho de que esta instalación de máxima seguridad y máximo secreto ha disfrutado del financiamiento de la organización estadounidense sin ánimo de lucro EcoHealth Alliance, que afirma estar en el negocio de "detener las pandemias antes de que comiencen", desde tan temprano como 2017. Los detalles de esa alianza cooperativa fueron puestos a disposición de la organización sin fines de lucro Judicial Watch, por el Instituto Nacional de Alergias y Enfermedades Infecciosas (NIAID) en un documento[5] publicado conforme al Acta de Libertad de Información.

5	https://www.judicialwatch.org/wp-content/uploads/2022/01/JW-v-HHS-Wuhan-Prod-6- 00696.pdf

Esperamos que las investigaciones activas sobre la participación potencial de esas organizaciones en los orígenes del brote de Covid y su rapida propagación en todos los continentes conducirán a acusaciones contra quienes presuntamente cometieron crímenes contra la humanidad. Actualmente se están llevando a cabo audiencias y acciones legales en la Cámara de Representantes de Estados Unidos y a través de ciudadanos preocupados como Tom Fitton, presidente de Judicial Watch, que cuestionan:

1. El rol del NIAID, encabezado por Anthony Fauci, quien supuestamente aprobó un subsidio de 3,7 millones de dólares a EcoHealth Alliance en 2016, para investigación de Ganancia de Función (es decir, convirtiendo los virus en armas para una guerra biológica) que se realizaría en el Instituto de Virología de Wuhan.
2. La supuesta participación de Peter Daszak, presidente e investigador principal de EcoHealth Alliance.
3. Las actividades de Shi Zhengli, una viróloga que trabaja en el Instituto Wuhan desde hace más de quince años en el campo de—sí, lo adivinaron— la investigación de Ganancia de Función.

Actuando como la vocero del laboratorio, Shi Zhengli, también conocida como la "dama murciélago", por su particular fascinación con el riesgo potencial de infección humana por virus originados en el murciélago, insiste en que no hubo conexión entre el virus y el Instituto Viral de Wuhan.

Dos semanas después de ese anuncio inicial de la OMS, se informó que diecisiete personas habían muerto en China y otros varios cientos habían sido declarados "infectados" con el "virus" aún no identificado. El gobierno chino tomó la medida drástica de aislar completamente a Wuhan, encerrando por la fuerza a sus once millones de residentes. Restringieron el acceso dentro y fuera de una provincia cercana, Huang-gang, donde otros dieciocho millones de personas fueron inmoviliza-das—pero no, según afirmaron, antes de que algunas personas "escapar-an" en vuelos fuera del país. Supuestamente, así fue como el virus se propagó fuera de las fronteras de China, llevado por personas infectadas que no estaban **tan** enfermas como para no escapar de los controles policiales, militares y aeroportuarios chinos, para viajar, fíjense, en unos pocos vuelos comerciales a Italia, el Reino Unido, Francia, y el estado de Washington en los Estados Unidos.

En Wuhan, las horribles escenas de personas llevadas por autori-dades "medicas" chinas—algunas contra su voluntad, otras que parecían estar muy enfermas como para preocuparse—fueron exacerbadas por los medios sensacionalistas, inflamando así el terror de la gente ante lo que poco tiempo después fue declarado como una "pandemia global".

Digo "parecían" porque nunca creí la narrativa y nunca compré las foto-bombas producidas por los medios manipulados.

Pronto siguió el confinamiento de todo el planeta, desde Alaska hasta Zanzíbar: metódica, deliberadamente despojándonos de nuestras libertades y manipulando el medidor del miedo hasta tal punto, tan rápidamente, que la mayoría de las personas se pusieron de rodillas y aceptaron lo que les estaban dando de comer. Obedecieron. Los sanos fueron testeados, re-testeados, y vueltos a testear . . .y otra vez. No solo aceptaron ser enmascarados y puestos en cuarentena, suplicaron por ser vacunados, encerrados y sellados en sus casas, solos. Los implacables medios globales, dirigidos por las marionetas del Nuevo Orden Mun-dial y propiedad de tan solo siete oligarcas, batieron a la humanidad tan rápidamente en tal espuma de miedo irracional y comportamiento aberrante, que su pánico mundial meticulosamente construido se desató de la noche a la mañana, precisamente como lo habían planeado.

Y el mundo tal como lo conocíamos dejó de existir.

Una pesadilla orwelliana ha estado ocurriendo desde entonces, con aquellos de nosotros que no cumplimos, siendo condenados como criminales malvados y sucios, para ser expulsados, negados los derechos humanos básicos, intimidados, encarcelados—¡incluso asesinados! Esto, mientras la absurda propaganda manipuladora se politiza a tal punto que toda rebelión y retórica contra la agenda que está en curso es instantáneamente clasificada como "racista", haciendo de cuestionar su narrativa, o hablar en contra de ella, un acto de "terrorismo" contra toda la sociedad.

¿Como puede alguien equiparar el cuestionamiento de una "vacuna" no probada y su uso apresurado en los ciudadanos, a un "racista"? ¿La gente siquiera sabe lo que significa esta palabra? Los medios globalistas jugaron esta extraña carta del racismo una y otra vez, hasta un punto febril, condenando todo lo que no se ajustaba al guion—y todavía lo hacen hoy en día, dos años después, hasta el punto de que se puede escuchar en todas partes: "Si no te vacunas, eres un racista".

La gran división de los pueblos se puso en marcha, en 2020, en la mayor escala jamás intentada en nuestro planeta. El plan globalista, que había sentado sus bases mucho antes de lo que fue forzado sobre la humanidad en los meses siguientes, estaba en marcha, a toda velocidad, preparándonos a todos para las inoculaciones más o menos forzadas que pronto siguieron. En el nuevo apartheid global, nunca visto antes en este planeta, los "vacunados" que no hicieron preguntas y ciegamente se levantaron las mangas para recibir la inyección desconocida, química/genética modificadora, fueron llevados contra los "no vacunados", que se atrevieron a cuestionar la autoridad y a exigir saber qué peligros acechaban en esas ampollas.

Nos convertimos en un pueblo dividido, sospechoso y paranoico. Muchos exhibieron una histeria descontrolada; muchos más se involucraron con violencia contra su hermano, hermana, vecino, un amigo; cualquiera que no se adhería a las nuevas reglas y regulaciones del nuevo Corona—máscaras, tests, esterilizar todo, y permitir que ellos y sus hijos fueran inyectados con una sustancia desconocida, contra un misterioso "virus" para el que se había informado una tasa de recuperación del 99,7%.

¡Si tan solo la recuperación gracias a las inyecciones fuera tan importante!

Casi de inmediato, algunos de nosotros nos dimos cuenta de que estábamos siendo testigos del comienzo de la Tercera Guerra Mundial, y que ésta iba a ser una guerra como nunca antes habíamos visto: una guerra librada por los diseñadores del Nuevo Orden Mundial, contra toda la población global.

Otros mordieron el anzuelo, el hilo y la plomada, y muchos de ellos lo hacen todavía, aunque, a medida que se desarrollan las infracciones draconianas contra sus libertades, y ven lo que está sucediendo a su alrededor, un número creciente ha despertado súbitamente, con una fuerza similar a la de una explosión sónica en sus consciencias.

*

Entonces ¿quiénes son los verdaderos perpetradores de esta guerra y cuál es su juego final? La gente está ávida de hacer culpables a los políticos Pinochos, porque todavía no saben quiénes son los jefes marionetas, aun cuando algunos de ellos muestran sus caras reptilianas de vez en cuando. Estos diseñadores super-élite de destrucción masiva todavía tienden a operar desde las sombras de su turbia ambigüedad, enviando a sus secuaces a hacer su trabajo sucio.

Adolph Hitler, Vladimir Lenin, Joseph Stalin, Idi Amin, el Presidente Mao y otros déspotas despiadados eran meros amateurs: neófitos astutos, malvados y dementes. Lo que hoy tenemos trabajando, puesto para destruir y eliminar toda la luz y vida en la Tierra, son todos ellos juntos enrollados en una bola podrida de espantosa maldad, con un poco de diseño extraterrestre de sangre fría arrojado a la mezcla, en esteroides.

Esta guerra, la guerra final de la Tierra, es una toma de posesión psicológica-biológica global y orquestada de todo el planeta, dirigida no por el cuerpo político, o lo que llamamos el "Estado Profundo", sino más bien por descendientes híbridos de reptilianos terrestres cambia-formas y otras especies ET, interfiriendo en nuestros asuntos planetarios. Es su empuje final, dirigiendo su agenda transhumanista que tiene, como objetivo final, la eventual eliminación del ser humano biológico—de una vez por todas.

Desean sacar al Homo sapiens del camino, para preparar al planeta como su estación minera en el espacio, dirigida y operada por máquinas de IA, robots y cíborgs semihumanos.

Pueden elegir creer que lo que les estoy contando es ciencia ficción o una mera fantasía . . . mi ilusión. Pero es el ahora mismo de nuestra existencia. Que sea nuestro futuro depende enteramente de la rapidez con que la raza humana se deshaga de la droga y pase a la acción.

La guerra del "enemigo desconocido" se ha puesto en marcha.

Depende de nosotros, semillas estelares soberanas, trabajadores de la luz, guerreros de la luz y seres humanos amantes de Dios de la nave Tierra, terminar con su agenda malvada y liberar finalmente a este impresionante planeta de sus sucias garras.

Recuerdo hace tantos años, allá cuando apareció el brote del SIDA a principios de los años 80, estar viendo un programa nocturno de la televisión pública llamado, como lo recuerdo, *SIDA: La Nueva Epidemia,* en un formato de mesa redonda donde participaban un político, un sacerdote, un profesor y un hombre de cabello largo y barba, que trabajaba en un laboratorio subterráneo. Menciono su apariencia porque en ese momento pensé que parecía que estaba camuflando deliberadamente su identidad. Pronto, avanzado el programa, entendí por qué.

El debate, que se propuso explorar la explosión del SIDA, se centró en dos preguntas principales: ¿Qué era este virus virulento que estaba aniquilando a tantos miles de hombres jóvenes, particularmente en la población gay—y de dónde venía?

Mientras los tres oficiosos representantes de la iglesia y del estado ofrecieron sus teorías y opiniones sobre por qué y cómo tantos hombres homosexuales estaban muriendo, tan rápidamente, en los hospitales de costa a costa, el hombre del laboratorio se sentó allí, escuchando, parecía como si estuviera a punto de explotar. El político estaba preocupado por el impacto financiero que el SIDA tendría en la comunidad local; el sacerdote, pontificó sobre la inmoralidad de la homosexualidad, y si el SIDA era la venganza de Dios por sus "pecados".

Cuando el hombre del laboratorio, visiblemente agitado, ya no pudo soportar más la conversación estúpida, llena de especulaciones sin fundamento y de juicios de valor contra los homosexuales, finalmente habló: "Trabajo en un laboratorio subterráneo", dijo, "Uno de muchos. Desarrollamos virus y bacterias letales para guerras biológicas —para matar personas", afirmó. "¿Que creen que hacemos allí? Tenemos cepas que son tan virulentas que un dedal lleno, deslizado en el suministro de agua de cualquier ciudad importante, mataría a toda la población en veinticuatro horas".

Mientras observaba, intrigada, el programa se interrumpió de repente. El canal pasó un mensaje que decía, "Por favor, disculpe nuestra interrupción momentánea de este programa. No es necesario ajustar su televisor".

Segundos más tarde, el programa regresó, pero el hombre del laboratorio subterráneo ya no estaba.

Su verdad había sido silenciada, pero no para mí.

Poco después, nos enteraríamos de que algunas ciudades claves, como San Francisco, Los Ángeles y Nueva York, habían implementado un programa de vacunas específico que había animado a miles de hombres homosexuales a participar en lo que sugirieron era un estudio de enfermedades sexualmente transmisibles patrocinado por el gobierno, centrado en la hepatitis B. Ellos se pusieron en la fila, voluntariamente, sin imaginar nunca que su propio gobierno los usaría de conejillos de Indias, o que la política de "mayoría moral" de Ronald Reagan en realidad apuntaría a las vidas de los que determinaron que eran la minoría "inmoral".

Lo que esos hombres recibieron, en esas inyecciones, fue un SIDA completo. Las comunidades homosexuales de esas ciudades claves, particularmente San Francisco, fueron devastadas. Yo vivía allí en esa época, así que lo vi todo de primera mano.

Según un artículo[6] del Washington Post, del 1 de febrero de 1987:

"Para 1987, las autoridades sanitarias se habían enterado de que al menos 600 de los 6.700 participantes habían adquirido el síndrome de inmunodeficiencia. Alrededor de 375 de ellos estaban muertos a causa de eso. Y una encuesta de una muestra realizada mostró que un 70% de los participantes dieron positivo para anticuerpos del SIDA –lo que indicaba que muy probablemente portaban la enfermedad".

Más tarde, las autoridades del gobierno y de la salud nos dijeron que este virus mortífero se había contraído de un mono de África, y así es como esta historia se inculcó en las mentes de todos los que creyeron en la narrativa de aquellos tiempos.

En un artículo publicado en el *American Journal of Public Health*[7] en junio de 2016, por Theodore M. Hammett y Roderick T. Bronson, se decía que unos setenta y ocho millones de personas terminaron siendo infectadas por un mono, treinta y nueve millones de ellas murieron e incontables millones habían quedado viviendo con SIDA. Ellos declararon:

"El SIDA fue reconocido en humanos en 1981 y una forma en simios se describió entre los años 1983 a 1985. Sin embargo, a par-

---

6   https://www.washingtonpost.com/archive/politics/1987/02/01/map-of-aids-deadly-march-evolves-from-hepatitis-study/47cd206c-c8d9-4082-896f-a075e53bd221/

7   https://ajph.aphapublications.org/doi/full/10.2105/AJPH.2016.303085

tir de fines de la década de 1960, se observaron brotes de infecciones oportunistas de SIDA en monos en Estados Unidos. Este aparente síndrome pasó desapercibido en ese momento. Hemos reunido esos primeros casos en monos y ofrecemos razones por las cuales no resultaron en el reconocimiento más temprano del SIDA en monos o humanos, incluidas las debilidades en la comprensión de los mecanismos de la enfermedad, la ausencia de evidencia de retrovirus humano, y un clima de opinión que devaluó la investigación de enfermedades infecciosas y los orígenes inmunológicos de la enfermedad. El "obstáculo epistemológico" explica elementos importantes de esta historia, en el sentido de que conceptos erróneos bloquearon la comprensión de la relación de dependencia entre la infección viral, la inmunodeficiencia, y las enfermedades oportunistas. Si una comprensión más clara de la evidencia obtenida de los monos hubiera permitido reconocer antes el SIDA humano, las intervenciones de prevención y tratamiento podrían haberse implementado antes".

Una forma de SIDA en monos (causada por el virus de inmunodeficiencia en simios [VIS]) se describió entre 1983 y 1985. Sin embargo, se observaron brotes de infecciones oportunistas de SIDA en monos en centros y laboratorios de primates en Estados Unidos a partir de fines de la década de 1960, con alguna evidencia de etiologías virológicas e inmunológicas. Este síndrome aparente pasó desapercibido en ese momento. Hemos reunido esos primeros casos y ofrecemos razones por las que no fueron conectados. También especulamos sobre lo que podría haber significado la comprensión más temprana de estos brotes en monos para el reconocimiento y la respuesta al SIDA en humanos".

Monos del África, murciélagos de los mercados húmedos de Wuhan . . .todos ellos parecen tenerlos contra la raza humana. Pero los virus no saltan de los animales a los humanos sin mucha ayuda e interferencia, que es precisamente lo que están haciendo en esos laboratorios de guerra biológica—extraer virus de los animales y luego alterarlos genéticamente con la intención de hacerlos más transmisibles e infecciosos para los humanos.

De eso trata la "Ganancia de Función".

Lo que hemos aprendido de los expertos que se atreven a hablar, y del propio Instituto Nacional de Salud (NIH), es que no solo se aplicó la tecnología de "Ganancia de Función" al virus "murciélago" en los laboratorios de Wuhan, sino que el NIH utilizó dinero de los contribuyentes estadounidenses para financiarlo.

A pesar de las negativas rotundas por parte de las autoridades de la salud estadounidenses, entre los que se encuentra Anthony Fauci, el subdirector principal del NIH, Lawrence A. Tabak, escribió una carta condenatoria a James Comer, Representante del Congreso de los Estados Unidos, en la que culpó a EcoHealth Alliance (una organización sin fines de lucro de Nueva York que fue descubierta enviando fondos estadounidenses al laboratorio de Wuhan) de no revelar lo que acontecía en ese biolaboratorio. Reveló que las proteínas espiga de los coronavirus naturales que se daban en murciélagos y circulaban en China, eran capaces de unirse al receptor humano ACE2 en un modelo de ratón.

¿Qué pienso que hacen en esos laboratorios de guerra biológica?

Investigación de ganancia de función: eso es lo que pienso.

Para el 11 de febrero, ya le habían dado un nombre a la nueva cepa del SARS, el "SARS/CoV-2", o el virus "Covid-19". Que ya existía una patente para esta variante desde hacía años parecía irrelevante; nadie parecía querer prestar atención a los detalles molestos. El miedo y el pánico reinaron. El confinamiento y el despojamiento de derechos constitucionales y humanos se convirtieron en la orden del día, y a mediados de 2021, se había creado milagrosamente con la "velocidad de un látigo" un protocolo de "vacuna" no probada e insegura en los laboratorios de la Big Pharma: Moderna, Pfizer, AstraZeneca y Johnson and Johnson, los cuatro caballos del Apocalipsis.

Dos años desde entonces, se estima que entre el cincuenta y el setenta por ciento de la población global se ha inclinado ante el gobierno omnipotente que diariamente niega más y más libertades a aquellos que se atreven a cuestionar qué es lo que se está inyectando en sus cuerpos. Han recibido la inyección, y los consiguientes "refuerzos" que supuestamente fortalecen la inmunidad de cada uno al no tan mortal "virus" Covid-19.

No está funcionando.

¿Dónde estamos ahora . . . refuerzo número cinco? Estamos viendo a muchos morir o lesionados con parálisis, aneurismas, convulsiones, parálisis de Bell, miocarditis y otras enfermedades cardíacas. Otros innumerables efectos secundarios se manifiestan continuamente en las víctimas de todo el planeta: jóvenes y ancianos, sanos y comprometidos.

Dejando a un lado, por el momento, las llamadas "teorías de la conspiración" relativas a la agenda encubierta de despoblación y la rápida invasión de la IA transhumanista para anular nuestro diseño humano natural y biológico, no podemos negar—no importa en qué lado del cerco no sentemos— que las estadísticas son asombrosas. A pesar de la propaganda incansable de los medios, tenemos médicos y profesionales de la medicina que nos dicen que son los vacunados los que están inundando los hospitales con síntomas que amenazan sus vidas, y no los no-vacunados, como las autoridades quieren que creamos.

Si han visto la lista de reacciones adversas en el estudio de la vacuna de Pfizer, la lista que no querían publicar hasta el 2089, lo pueden ver todo allí explicado para ustedes, en blanco y negro.

A pesar del hecho de que el presunto virus que nunca ha sido aislado en un laboratorio tiene una tasa de recuperación del 99,7% (y más alta en niños), y a pesar del hecho de que existen tratamientos efectivos, esos tratamientos están prohibidos en todas partes. No se les permite acceder a ellos. Punto. El Nuevo Orden Mundial les ha arrancado el derecho a curar su propio cuerpo, de manera que terminen cerrando la boca, se inyecten el veneno (y/o terminen en un hospital con un tubo de respiración atascado en la garganta) o sean condenados.

No hace falta ser un genio para reconocer que algo mucho más siniestro que aquello a lo que alguna vez hemos estado expuestos, en todos los años de guerra innecesaria y de hambruna orquestada, pestilencia y sufrimiento, está en marcha.

Parece ser que el arma biológica de la que nos advirtió el hombre de cabellos largos del laboratorio subterráneo secreto allá por 1980, cuando trató de decirnos lo que realmente estaba pasando en esos laboratorios secretos, ha sido suministrada a la raza humana: no en dedales, fíjense, sino en agujas hipodérmicas. Las investigaciones sobre las fuentes del Covid-19 siguen centradas en el "virus" en sí mismo, y en si es o no una investigación de "Ganancia de Función" de un laboratorio en Wuhan la que creó el monstruo.

La agenda Satánica/Luciferina está en pleno apogeo. Esa oposición tan oscura a la Luz tiene sus garras en todos los niveles del gobierno, de los sistemas judiciales, los medios, la medicina, los sistemas educativos y la estructura corporativa internacional. La subversión de la sociedad es el objetivo—el oscurecimiento de la luz, el amor y la risa—el esplendor de nuestra divinidad; la maravilla de nuestra humanidad. La inocencia y la belleza están siendo borradas por lo vulgar y profano: la fealdad y el miedo.

El gato negro del proverbio está fuera de la bolsa.

Ven afuera. Muéstrate.

Sabemos cómo domar a la bestia.

Capítulo 10

La Inyección de ARN Mensajero

Dejemos de Llamarla "Vacuna", ¿De acuerdo?

Es hora de que definamos qué es realmente una vacuna, ya que, aparentemente, parece que lo hemos olvidado. Quizás nunca pensamos cuestionarlo en primer lugar, porque, en general, las personas simplemente siguen las recomendaciones de sus médicos y confían en las autoridades sanitarias, incluso si se demuestra que están equivocadas. Si se les dice que ellos y sus hijos deben ser vacunados contra ciertas enfermedades oscuras, ellos cumplen, sin dudarlo. Claramente, sin embargo, se está haciendo más dramáticamente obvio para todos que nunca ha sido más urgente e importante hacer esa pregunta que ahora.

Ese es un aspecto positivo que emerge de esta llamada "pandemia" y de la campaña de inyecciones.

La mayoría de las personas entiende que una vacuna es una preparación de una pequeña cantidad de un virus o de una bacteria muerta o "atenuada" que corresponde a una de una serie de enfermedades infecciosas. Por lo general se administra mediante inyección, y se supone que proporciona al sistema inmunitario natural del cuerpo la oportunidad de crear anticuerpos contra una enfermedad dada, de manera que, si el cuerpo alguna vez se expone a ella en una forma más virulenta en el futuro, será inmune a ella.

Eso, en pocas palabras, es lo que se supone que es y hace una vacuna, y no podemos negar que se ha utilizado, efectivamente, para combatir ciertas enfermedades mortales por mucho tiempo durante la evolución de la historia de la medicina. Si es necesario cargar a nuestros bebes y niños con treinta o más vacunas de este tipo, para cuando lleguen a la pubertad, como ocurre hoy, es un asunto muy diferente que merece un examen y escrutinio más detallados.

Tal vez sea el momento de volver a examinar esa fe y confianza que le hemos dado a los agentes de la próspera industria farmacéutica.

Casi no nos dieron ninguna vacuna cuando yo era una niña, y parecíamos más sanos y fuertes que los niños de hoy. Tampoco había autismo entonces, que yo recuerde. Por supuesto, el mundo era un lugar más seguro en ese entonces—mucho menos toxico, y muchos factores ambientales contribuyeron a nuestro bienestar general.

Pero aun así, ¿son realmente necesarias estas vacunas?

Mientras el debate se hace más violento sobre si el "virus" del Covid-19 se aisló e identificó alguna vez, sabemos que en esas inyecciones se está administrando mucho más que una versión "muerta o atenuada" de lo que afirman ser el virus, y que, además de otras substancias tóxicas, se inyecta en el cuerpo nanotecnología sintética que controla el ADN y le ordena realizar una función diseñada-en-un-laboratorio . . . supuestamente, producir la proteína espiga y combatir el temido virus.

Esto es un hecho.

Entonces, dejemos de llamarla vacuna ahora, porque eso no es lo que es. Que cesen la guerra y la condena contra las personas que se niegan a ponerse la inyección—marginadas, castigadas como "anti-vacunas" y privadas de los derechos civiles básicos otorgados a los "vacunados"— porque **eso no es lo que esto es.**

Es posible que aún no estemos seguros de lo que realmente está entrando en los brazos de las personas, pero sabemos que no es una vacuna, y ciertamente no una efectiva, porque, por un lado, ¡nadie parece estar inmunizado después de ponérsela! Por definición, ellos deberían haber tenido inmunidad después de la primera dosis; eso es lo que las vacunas están diseñadas a hacer. ¿No es esto por lo que la gente aceptó . ..o me perdí algo? Y, sin embargo, en todas partes a nuestro alrededor, y en los países alrededor del mundo, dosis tras dosis tras dosis, vemos que los "vacunados" todavía se están enfermando de Covid-19.

Estas mismas personas inoculadas están llenando constantemente los hospitales con síntomas del llamado virus, o con terribles reacciones adversas a las mismas dosis. Definitivamente, hay más personas vacunadas hospitalizadas por Covid que aquellas que nunca se pusieron la inyección en primer lugar. Eso también es un hecho.

Escuchamos las historias de horror todos los días ahora . . . vemos el sufrimiento. Vemos personas cayendo muertas.

Algo no está funcionando aquí.

Al parecer, según informes, este "experimento de emergencia" incluye diferentes lotes del veneno, con diferentes potencias. Hay mucha especulación sobre si ciertas ciudades o grupos demográficos son el objetivo para el más virulento, o el más benigno; también se nos dice que en los primeros días del "estudio de prueba", un porcentaje de los inoculados recibió un placebo.

Si eso es verdad, ellos fueron los afortunados.

Algunas personas caen muertas inmediatamente, o poco después de la primera dosis. Niños sanos de ocho años son diagnosticados con miocarditis después de haber sido inyectados, y algunos mueren de infartos. Los atletas, algunas de las personas en mejor forma en el planeta, están muriendo en todo el mundo; vemos con horror como se desploman en los campos de juego, pistas de carreras y canchas de tenis. Informes de estos eventos angustiosos se están filtrando de los principales medios de comunicación al conocimiento del público.

Algunos solo experimentan efectos secundarios moderados desde la primera dosis, por lo que continúan recibiendo tres o cuatro dosis más, recomendadas por las autoridades sanitarias y requeridas para conservar el codiciado estatus de "vacunados" que les permite trabajar, viajar, asistir a eventos sociales, etc. Ellos todavía se están enfermando. A pesar de toda la negación, los informes de varios miembros del personal médico de hospitales revelan que altos porcentajes de personas, recuperadas de Covid, son las que recibieron las dosis—las que, repito, se suponía les darían inmunidad. En la lista de reacciones registradas y condiciones de salud que surgen de estos informes, las del impactante informe de Pfizer solamente, pondría los pelos de punta.

Los entusiastas de las vacunas no quieren que veamos las estadísticas de muertos e incapacitados, pero ellas se están haciendo disponibles, a medida que entramos en el tercer año de este "experimento de emergencia" extendido. Están controladas por las compañías farmacéuticas, el gobierno y las organizaciones de la salud, pero aun así, los números son tan abrumadores y las fuentes que contribuyen los datos reunidos son tan numerosas que incluso los informes sesgados no pueden evitar que la verdad sea expuesta. Una fuente del propio gobierno de Estados Unidos es el *Sistema de Información de Eventos Adversos de las Vacunas* (VAERS), administrado por el CDC y la FDA para monitorear la seguridad de todas las vacunas autorizadas en Estados Unidos. Allí encontrarán una base de datos que recopila y revisa (al menos algunos) informes de eventos adversos que ocurren después de la vacunación.

Sabiendo lo que sabemos respecto a quien está financiando estas organizaciones, debemos leer sus informes con discernimiento, aunque todavía podemos obtener alguna verdad en torno a tantas reacciones adversas, y muertes, por inyecciones puestas.

La evidencia está disponible. Muchos de nosotros estamos arriesgando nuestras vidas para sacarla a la luz pública. Lo que las personas hagan con la información depende de ellas.

¿Qué tan grande es el terror de la gente por lo que les han dicho que es un virus mortal que podría matarlas, si siendo testigos de personas que realmente caen muertas por la "vacuna" no les hace salir de su lugar en la fila y correr por sus vidas? ¿Como es posible que no registren en sus mentes que ellos podrían ser la próxima persona en caer al suelo?

Me resulta muy difícil, personalmente, entender ese miedo, o cómo las personas pueden sacrificarse a él, porque siempre he cuestionado a los que arbitran autoridad, y siempre me he apartado cuando me han dicho que ocupara mi lugar en la fila. A estas alturas ya he dejado muy claro que no confío en el gobierno ni en todos los sistemas corporativos/militares que prosperan en el negocio de la guerra, porque de eso se trata realmente—guerra contra toda la humanidad, la perpetuación de nuestra esclavitud, y un genocidio.

Realmente siento compasión por cualquiera que todavía cree que el gobierno tiene el mejor interés en el corazón, mientras la Big Pharma en connivencia con las estructuras de poder del mundo invalidan la santidad de nuestra salud y nuestro bienestar. Y, sin embargo, estas fuerzas colosales no sufren ninguna consecuencia por sus acciones, que ahora están siendo imputadas como crímenes en varios juicios contra ellos. Pero ¿serán incriminados? Ellos se aseguraron de estar legalmente protegidos antes de que comenzara el experimento. Será muy interesante ver si todavía tenemos remanentes de un sistema judicial que no haya sido corrompido, para defender las leyes y llevar a estos criminales ante la justicia.

¿Cómo puede la gente seguir confiando en estas organizaciones, después que ellas sometieron al mundo a un procedimiento médico experimental, presionaron a miles de millones de personas sanas—personas que tenían demasiado miedo de hacer unas pocas preguntas simples, como: "¿Por qué me están inyectando en el cuerpo una sustancia desconocida y sin probar, si el virus tiene una tasa de sobrevivencia del 99,7%? ¿Por qué no me permiten tratamientos alternativos, negados a los pacientes en hospitales y rechazados por los farmacéuticos, aun cuando los recetan los médicos? ¿Por qué los vacunados siguen enfermándose, después de cinco inyecciones consecutivas?"

Esas personas hoy tienen nanotecnología implantada dentro de ellos, que está reescribiendo su ADN. Esto ha sido confirmado, al menos en parte, por el estudio de la Lund University. Ellos realmente no saben qué es y lo que hace, y hasta puede que no les importe (por ahora), pero está allí. O se despiertan, preparados para examinar una creciente cantidad de datos científicos que exponen lo que se está imponiendo sobre ellos, o, lamentablemente, es muy posible que se enfrenten a las consecuencias irreparables que ya vemos en la población.

Cuántos más tienen que caer al suelo, ante nuestros ojos—en las salas de noticias transmitiendo en vivo por televisión, en los campos de futbol, canchas de tenis, en la fila para su próxima inyección, o simplemente saliendo por la puerta del centro de vacunación—antes de que digan "¡Suficiente!"

La verdad evidente es que una vacuna efectiva no requiere múltiples dosis, estratégicamente programadas con unas pocas semanas y luego con meses de diferencia. Lo que sea que dicen que crea inmunidad claramente no lo hace. Es una mentira obvia. ¿Qué hay exactamente en esas ampollas y por qué esa información no está disponible al público: los conejillos de Indias humanos?¿Por qué no hay una lista de ingredientes, efectos secundarios y otras advertencias en la caja que viene con la ampolla? ¿Por qué es necesario almacenar la "vacuna" a temperaturas bajo cero, y que ocurre cuando se calienta a la temperatura del cuerpo humano?

¿Se está activando algún extraño parasito alienígena en esa sustancia cuando el calor aumenta a la temperatura del cuerpo humano de 37°C? Disponemos de imágenes microscópicas de investigadores marginados que prueban el hecho de que organismos extraños, no identificados, están apareciendo y creciendo en la sangre y en los tejidos de los que han recibido el veneno.

La gente necesita entender que en realidad están aceptando software—un dispositivo sintético que altera los genes—dentro de su ADN. ¿Es esto permanente? Deben ser conscientes de que, además de los químicos venenosos, material biológico extraño (que incluye tejido de fetos humanos abortados, y ADN animal) y los adyuvantes tóxicos en las dosis, parece que nanopartículas de óxido de grafeno también están siendo depositadas en las células.

Si ellos saben todo esto, y aun así insisten en ser pinchados, entonces esa es una decisión consciente. Ellos lo consienten. Ese es su libre albedrio y, por lo tanto, cualquier consecuencia que surja de esto es su destino y, eventualmente, su responsabilidad.

¿Pero por qué? ¿Por qué, en el nombre de Dios, alguien estaría de acuerdo con eso?

*

Claramente, la terapia de genes es el próximo gran paso para la Big Pharma. Las personas que conducen este espectáculo de horror nos dicen que el camino a seguir por toda la medicina del futuro será el empleo de estas terapias de ARNm y ADN sintéticos diseñados en laboratorios, implantados en el cuerpo mediante inyecciones, que supuestamente entrarán al núcleo de las células para reparar nuestro "ADN dañado". Con el tiempo, también se administrarán por vía oral, nasal o a través de alimentos tratados. Sus campañas de relaciones públicas están centradas en la idea de que inyectar a las personas ARNm sintético, cocinado en sus bio-laboratorios (mucho más inteligente, aparentemente, que la misma Creación) será el camino a seguir. Podemos esperar terapias milagrosas de alteración de genes para todas las enfermedades genéticas que tal vez ni siquiera tengamos, una vez que hayan reseteado con éxito el ADN modificado en nuestros cuerpos, y nos convirtamos efectivamente en los seres genéticamente modificados que tanto desean para nosotros: "Homo sapiens 2.0".

Los biogenetistas están hablando de cómo pueden desactivar y activar las secuencias del genoma de forma **remota**, una vez que tengamos nuestros implantes, sensores y enlaces a la Internet de los Cuerpos. Ellos tienen la tecnología; solo tienen que superar la resistencia de un público cada vez más consciente, para que puedan enviarla desde los laboratorios a nuestros cuerpos. Estos transhumanistas, que exaltan las virtudes de la Internet de los Cuerpos, nos están diciendo que un nuevo ecosistema computadorizado que recopilará información privada de nuestra salud, conectará marcapasos, leerá estadísticas del cuerpo (a través de sensores e implantes) y, básicamente, eliminará la necesidad de cualquier contacto personal con los médicos—a menos que sea a través de la internet, o, imagino, en el caso en que se necesite una cirugía, en cuyo caso el plan es tener robots (como los cirujanos mecánicos perforadores de cráneo del Neuralink de Elton Musk) que ocupen el lugar de los humanos en Urgencias. Quieren que pensemos que ésta es una progresión absolutamente natural.

Lo siento, pero no pueden convencer a nadie que esté despierto y usando su cerebro de que estar mecánicamente conectado a una red de computadoras es un proceso natural—algo bueno—por mucho que intenten persuadirnos de que nos bebamos el Kool Aid. La forma natural de entender más sobre el cuerpo es estar en sintonía con él, evitar las toxinas de todo tipo tanto como sea humanamente posible, expulsar lo que podamos de ellas, y nutrir la buena salud mental, espiritual y física lo mejor que podamos. No se trata de llevar un sensor en el pecho o un nano-robot implantado informando a una computadora cada movimiento, cada sonido interior y cada actividad de ondas cerebrales del sagrado cuerpo eléctrico.

Si los Kahunas de la industria farmacéutica se salieran con la suya, nuestra visión personal de la salud y el bienestar, como un estado de armonía de cuerpo/mente/espíritu, ya no sería algo que nosotros podríamos salvaguardar por más tiempo. Estaríamos enchufados a esta "Internet de los Cuerpos", en la que cada función individual del cuerpo estaría monitoreada a través de la todopoderosa Internet, y en la que el tratamiento seria determinado por varias inyecciones de ARNm que nos están diciendo que es la medicina del futuro. Punto.

No creo que se van a salir con la suya en esto. El plan se está desmoronando a medida que las personas se dan cuenta de lo que se ha hecho a la humanidad. Y nuestros números están creciendo.

No podrán imponer esto a aquellos de nosotros que nos rehusamos.

*

Durante el tiempo que ha existido el comercio globalizado, se nos ha vendido un producto que pretende resolver lo que sea en nosotros que las megacorporaciones que dominan las economías mundiales consideran dañado e inadecuado. Ese ha sido el modelo en el que se ha basado la sociedad al parecer desde siempre . . . ciertamente desde la Revolución Industrial en adelante. Será interesante ver cómo se derrumba ese consumismo forzado, cuando el colapso orquestado de nuestra economía global toque fondo, y las personas luchen para comprar pan, en lugar de un frasco de ochenta dólares de crema antienvejecimiento de diseño.

La manipulación psicológica corporativa de la mente humana nunca ha sido tan rigurosa como lo es hoy, porque convencer a las personas de que no son lo suficientemente buenas vende casi todo, lo necesiten o no y, muchas veces, lo quieran o no. La paz, la unidad y el amor propio no mueven productos. Constantemente estamos siendo programados, a través de la industria y de los medios dominados, para creer que somos inadecuados, y que sus productos de marca pueden arreglarnos: cosméticos, la próspera industria de la cirugía plástica, productos para perder peso, medicamentos, moda, artículos de lujo, juegos—lo que sea. Todos ellos venden productos basados en el principio de que los seres humanos, en su estado natural y puro del ser, tienen defectos físicos, y que solo aspirando a esos estándares predeterminados de belleza, de estado físico y (la apariencia) de riqueza, nos podemos sentir valiosos y completos. Este ciclo interminable de consumismo desenfrenado, todo lo cual pretende "arreglarnos", garantizando el estatus en un mundo competitivo, donde nunca podemos ser lo suficientemente hermosos, jóvenes y geniales, nos mantiene corriendo en la rueda de la rata enjaulada: persiguiendo algo que no está allí . . . y que nunca llega.

Estamos acostumbrados a que las corporaciones y la industria nos bombardeen con lo defectuosos que somos, comparados con esos estándares inalcanzables de belleza y modernidad, estándares que se supone que debemos emular comprando sus productos de belleza, moda y estatus. Pero ahora, nos están diciendo que estamos dañados, hasta el ADN dentro de nosotros. Sin embargo, no hay que preocuparse. Ellos también tienen una solución de alto-costo y baja-calidad para eso. Lo que hoy dicen que son tecnologías para repararnos, para arreglar lo que consideran que está roto, es el humano hecho-a-medida del mañana, el OGM humano. Es solo una cuestión de masajear a la población para que acepte, que es lo que está ocurriendo en este momento de nuestras vidas, mientras nos conducen a su objetivo final: una nueva especie hibrida y biotecnológica: Robo sapiens.

No soy tan ingenua como para proclamar que las enfermedades genéticas no ocurren en humanos, y en otras especies. Sabemos que heredamos ciertos rasgos y condiciones previas de nuestros padres y ellos, a su vez, de otros en la escala de ascendientes, y que las mutaciones genéticas pueden perdurar por generaciones. Pero eso no le da a la descontrolada industria biotecnológica/farmacéutica acceso libre a los seres humanos en todo el mundo, para experimentar en ellos tecnologías secretas que, en el caso de las inyecciones repetidas de Covid, son engañosa y falsamente etiquetadas como "vacunas".

Por supuesto, al examinar las enfermedades y dolencias en todas las poblaciones y especies, hay factores que dañan el sistema corporal a nivel celular. Pero lo que estos experimentadores de sangre fría de laboratorio no entienden, ni tienen intención de entender, es que no somos meras criaturas físicas: tampoco lo son los animales, ni la flora de este planeta. Donde hay una enfermedad, hay una razón, una que la industria farmacéutica ignora por completo, a menos que haya una forma de medicar los síntomas, que es muy a menudo la forma en que se practica la medicina hoy en día. Es un círculo vicioso, y una vez que se está en él, el cuerpo, reaccionando a la "cura" en lugar de a la causa, perpetúa el estado de enfermedad que surge de los problemas ambientales, psicológicos y emocionales—y del efecto del constante bombardeo químico de medicamentos en el cuerpo.

Y, sí, también tenemos rasgos hereditarios que pueden manifestarse como enfermedad.

La mayoría de los médicos hoy, obligados a seguir las guías del CDC, hacen poco más que probar y medicar, probar nuevamente—y medicar nuevamente. Los que realmente se preocupan por sus pacientes están siendo forzados a abandonar la práctica, o están tan abrumados por la burocracia del gobierno que simplemente no pueden dar el tiempo que ellos quieren a sus pacientes, para practicar la medicina verdaderamente, como solían hacerlo.

En una entrevista concedida a Bloomberg el 10 de enero de 2022, el CEO de Pfizer[8], Albert Bourla, premiado como "Empresario del año" por la CNN, declaró:

"Otra área que anunciamos hoy en asociación con Beam (Beam Therapeutics, Inc.) son las enfermedades raras. Son enfermedades, principalmente, que tienen como causa un error en tu ADN, un error genético. Algo anda mal con tu ADN y como resultado tienes una enfermedad. Lo que tratamos de hacer con la tecnología de edición de enzimas base, en la cual Beam es un experto," afirma, "es apuntar a lo que se suministrará a través del ARNm que podrá corregir esos errores. Por último, aunque no menos importante, está el codex. ¿De qué se trata la tecnología códex? Están creando ADN en lugar de una fabricación biológica, quiere decir que es sintético".

---

8   https://www.bloomberg.com/news/articles/2022-01-10/pfizer-deepens-commitment-to-genetic-drug-future-with-deals

Allí lo tienen, registrado. De boca del mismísimo gigante de Pfizer sale la admisión de que están "creando ADN sintético" para reemplazar el códice biológico, allí donde ellos creen que "algo anda mal con el ADN". Y, sin embargo, estamos siendo mal orientados sobre la función del ARNm sintético, y cómo no necesariamente interfiere con el ADN. Y se nos niega acceso a información detallada relativa al contenido de esas ampollas. Aun así, se le dice a la gente que estas dosis en múltiples etapas son "vacunas", que no lo son. Y aun así, desacreditan a cualquiera que intente compartir la verdad—la verdad que el propio Albert Bourla ha compartido—que ellos están "creando ADN y que es sintético".

Equipos de científicos, bioingenieros y profesionales médicos, que trabajan con personas como Albert Bourla, están operando bajo la suposición (que pueden o no creer) de que todos los seres humanos están dañados a nivel celular, pero que saben cómo repararnos, mediante la implantación de ARNm sintético en cada ser humano del planeta. Este es el objetivo de todos los cárteles farmacéuticos que están moviendo la terapia de genes a la primera posición, como su nuevo modelo de negocios de trillones de dólares. Es una industria próspera, diseñada para modificar genéticamente a la raza humana mediante la invasión de nuestro diseño celular y la reprogramación de lo que ellos dicen es nuestro ADN "roto" para que se repare a si mismo—no como fue diseñado divinamente para hacerlo, sino como **ellos** determinan que es necesario hacerlo.

No confíen en mi palabra para esto. Solo recuerden la declaración alarmante del propio Bourla: están creando ADN sintético en sus laboratorios y se inyectará en humanos.

No puede ser más claro que eso.

*

En su libro reciente[9], Covid-19 y los Depredadores Globales: Somos la Presa, el prolífico autor y psiquiatra, Dr. Peter Breggin, explica:

"Estas inyecciones no se parecen a nada que en la historia humana haya sido alguna vez llamada vacuna. Se parecen más a un caballo de Troya.

El ADN (ácido desoxirribonucleico) contiene nuestro código genético—el diseño para nuestra existencia biológica. Se encuentra en el núcleo de cada célula de nuestros cuerpos. Una enzima permite que el ADN se transforme en ARN (ácido ribonucleico), que puede convertirse en ARNm, el mensajero con instrucciones para que la célula produzca proteínas. Ambos tipos de vacunas utilizan instrucciones genéticas copiadas del SARS-CoV-2 que permiten que el virus mortal produzca la proteína espiga que entra en las células humanas.

En lugar de tomar el material genético directamente del SARS-CoV-2—una tarea costosa y trabajosa—los científicos reproducen el material genético artificialmente en el laboratorio. Tanto en las vacunas de ADN como de ARNm, el material genético induce a nuestro cuerpo a crear la proteína espiga que se encuentra en el SARS-CoV-2. En efecto, como receptor de la vacuna, nuestro cuerpo recibe una inyección con un "mensaje" de crear una proteína espiga SARS-CoV extraña conocida por ser muy toxica para los mamíferos, incluidos los humanos. De aquí nuestra comparación con el infame caballo de Troya. El concepto teórico es que nuestro sistema inmunitario atacará a la proteína espiga que acaba de producir su propio cuerpo, lo que, con suerte, inducirá algún grado de inmunidad al SARS-CoV-2 si este nos desafía. Pero eso no fue lo que sucedió cuando los griegos ocultos salieron del caballo-regalo, en medio de la noche, mataron a los guardias troyanos, y abrieron las puertas al ejército griego.

---

9 Covid-19 And the Global Predators: We Are the Prey, Peter R Breggin MD, Ginger Ross Breggin, Lake Edge Press 2021, pgs 175-177

Encontraremos un número de problemas asociados con que todas las células del cuerpo sean dirigidas a producir la proteína espiga extraña. La proteína espiga en si misma es parte del proceso de la enfermedad del COVID-19. Entre otros efectos dañinos, daña las células endoteliales en muchos órganos del cuerpo y en los vasos sanguíneos puede causar sangrado y coágulos, e incluso la muerte. Además, la proteína espiga puede provocar reacciones inmunológicas exageradas y graves, llevando a un tipo de tormenta de citocinas potencialmente mortal observada en el COVID-19.

Hay dos diferencias importantes entre las vacunas de ARNm y de ADN, estas últimas llamadas vacunas de vectores virales. La primera diferencia es el método de distribución de la pieza de código genético en el cuerpo humano. El ARNm, que está sellado en un paquete de nanopartículas, entra en el torrente sanguíneo y encuentra su camino hacia el ARN. Las vacunas de ADN, como lo sugiere el término vector viral, utilizan en cambio un adenovirus animal que no se replica, para llevar la hebra del código genético del ADN a las células del cuerpo.

La segunda diferencia es que las vacunas de ARNm envían sus hebras genéticas al torrente sanguíneo y directamente al ARN en las células sin ningún paso intermedio. El ARNm proporciona el código genético con las órdenes y el plan para crear la proteína espiga SARS-CoV-2. En contraste, la vacuna de ADN incluye dos pasos. Primero, encuentra su camino a un mensajero ARN en el cuerpo, que luego le dice al ARN que produzca la misma proteína espiga SARS-CoV-2.

No es verdad que los materiales inyectados y sus efectos se limiten al lugar de la inyección. La codificación del mensajero recorre todo el cuerpo, y afecta potencialmente a todas las células del cuerpo.

Hasta ahora, no hay evidencia de que las vacunas de ARNm o ADN afecten directamente el ADN en el núcleo de la célula, pero los periodistas y científicos reflexivos se preocupan de que el proceso pueda terminar modificando el ADN humano y el genoma. El proceso puede ser similar a la "transcripción inversa" por la cual el COVID-19 puede estar cambiando el genoma de algunos pacientes. La desestimación arrogante de estas preocupaciones es incompatible con la medicina ética, la ciencia o la política de salud pública".

Antes de que las personas se suban las mangas y den la bienvenida a más de estos mensajeros sintéticos creados en laboratorios que sobrescriben, más les valdría despertar de sus letargos opiáceos para hacerse la pregunta: en primer lugar, ¿están realmente dispuestos a entregar su genoma humano a la industria biotecnológica/farmacéutica de trillones de dólares, que ha declarado que su ADN esta "dañado"? ¿Qué es lo que ese mensajero inyectable, sintético, les dice a sus moléculas de ácido desoxirribonucleico que reparen? ¿Como está esto alterando a las personas, de forma permanente, y por qué ellas deberían permitir que alguien anule el conocimiento innato y el diseño divino, redireccionando la evolución humana?

¿No hemos aprendido nada de su apropiación del suministro de alimentos, que ahora nos da comida genéticamente-modificada, sin sabor, que tiene como objetivo, una vida útil más larga—es decir, más ganancias?

Realmente, es hora de que nos eduquemos sobre el funcionamiento de la biología básica, y que exploremos el papel real del ARN en el cuerpo. Entendemos que el ADN enrollado está alojado en el núcleo protector dentro de cada célula. Para realizar las funciones vitales requeridas para la vida saludable del organismo, la información contenida dentro de ese diseño original tiene que ser comunicada desde el núcleo, hacia el resto de la célula—el citoplasma—que es donde se unen las proteínas vitales que desarrollan muchas de las funciones del cuerpo.

El ARN mensajero (ARNm) es el nombre que se le da a aquellas secuencias específicas del código ADN que son transportadas desde el núcleo hacia la célula, para producir proteínas que se consideran necesarias mediante instrucciones del ADN Central, para cualquier propósito que él entiende es necesario para un funcionamiento saludable del organismo, incluyendo la reparación y la protección de la integridad celular.

En un artículo[10] titulado ¿Que es el ARNm? publicado por la Texas A&M University en The Conversation, de la Profesora Asociada de Genómica Funcional, Penny Riggs, ella explica, con una terminología relativamente simple, cual es el papel del ARNm en la comunicación de las instrucciones del ADN a la célula. Ella afirma:

"Como mensajero intermediario, el ARNm es un importante mecanismo de seguridad en la célula. Evita que los invasores secuestren la maquinaria celular para producir proteínas extrañas porque cualquier ARN que se encuentre fuera de la células es instantemente señalado para su destrucción por las enzimas llamadas RNasas. Cuando estas enzimas reconocen la estructura y la U en el código ARN, ellas borran el mensaje, protegiendo la célula de instrucciones falsas.

El ARNm también le da a la célula una forma de controlar la tasa de producción de proteínas–activando o desactivando los diseños según sea necesario. Ninguna célula quiere producir cada proteína descripta en todo su genoma al mismo tiempo.

Las instrucciones del ARN mensajero están programadas para autodestruirse, como un texto que desaparece o un mensaje de Snapchat. Las características estructurales del ARNm – la U en el código, su forma de una sola hebra, el azúcar ribosa y su secuencia especifica – aseguran que el ARNm tiene una vida media corta. Estas características se combinan para permitir que el mensaje sea "leído", traducido en proteínas, y luego destruido rápidamente – en cuestión de minutos para ciertas proteínas que necesitan ser controladas estrictamente, o en unas pocas horas para otras.

---

10   https://theconversation.com/what-is-mrna-the-messenger-molecule-thats-been-in-every-living-cell-for-billions-of-years-is-the-key-ingredient-in-some-covid-19-vaccines-158511

Una vez que las instrucciones desaparecen, la producción de proteínas se detiene hasta que las fábricas de proteína reciban un nuevo mensaje".

Me parece que el ARN mensajero dentro de nosotros no necesita ningún orquestador externo que interfiera con ese proceso intrincado y milagroso que determina exactamente lo que se necesita para combatir una invasión desde fuera de nosotros. ¿Por qué, entonces, aceptaríamos tener un mensajero sintético, una tecnología que anula la autopista natural de información interna, para hacer que el cuerpo comience a producir proteínas espiga, sin ninguna válvula de cierre, en oposición a las propias capacidades del cuerpo?

El Centro para el Control de Enfermedades (CDC) quiere que sepan y comprendan, desde su propio sitio de internet[11], que lo que ellos llaman la vacuna ARNm COVID-19 no actúa como otras "vacunas".

En efecto, no. Porque, y repito: no es una vacuna.

En sus propias palabras, el CDC explica la función de la inyección de ARNm que se utiliza como "vacuna Covid" de la siguiente manera:

"Para desencadenar una respuesta inmunitaria, muchas vacunas introducen un germen debilitado o inactivo en nuestros cuerpos. No las vacunas ARNm. En cambio, las vacunas ARNm usan ARNm creado en un laboratorio para enseñar a nuestras células como producir una proteína—o incluso solo una parte de una proteína—que desencadena una respuesta inmunitaria dentro de nuestros cuerpos. Esa respuesta inmunitaria, que produce anticuerpos, es lo que nos protege de infectarnos si el virus real ingresa a nuestros cuerpos".

Primero, las vacunas ARNm de COVID-19 se ponen en el músculo de la parte superior del brazo. El ARNm entrará en las células del músculo e instruirá a la maquinaria de las células a producir un trozo

---

11   https://www.cdc.gov/coronavirus/2019-ncov/vaccines/different-vaccines/mrna.html

inofensivo de lo que se llama la proteína espiga. La proteína espiga se encuentra en la superficie del virus que causa el COVID-19. Una vez que se produce el trozo de proteína, nuestras células rompen el ARNm y lo eliminan.

A continuación, nuestras células muestran el trozo de proteína espiga en su superficie. Nuestro sistema inmunitario reconoce que la proteína no pertenece a ese lugar. Esto hace que el sistema inmunitario produzca anticuerpos y active otras células inmunitarias para combatir lo que cree que es una infección".

El propósito esencial de las herramientas biológicas proporcionadas a toda la vida en este planeta y, sin duda, en todo el universo, es adherirse a la huella divina en su codificación genética de ADN, para nacer, crecer y prosperar, y para sobrevivir a los ataques al organismo, para el ciclo de vida que es endémico a su especie determinada. Cómo asegurar que esto ocurra es algo que está meticulosamente escrito en su genoma, el genio arquitectónico infinito de la Creación. Esto es común entre todas las criaturas de Dios, las que acogen una inmensa autopista de información—la historia de sus genes—enrollado en cada célula de su ser. Esa es la Creación, pura y simple, y tiene el amor, la sabiduría y la luz del Creador enlazados en toda ella.

El verdadero ARN mensajero ya está ahí, todo dispuesto en el gran diseño. Es esa sabiduría dentro de cada uno y de todos nosotros, la Fuente, que envía el ARN mensajero a la célula, los tejidos, a cualquier lugar y a todos los lugares donde se necesite el código de sobrevivencia. El sistema inmunitario del organismo se pone a trabajar, tal como está diseñado para hacerlo, para rodear cualquier invasión y eliminarla. Sabe cómo instruir a la célula para que se reproduzca, se repare a sí misma, como defenderse de un enemigo e incluso cuando morir.

El cuerpo no necesita que un equipo de científicos en un laboratorio de bioingeniería, que dice tener el mejor interés de la humanidad en su corazón, le enseñe como producir una proteína. ¿Como puede alguien creerles, sabiendo lo que sabemos y viendo lo que hemos visto? Sus formas de vida bioeléctrica natural no necesitan que se les enseñe como "activar su sistema inmunitario para producir anticuerpos y activar otras células inmunitarias para combatir lo que creen que es una infección".

Esa capacidad vino integrada en el ADN Divino y éste sabe exactamente qué hacer.

A menos que permitan que los hombres jueguen a ser Dios con la vida humana, inventando en sus laboratorios secretos la interrupción de nuestros sistemas naturales de soporte de la vida dados por Dios, para manipular su divinidad, esa sabiduría divina trabajará para ustedes durante toda su vida. Ella continuará dando a luz lo nuevo, y destruyendo lo que necesite ser liberado, apoyando, nutriendo y protegiendo sus cuerpos toda la vida, durante su paso por aquí.

Cuando dejamos que el cuerpo haga lo que sabe hacer, a menudo se produce una curación espontanea. Pero ¿cuántas personas le dan al organismo el tiempo para quemar una infección aumentando la temperatura corporal en una fiebre, o para combatir una infección sin antibióticos y desinfectantes, químicos que impiden un proceso natural? Por supuesto, la medicina alopática tiene un lugar en la lucha contra la enfermedad, pero ¿cuán lejos se ha movido de su objetivo real en el tratamiento de una crisis de salud?

Y ahora están inyectando a las personas una tecnología sintética que reescribe el ADN, diciéndole qué proteínas debe producir. Esto solo puede describirse como colusión entre la Big Pharma y el Big Government para alterar la naturaleza biológica de la vida en este planeta.

¿Qué vamos a hacer con esto?

Una cosa que sabemos con certeza es que lo que sea que haya en esas inyecciones le está diciendo al cuerpo que no sabe cómo protegerse contra la infección. Y no se requiere un gran salto de consciencia para darse cuenta de que el cóctel invasivo de sustancias tampoco le comunica al organismo que ya posee los medios para protegerse del propio mensajero.

Lo que tiene más sentido para el bienestar general de los seres vivos de esta Tierra es cerrar los laboratorios de una vez por todas, para que se pueda detener la proliferación de virus y de super bacterias que son usados como armas, y que sabemos que se están creando allí.

Estas son las grandes armas de la guerra del Armagedón: bioingeniería, armas biológicas y sintéticas, y la intrusión de la IA en la biosfera natural de todos los seres vivos. La Big Pharma ya ha alterado el reino vegetal, hibridando y modificando genéticamente el suministro de alimentos, hierbas y plantas medicinales. También ha mutado el reino animal, siempre con el foco puesto en la cadena alimentaria, para que puedan llevar sus mutaciones genéticas a los humanos. Y ahora, el plan diabólico es colonizar a todos los seres humanos—hasta el último de nosotros—con priones sintéticos, para eliminar lentamente nuestra esencia divina de nuestro códice genético—despojándonos del Código Dios y reemplazando ese brillo infinito con una luz falsa que ellos llaman cariñosamente "Luciferina".

Será una era de hielo en el infierno antes de que permita que una bata blanca de laboratorio al servicio del lado oscuro determine qué aberraciones antinaturales se me inyectarán para mutar mi estructura celular, con una consecuencia tan malévola que deliberadamente anule el perfecto diseño divino del propio Creador. Nunca lo permitiré. Que mi ARNm natural, el mensajero de la Fuente a través de la secuencia luminosa de mi ADN, me mantenga sana y prospera, y que ustedes también se mantengan en ese poder y determinación.

Es hora de que todas las personas—sin importar el tamaño, forma, genero, raza o credo—reconozcan la gracia ultima de ser verdaderamente humanos.

Honren la sabiduría divina en su interior. Y defiendan esa luz que brilla desde su corazón y alma, contra cualquier persona o cosa que quiera oscurecer su brillo.

Esta es una batalla que tenemos que ganar, guerreros del espíritu. Y ganarla, la ganaremos.

Por el amor de Dios, gente.
Por el amor de Dios…

Capítulo 11

Almas en Apagado

"Llegará el tiempo—y puede que no esté muy lejos—en que la gente dirá: 'Es patológico para las personas incluso pensar en términos de espíritu y alma'. Las personas 'sanas' no hablarán de otra cosa que del cuerpo. Se considerará un signo de enfermedad para cualquiera el llegar a la idea de algo así como un espíritu o un alma.

El alma se hará inexistente con la ayuda de una droga.

La gente inventará una vacuna para influir al organismo lo antes posible, preferentemente tan pronto como cuando nazca, para que este cuerpo humano ni siquiera tenga la idea de que existe un alma y un espíritu. Los herederos del materialismo moderno buscarán la vacuna para hacer el cuerpo 'sano', es decir, para hacer su constitución de tal forma que este cuerpo ya no hable más de algo tan basura como el alma y el espíritu, sino que tenga una visión 'sana' de las fuerzas que viven en las máquinas y en la química y que hacen surgir planetas y soles de nebulosas en el cosmos.

A los médicos materialistas se les pedirá que expulsen las almas fuera de la humanidad.

Los espíritus de la oscuridad están ahora entre nosotros. Les he dicho que los espíritus de la oscuridad van a inspirar a sus anfitriones humanos, en los que residirán, a encontrar una vacuna

que saque del alma de las personas toda inclinación hacia la es-
piritualidad cuando aún son muy jóvenes, y esto sucederá en una
forma indirecta, a través del cuerpo vivo. Hoy, los cuerpos están
vacunados contra una cosa y otra; en el futuro, los niños serán va-
cunados con una sustancia que ciertamente será posible producir,
que los hará inmunes, de manera que no desarrollen inclinaciones
insensatas relacionadas con la vida espiritual— 'insensatas'— por
supuesto, a los ojos de los materialistas.

Finalmente, se encontrará la manera de vacunar los cuer-
pos para que no permitan que se desarrolle la inclinación hacia las
ideas espirituales, y durante toda su vida, las personas solo creerán
en el mundo físico que perciben con los sentidos.

Con esa vacuna, puedes fácilmente hacer que el cuerpo etéri-
co se suelte del cuerpo físico. Una vez que el cuerpo etérico se de-
sprendió, la relación entre el universo y el cuerpo etérico se volvería
extremadamente inestable, y el hombre se convertiría en un
autómata, pues el cuerpo físico del hombre debe ser pulido en esta
Tierra por medio de la voluntad espiritual12.

—Rudolf Steiner

Cien años después, parece que ha llegado y ha sido suministrada la vacuna-que-no-es-vacuna del visionario Rudolf Steiner, en el momento justo, por médicos "materialistas". **Ha llegado** el momento, Sr. Steiner.

Sin embargo, la cuestión de la "elección" está en juego aquí, manifestándose con particular vehemencia y absoluta preeminencia sobre los asuntos mundiales, específicamente con respecto a la presunta amenaza del Covid y a la respuesta desproporcionada a esa amenaza.

---

12   The Fall of the Spirits of Darkness, A Future Vaccine to Prevent Knowledge of Soul and Spirit, Rudolf Steiner, October 7, 1917, Rudolf Steiner Press, Bristol, 1993, GA 177, p. 85. (editado)

Después de todo, era la primera vez en la historia de las vacunas, al menos que sepamos, que implantarían nanotecnología directamente en seres humanos—sus sujetos de prueba voluntarios. Si íbamos a permitir que la implacable máquina de propaganda de los medios nos obligara a obedecer, de manera que simplemente nos pusiéramos en la fila para ponernos lo que ellos quisieran ponernos, en números masivos, o si íbamos a negarnos y a resistir, era lo desconocido.

Para lograr el objetivo que deseaban, uno en el que se vería un estimado setenta a ochenta por ciento de la población mundial inyectado muchas veces, tenían que crear tal histeria desde el principio, que una ola inmensa de personas entraría en modo de pánico, se congelaría emocionalmente y obedecería.

No fueron decepcionados. Gran parte de la humanidad se subió ansiosamente las mangas y dijo: "Sálvame de lo que sea que ustedes dicen que puede matarme". No solamente aceptaron el veneno misterioso en sus cuerpos—lo exigieron. Estas mismas personas entregaron a sus hijos a esas mismas autoridades sanitarias, por las mismas razones. Nadie preguntaba qué había en las inyecciones, los tests y las máscaras, y no había información disponible para quienes hubieran preguntado.

Era una "emergencia", después de todo. No hubo tiempo para pruebas previas, preguntas, e investigación. Y aun así la gente decía "¡Si!" haciendo fila alrededor de las manzanas de la ciudad por horas, luchando para llegar al frente de la fila.

Y eso fue todo. Misión cumplida. La Big Pharma y la maquinaria detrás y delante de ella tuvieron éxito. Los medios lo impulsaron con fuerza, convenciendo a la gente de obedecer al gobierno, fervientemente, sin dudarlo, porque ésta era una pandemia épica que mataría millones en todo el mundo. Aquellos que se pusieron la inyección, o creyeron lo que les dijeron que era una pandemia furiosa de unas proporciones tan monstruosas que la gente caería muerta en las calles a su alrededor . . . o eran un poco escépticos, pero sabían que sin recibir las inyecciones, sin pruebas de la inoculación (y el "pasaporte" Covid resultante) se les negaría acceso a casi todo lo que la sociedad anteriormente tenía para ofrecerles. Aceptaron porque sintieron que era más fácil ser vacunados, para poder subir a un avión, ir a un restaurante, entrar en un edificio. Lo que eso tenía que ver con confiar realmente en que lo que estaban aceptando en sus cuerpos era bueno para ellos, o si podía causarles reacciones adversas dañinas (como hemos visto ahora en cientos de miles de individuos arrepentidos) parece un asunto de poca o ninguna consecuencia—para dejar pasar y olvidar.

Llevados por un miedo desesperado e irracional, la mayoría de las personas obedecieron órdenes estrictas e irrazonablemente severas: se quedaron en sus casas aislados, encerrados por edictos del gobierno y la histeria en los medios. Ansiosos, descargaron la "aplicación" de seguimiento, permitiendo que el gobierno los localizara en todo momento, identificara con quien habían estado en contacto, y les ordenara presentarse a un test de PCR, cuando las autoridades sanitarias locales lo consideraran necesario.

Las personas solo se atrevieron a salir de sus jaulas, y se les permitió hacerlo, siempre y cuando estuvieran totalmente enmascaradas y desinfectadas, y solo para comprar artículos "esenciales", como alimentos y medicamentos. Hicieron fila como buenos soldaditos para recibir los dardos venenosos—la llamada "vacuna" que se suponía que los protegería—uno, dos, tres, cuatro y ahora una quinta vez, pero que, lamentablemente, más de un año después se dieron cuenta de que no los protegió nada.

La propia directora del CDC lo ha dejado muy claro.

Después del mayor programa de inoculación jamás implementado (uno que se saltó los años de prueba requeridos debido a ese "estado de emergencia" declarado por la Organización Mundial de la Salud) finalmente se reconoció que la "vacuna" no solo no es efectiva sino que, por el contrario, ha demostrado ser la causa de reacciones severas y de muertes masivas de personas.

Una vez que los hechos comenzaron a filtrarse más allá de los escudos protectores de los medios, y la gente comenzó a ver las reacciones adversas y las muertes que ocurrían a su alrededor, Rochelle Walensky, Directora del Centro para el Control de Enfermedades, declaró en una entrevista que "Nadie dijo nunca que la vacuna iba a funcionar".

¿Realmente, ahora? Y entonces, la gente se la está poniendo porque…?

*

Esta amenaza percibida del "virus" Covid-19, y el mayor riesgo que significa inyectar repetidas dosis de sustancias no probadas en hombres, mujeres y niños perfectamente sanos, nos ha quitado nuestras vidas—para algunos, permanentemente—mutado nuestras estructuras sociales, y despojado de nuestra libertad. La manera en que el gobierno y las autoridades sanitarias han manejado la debacle del Covid ha separado familias, destruido amistades, y nos ha dividido en campos opuestos. Básicamente, ha quebrado la economía global. La gente cedió voluntariamente sus libertades civiles, obedientemente, y permitió que aquellos que dominan los gobiernos confinaran la vida en este planeta por más de dos años, y seguimos contando. Lamentablemente, a medida que avanza la crisis y se introducen otras cepas "desviadas" (con sus respectivas dosis de "refuerzo"), se ha hecho muy claro que la vida tal como era antes de que se implementara esta agenda y se la impusiera sobre la raza humana, nunca volverá.

Y, sin embargo, a pesar de todo lo que hemos aprendido y continuamos observando, la guerra en curso entre los vacunados y los no-vacunados recrudece. La pandemia interminable también se está proyectando al futuro. Personas como el Dr. Anthony Fauci y el Dr. Albert Bourla se están preparando para lanzar otro "refuerzo", y todo el tiempo nos están diciendo que se necesitaran aún más.

141

¿Qué tipo de vacuna han oído alguna vez que necesite una dosis de refuerzo cada pocos meses, porque la que recibieron un mes antes aproximadamente había "desaparecido"? Independientemente de lo que entendamos como la "ciencia" de la inmunología, una vacuna no se puede considerar efectiva, y no está creando inmunidad, si tiene que repetirse mes tras mes, año tras año, con la excusa de que el virus siempre no identificado esta "mutando". Las autoridades responsables de las ordenes sanitarias en nuestro planeta deberían saber eso, así como ya saben que se avecina otra "pandemia". Están preparando a la gente para eso, porque pueden apostar que las ampollas ya están llenas, listas para usar.

Anthony Fauci sigue diciéndonos que se avecina algo peor. ¿Y él lo sabría, verdad?

Ah sí, pero entonces, cuando piensan que simplemente pueden estar, de hecho, un poco paranoicos, investigan debajo de la superficie, en la propia página de financiamiento del CDC[13] y encuentran que esta organización "administra aproximadamente 2.100 millones de dólares en inversiones financieras y de recursos para la salud global. Además de las Asignaciones del Congreso, el CDC recibe aproximadamente 12 millones en fondos globales a través de fundaciones y otros donantes, incluidos la Bloomberg Family Foundation, la Bill and Melinda Gates Foundation y la CDC Foundation".

En otras palabras, las mismas personas que financian al CDC también financian a la Big Pharma y mueven el programa de "vacunas" (ya saben, ¿el mismo programa global de vacunas que se supone que el CDC regula?) en todo el mundo.

*

---

13   https://www.cdc.gov/globalhealth/pdf/global-Health-Funding.pdf

Unas 55.000 páginas sin precedentes de documentación de Pfizer, reveladas después de que el Juez de Distrito de Estados Unidos Mark T. Pittman, del Distrito Norte de Texas, obligara a la FDA a publicar los datos clínicos de las vacunas, mostraron una lista de más de mil trecientos efectos secundarios adversos registrados, muchos de ellos extremos, crisis de salud que cambian la vida—muchos permanentes. Mas evidencia condenatoria será revelada, ya que el juez ordenó a la FDA que produzca por lo menos esa cantidad de páginas cada mes. Es reconfortante saber que todavía tenemos representantes en el sistema judicial que están verdaderamente preocupados por la gente, que hay valientes buscadores de la verdad que también son profesionales médicos ya establecidos, como el destacado Dr.Peter McCullough, MD, Aaron Keriaty, MD, y Harvey Risch, MD y PhD, de la organización sin fines de lucro Public Health and Medical Professionals for Transparency, que demandó a la FDA en setiembre de 2021 basado en la ilegalidad de que la FDA se negara a publicar los documentos de revisión de la vacuna del COVID-19, de acuerdo con el Acta de Libertad de Información.

De acuerdo con MedPageToday[14].

"Después que la FDA distribuyó el primer grupo de documentos la semana pasada, Public Health and Medical Professionals for Transparency publico los archivos en su propio sitio de internet. El contenido de los documentos varia ampliamente, sin una explicación real de lo que incluyen los archivos. Uno listaba datos no identificados sobre la demografía y el historial médico de pacientes participando en ensayos clínicos, mientras que otro detallaba la respuesta de la FDA a la solicitud de Pfizer de hacer una revisión acelerada. Uno incluia datos de seguridad posteriores a la comercialización basados en eventos adversos informados voluntariamente.

---

14   https://www.medpagetoday.com/special-reports/exclusives/97544

Zach Zalewski, PhD, JD, un consultor de estrategia regulatoria en Avalere Health, dijo que muchos de los documentos que se publicarán se presentaron a la FDA durante la autorización del uso de la vacuna por emergencia y su aprobación, y es posible que no sea un material importante para un análisis general de la seguridad y eficacia de la vacuna. La FDA ya público un paquete de aprobación de la vacuna COVID-19 de Pfizer-BioNTech, que consiste en resúmenes de los datos revisados por la FDA. Zalewski dijo que los documentos que la agencia debe publicar seguramente incluirán la versión íntegra de ese informe.

'Esto incluirá literalmente cada pedazo de papel que fue presentado a la FDA durante toda la pandemia', Zalewski le dijo a *MedPage Today.* 'Si lo que quieren es transparencia, tendrán transparencia'".

Los defensores antivacunas ya han capitalizado la publicación de estos documentos para cuestionar aún más las vacunas COVID-19. Children's Health Defense, una organización sin fines de lucro que se ha pronunciado en contra del uso de vacunas COVID en niños, destacó una lista de eventos adversos informados en los documentos—una lista que incluye todos los eventos adversos ocurridos en las personas que participaron en el ensayo clínico, incluso en los que recibieron placebo.

Pero los expertos han dicho que es engañosa.

"Existe el riesgo de elegir y sacar las cosas fuera de contexto', dijo Zalewski. 'Solo porque tengas todos los datos frente a ti, no significa que llegaras a conclusiones diferentes".

No sorprende que la Administración de Alimentos y Medicamentos (FDA), que afirmó que llevaría décadas procesar los datos, trató de retener los resultados de esa prueba tan lejos en el futuro como hasta el 2096—setenta y cinco años después de las primeras inyecciones, cuando nadie quedaría vivo para preocuparse por esto. Eso es reprobable y una traición escandalosa a todos los que sucumbieron a ella.

Gracias a Dios no se salieron con la suya.

El impactante informe de Pfizer reveló que números extremadamente altos de personas, en los ensayos preliminares, murieron inmediatamente o poco después de ser inyectados. Y lo que es más, proporcionó una lista de nueve páginas de cada reacción adversa concebible. ¡Ya estamos viendo lo que querían ocultar, y no hay necesidad de "elegir" los datos!

Algunas de las más devastadoras incluyen: embolia pulmonar, hemorragia cerebral, paro cardiaco, parálisis, insuficiencia renal aguda, y epilepsia. La lista completa está publicada en el sitio de internet de Robert Kennedy Jr.: www.childrenshealthdefense,org. Es posible que aún no estén al tanto del informe de Pfizer, porque al mismo tiempo que se estaba revelando esta información, los medios estaba meticulosamente redireccionando la atención pública del Covid y del debate de la "vacuna" hacia la crisis en Ucrania.

Pero ustedes necesitan estar conscientes de esto ahora.

Necesitan estar muy, muy conscientes.

Si bien la información en el informe es de suma importancia, mi atención aquí no está en profundizar las reacciones físicas adversas que experimentan números crecientes de víctimas desafortunadas. Desde el punto de vista psico-espiritual, uno que muy posiblemente nunca estará en una lista oficial y documentada de reacciones adversas, creo que estamos presenciando, en un segmento significativo de la población "vacunada", una manipulación química y genética deliberada del diseño original, el genoma humano—que resulta en el cierre del portal astral, el desprendimiento del cuerpo etérico, y la consiguiente interrupción de todo el sistema humano bioelectromagnético.

Considerando lo que sabemos sobre la bioingeniería y los experimentos que se están realizando para alterar el genoma humano, y lo que escuchamos directamente de Albert Bourla, no creo que sea una exageración decir que este ARN mensajero sintético está diseñado específicamente para alterar el ADN. Y hay muchos otros investigadores y profesionales médicos que están de acuerdo en que el ARNm sintético puede realmente entrar y alterar permanentemente el ADN humano, biológico puro.

Y, de nuevo, les pregunto: ¿qué pasa si el Código Dios está siendo aislado y luego es removido de nuestro genoma humano dado por Dios, y reemplazado con un código firma diferente, o por una secuencia vibratoria que lo anula?¿Cuánto tiempo nos llevaría darnos cuenta de lo que le han hecho a tanta gente inocente?¿Cómo se vería eso en los individuos, y luego desde una perspectiva más amplia . . . qué significaría esto para la fibra misma y el futuro de la civilización?

Me viene a la mente la idea de caparazones zombis, vacíos, como constantemente nos los presentan y ofrecen como entretenimiento en películas e historias de terror. ¿Es eso lo que el Centro para el Control de Enfermedades estaba insinuando cuando publicó su artículo titulado: "Preparación 101: Apocalipsis Zombi" en su blog Public Health Matters "basado en la ciencia"? Ahora retirado, después de que el CDC recibiera toneladas de críticas en los medios por lo que ellos defendían como simplemente un "entretenimiento educativo", el blog afirmaba haber utilizado "la referencia cultural popular a los zombies para promover la preparación para distintas emergencias y desastres"[15] solo para llevar más personas a su sitio de internet. ¿Llamarían a eso un "ciberanzuelo", o manipulación, o ambos? No veo el valor de entretenimiento en asustar a la gente más de lo que ya está, en aras del "entretenimiento".

Cuando la principal agencia de protección de la salud del país, que se supone que salvaguarda la salud humana, aprueba procedimientos médicos experimentales peligrosos que nunca antes fueron probados en humanos, como una "respuesta de emergencia" a una amenaza potencial, y cuando la misma directora de la agencia dice que ellos nunca di-

---

15   https//www.cdc.gov/cpr/campaigns/index.htm

jeron que iba a funcionar, nosotros—sujetos de su manipulación genética y venenos—necesitamos exigir pruebas absolutas de que la amenaza es tan abrumadora que justifica una "solución" que no es peor que el problema. Si ellos ignoran el fracaso de su experimento malvado de esa forma, y las personas se enferman o incapacitan devastadoramente, o mueren, ¿hay alguna razón por la que deberíamos permitirles continuar ocupando esos puestos?

Necesitamos que esos inventos químicos sean probados y aprobados por una agencia del gobierno que sea imparcial, si podemos encontrar una, y tenemos que poder leer exactamente lo que contienen esas ampollas . . .y cuáles son los efectos secundarios potenciales: antes, no después de los hechos. Ese solía ser el procedimiento operativo estándar cuando un medicamento se lanza al mercado, pero una vez más, esos productos y los organizadores de la campaña de inyecciones están protegidos en nombre de una respuesta de emergencia a un riesgo global para la salud.

¿Tendrán que rendir cuentas?

No importa cómo se representó a la "pandemia" en los medios en la primera etapa de histeria global inducida, sabemos que la ciencia ha dejado injustificadas las medidas extremas aplicadas, ya que los hechos que nos fueron presentados al comienzo indicaban una tasa de cura del 99,7% en adultos. Era mucho más alta en los niños, cerca del 100%, pero los padres, las profesiones médicas y educativas, y los gobiernos de todo el mundo consideraron que era apropiado inyectar a sus bebes, a pesar de todo. ¡Los niños de cinco años en adelante están ahora sujetos a la inyección y van a por los recién nacidos!

¿Por qué un padre arriesgaría la salud de un niño, cuyo sistema inmunitario natural todavía se está desarrollando, permitiendo que sean inyectados con esa sustancia peligrosa, y sabiendo que la sobrevivencia en jóvenes es casi del 100%? Es pura demencia.

Aun así, las inyecciones continúan. Y también los interminables tests de PCR, exámenes invasivos que van tan dentro de la cavidad sinusal superior que pueden penetrar la barrera hematoencefálica, peligrosamente cerca de la Glándula Pineal. ¿Qué es lo que realmente buscan, girando sus hisopos de óxido de etilo profundamente en el interior de las delicadas membranas nasofaríngeas de las personas . . . y, lo que es más aterrador, qué están **inyectando**?

Si este es un virus tan virulento, ¿por qué no basta una gota de saliva?

No importan los informes de reclamación y los abrumadores datos científicos de médicos expertos, genetistas y farmacéuticos que han tenido el coraje de hablar. El negocio extremadamente rentable de examinar a las personas con los hisopos nasales e inyectarlas con terapia genética está vivo, y prospera.

¿Hemos olvidado lo que ocurrió en los días de la Talidomida que resultó en la mutilación de más de diez mil recién nacidos, y en la muerte de miles de esos mismos bebes? Hoy en día, la mayoría de las personas no conocen cómo y por qué la Talidomida fue suministrada a mujeres embarazadas cuando salió después de la Segunda Guerra Mundial, y desconocen por completo que fue desarrollada por Heinrich Mückter, un médico, farmacólogo y químico de alto rango, un nazi que experimentó repetidamente con prisioneros en los campos de concentración en Buchenwald, cerca de Weimer. Alemania. Evitó ser enjuiciado por esos crímenes y consiguió entrar en la industria farmacéutica alemana como Jefe de Desarrollo de una compañía farmacéutica relativamente nueva, la Cherie Grünenthal, fundada por un hombre llamado Hermann Wirtz, Sr., también un miembro dedicado del partido nazi.

A la horrible colección de nazis en posiciones claves en esta compañía se sumaban Martin Staemmier, un doctor en medicina y defensor de programas de eugenesia nazis; Heinz Baumkotter, jefe médico en el campo de concentración de Sachsenhausen, situado a veintidós millas al norte de Berlín; y por último, pero definitivamente no menos importante, Otto Ambros, el propio asesor de Hitler en materia de guerra química. Este nefasto individuo sirvió como presidente y miembro del consejo del comité asesor de Grünenthal cuando este horrible químico, la Talidomida, comenzó a desarrollarse y, poco después, cuando se vendió al público—primero en Alemania Occidental, en 1956, y más tarde en todo el mundo.

La Talidomida se vendía con el nombre de "Contergan", como un medicamento de venta libre, promocionado para ayudar a las personas con ansiedad y problemas para dormir. Se administró a madres embarazadas como un tratamiento de nauseas matutinas, aunque no había sido probado con mujeres embarazadas. Me pregunto cuántas personas tienen alguna idea de que el número de defectos congénitos extremos en bebes nacidos de madres que usaron esta droga durante su embarazo en ese tiempo, era de más de diez mil, de los cuales se informó que el cuarenta por ciento o más murieron al nacer.

¿Entonces el fin "justificó los medios"?

Como comentario al margen, Muckter y otros de Grünenthal fueron juzgados en Aachen, Alemania, en 1967-1968. La compañía fue acusada de intención de cometer daños corporales y de homicidio involuntario, pero, a pesar de la abrumadora evidencia contra ellos, los cargos penales fueron retirados misteriosamente. Grünenthal aceptó pagar a las víctimas alemanas de la Talidomida treinta y un millones de dólares en retribuciones y, ¡sorpresa, sorpresa! . . . los monstruos nazis fueron sobreseídos de sus crímenes contra la humanidad.

Este mismo medicamento, retirado del mercado en 1961 debido a esos defectos de nacimiento y muertes, fue aprobado en Estados Unidos en 1998, para ser usado en el tratamiento del cáncer. Difícil de creer, ¿no es así? Fue reintroducido y hoy está disponible como un medicamento genérico—Contorgen o Talidomida—y aparece en la Lista de Medicamentos Esenciales de la Organización Mundial de la Salud. El veneno, desarrollado por eugenistas nazis que experimentaron con prisioneros inocentes en los campos del infierno—veneno que se ha probado que destruye, mutila y mata—ha vuelto al mercado durante décadas, y no solo ha vuelto comercialmente . . . ¡está aprobado y comercializado por la Organización Mundial de la Salud!

La Administración de Alimentos y Medicamentos y otras agencias reguladoras también han aprobado la comercialización de esta droga; la única advertencia es que las personas necesitan estar "conscientes" de los riesgos y evitar el embarazo.

Claramente, no podemos confiar en estas organizaciones gubernamentales para velar por nuestra salud y expectativa de vida, especialmente cuando algo tan venenoso como la Talidomida, desarrollada por eugenistas nazis, está en sus listas de medicamentos recomendados.

Y cuando el CDC, el mismo organismo gubernamental que se supone que debe servir como nuestro punto de referencia para la seguridad y para examinar a la profesión médica, afirma que publicó instrucciones para que los humanos se preparen para un apocalipsis zombi solo como un "entretenimiento educativo irónico", deben hacer preguntas, tales como: "Definan ´entretenimiento´".

Así de precario como el mundo está hoy, quiero información valida, no entretenimiento, de una agencia gubernamental encargada de la responsabilidad implícita en su nombre: el control de enfermedades. No encuentro nada de entretenido en su manual de instrucciones para un apocalipsis zombi. Se burlan, no nos protegen. Deberíamos, como mínimo, estar furiosos.

Pero, ¡eh!, no hay nada que ver aquí, amigos . . . muévanse.

Es solo un pequeño "entretenimiento educativo" para las masas.

Capítulo 12

La Gran Desconexión

Me gustaría comentar mi experiencia personal sobre el impacto psico-espiritual de lo que creo que está realmente ocurriendo, como lo predijo el gran Rudolf Steiner.

En el trascurso de mi vida espiritual, durante la cual he realizado miles de lecturas clarividentes y de sanación, ya sea en persona o mediante las pantallas de zoom en la Internet, nunca antes había observado una división tan profunda entre las personas. Muchos están surfeando las olas de la "ascensión", despertando a su verdadera divinidad, mientras otros, la mayoría por el momento, parecen estar viviendo una terrible desconexión espiritual, en diferentes grados. Lamentablemente, algunos están enfrentando una crisis existencial muy grave. . . una de proporciones extraordinarias.

Desde el comienzo de la campaña mundial de inoculación, he sido testigo de primera mano de este fenómeno, en personas que se sienten aisladas del espíritu. No me estoy refiriendo simplemente a religiones en guerra, a un aumento del ateísmo, a las doctrinas comunistas, o al síndrome de hipnosis masiva que tiene a miles de millones de personas inclinándose ante el imperio farmacéutico, porque creen en su propaganda del miedo y obedecen todo lo que se les dice o, porque son remotamente "controladas mentalmente" para hacer algo. Tampoco me estoy refiriendo al asunto de como una gran parte de la humanidad ha abandonado la búsqueda de la espiritualidad, la comunidad y las relaciones por las todopoderosas pantallas de control del dios tecnológico.

He sido la observadora incomoda de una forma de "desconexión del alma", en personas para las que realizo lecturas psíquicas y sesiones remotas de sanación, desde que todo esto comenzó. Nunca creí que este tipo de fenómeno pudiera manifestarse en un ser vivo, consciente. Pero lo hace y, aparentemente, otros psíquicos y sensitivos están teniendo experiencias y observaciones similares en sus prácticas de sanación. La visión de Rudolf Steiner, que leí por primera vez cuando reunía información para este libro, parece estar desarrollándose exactamente como él lo profetizo, delante de nuestros propios ojos.

Lo que estoy viendo, o mejor dicho, lo que **no** estoy viendo en los campos de energía de personas que han sido inyectadas varias veces, es el luminoso *sahasrara*, el chakra corona, el portal de conexión con la fuente: el camino directo del alma a la Fuente.

Simplemente, no está allí . . . o, al menos, no aparece al ojo de mi mente

Este es el vórtice de energía que los espiritualistas de todo el mundo entienden que sirve como nuestro puente con la Fuente y con todos los reinos superiores, expresado en lo que entendemos como una percepción de la existencia de amplio alcance. Es el portal de luz divina que baña el cuerpo energético, el espíritu y el alma, y es desde ese brillo que siempre se nos recuerda cual es nuestra verdadera esencia: un espíritu que reside temporalmente en un cuerpo humano, o forma física, para experimentar la materia y el mundo de los sentidos.

Es en este punto del sistema etérico de nuestros cuerpos energéticos, electromagnéticos y biológicos donde nuestra consciencia del "yo" se conecta directamente con la consciencia superior y universal. Puede considerarse el camino de nuestra trascendencia, desde la consciencia limitada definida por un estado de separación y lo material, hasta nuestro surgimiento en la Unidad y la expansión multidimensional que impregna realidades que aún tenemos que experimentar plenamente. Desde ese estado de consciencia que se eleva más allá de la matrix de nuestras limitaciones actuales en la percepción de tercera-a-cuarta dimensión de un mundo material y toda la existencia, estamos cambiando rápidamente nuestra percepción a esta próxima fase de nuestra ascensión, donde la ilusión del tiempo y del espacio finalmente desaparece por completo.

Desde el chakra corona, entramos y salimos del cuerpo físico durante el estado de sueño, en viajes astrales. A la hora de dejar esta vida, es a través de la corona que el espíritu se mueve, hacia la luz eterna, en un viaje astral "permanente", cuando la vida como un ser físico termina—o, mejor dicho, cuando la vida que conocemos como seres humanos, caminantes de la tierra, se trasmuta hacia su próxima fase de transición del alma.

Lo que significaría para el viaje del alma si ese camino cósmico estuviera absolutamente desconectado de su templo corporal plantea al filósofo metafísico un enigma asombroso. Me recuerda la imagen de alguien que regresa a casa de un viaje y encuentra su casa tapiada y con las luces apagadas, sin ninguna forma posible de entrar. ¿Adónde iría la esencia del alma/espíritu ambulante si la entrada a su casa física estuviera sellada, y la autopista de luces que la guiaban a su casa completamente apagada?¿Creería el alma que el cuerpo ha muerto, aun cuando no sea así?¿Se alejaría flotando, más allá del campo astral, y cortaría precipitadamente el cordón astral, como lo hace en el proceso de la muerte?

Entendemos que el alma está unida a su manifestación física por el *sutratma*, o cordón de plata, que en sánscrito describe el vínculo que conecta el *atma* (el yo superior) con la forma física. Muchos describen haber visto claramente este cordón durante viajes fuera del cuerpo, afirmando ser totalmente conscientes de que sirve como una línea de vida que tira del cuerpo astral de regreso a su ser físico.

Una vez que la forma astral está muy próxima del campo áurico que emana del cuerpo físico, es guiada de regreso, reingresando a través de la corona—y totalmente consciente de que es el chakra corona el que sirve como portal, o punto de reingreso. Yo misma he tenido varias de estas experiencias, y puedo atestiguar personalmente haber visto el cordón de plata, cuando regresaba de esos viajes astrales extraordinarios que he tenido la bendición de recordar con claridad. Siempre me ha dado una sensación de seguridad, saber que yo, el alma que define mi consciencia "yo soy", estoy unida a mi cuerpo físico. Y siempre experimento la sensación incomoda de tener que condensar el cuerpo astral, que no tiene límites ni forma, a un tamaño lo suficientemente pequeño como para pasar a través de la corona.

Como ese aspecto vital y prominente del campo energético humano simplemente parece no estar allí, en un ser humano vivo, no concuerda con la comprensión metafísica de la unión del cuerpo y el alma—al menos, no en mi experiencia. Creemos que cuando llega el momento de la muerte, el alma deja atrás el templo del cuerpo, saliendo a través del chakra corona, y este cordón se corta, liberando al alma para que viaje hacia su próxima fase de experiencia. Pero, durante el tiempo de **vida**, si las personas no sienten esa conexión con el espíritu—o más bien, si sienten que el espíritu ya ha dejado su casa—¿qué ocurre entonces?

En las catorce personas a las que he escaneado psíquicamente, en todos los casos, desconocía desde el principio que la persona se había puesto una o más inyecciones. No había pedido esa información antes de comenzar la lectura. No reúno ninguna información de nadie antes de una sesión, porque nunca quiero influenciar la percepción psíquica pura con información e impresiones obtenidas del cliente. Creo que no es un enfoque ético del servicio que proporciono. En cambio, me baso estrictamente en lo que se me muestra a través de mi pantalla psíquica, que es lo que la gente espera recibir de mí.

El hecho de que el chakra corona no aparezca en absoluto cuando abro mi tercer ojo para realizar ese escaneo psíquico del cuerpo energético de una persona, es extremadamente alarmante y desconcertante. En cada uno de esos catorce casos, me quedé perpleja porque no podía ver absolutamente nada en ese punto crítico del campo electromagnético de la persona: ningún vórtice giratorio, ninguna luz destellante … nada que pudiera definir como "energía" en la corona.

Luego, que todas estas personas declararan que ellas ya no podían sentir a Dios, ni meditar, ni conectarse con guías o con el Espíritu, fue una confirmación de que les estaba ocurriendo algo verdaderamente deshumanizador, y es algo que nunca habíamos experimentado antes.

Cada vez más personas describen que ese trauma post-inyección se siente como si "su alma los hubiera abandonado". Describen sentirse desesperados y deprimidos, con una sensación imperturbable de estar separados de todo y de todos. Me dicen que no pueden sentir a Dios. Describen cómo no pueden deshacerse de sentimientos de apatía e indiferencia hacia los que los rodean, y admiten, en diferentes grados de tristeza y depresión, que tienen una falta general de compasión o conexión con cualquier cosa fuera de ellos. El materialismo—su nuevo dios—parece ser lo único que importa, mientras el espíritu parece haberlos abandonado por completo.

Imaginen cuántos tienen miedo de hablar, y cuántos son incapaces de comprender lo que se ha perpetrado contra ellos a nivel espiritual. En mi experiencia limitada, catorce de las catorce personas vacunadas—el cien por ciento de aquellas que habían sido inyectadas—me aparecieron sin el chakra corona visible y con un cuerpo etérico debilitado y en disminución. Cada una de ellas describieron sentirse desconectados de la Fuente … de Dios … de la Luz.

Rudolf Steiner describió precisamente eso hace cien años.

No puede ser una coincidencia.

A medida que la verdad sobre lo que realmente contienen esas agujas comienza a filtrarse por las grietas, y cada vez más de los que aceptaron el veneno ven personas a su alrededor que se enferman crónicamente o mueren a causa de las inyecciones, se llenan de arrepentimiento, al darse cuenta de que cometieron un terrible error. Atrapados en la polaridad vehemente de las posturas a favor y en contra de las vacunas de la sociedad, estas personas están luchando, temerosas de hacer las preguntas que deben hacerse, sin ningún lugar al que recurrir para obtener respuestas.

Intenten decirle a un médico alópata pro-vacunas que "ya no pueden sentir a Dios dentro suyo", o que ustedes tienen miedo de haber sido de alguna manera "desconectados" de la Fuente después de ponerse la vacuna. Aquellos que se atreven son diagnosticados como "psicóticos" o "deprimidos", y no hace falta mencionar que los están derivando a psiquiatras y/o se les prescriben medicamentos que alteran el estado de ánimo y adormecen, para gestionar su estrés, porque parece que muy pocos médicos profesionales están preparados, o se les permite enfrentarse a un asunto tan profundo y sin precedentes como una conspiración para desconectar o mezclar el Código Dios dentro de nuestro ADN.

Basta decir que no están enseñando "desconexión del alma" en las escuelas de medicina.

Fue muy revelador y alarmante saber que las catorce personas en cuestión habían recibido doble o triple dosis de la vacuna. ¿Cuántos cientos de miles más, que se han dejado inyectar repetidamente, están lidiando en silencio con la última crisis existencial, separados del Espíritu, sin nadie a quien recurrir? ¿Qué mecanismo oscuro y parasitario se ha inyectado en todas esas personas, y qué ha hecho que su luz disminuya? ¿Hay alguien dispuesto a escuchar?

¿Qué explicación podría haber para esta interrupción aberrante de los sistemas energéticos de estas personas que parecían estar cerrando el chakra corona? ¿Y por qué, en los catorce casos, estas personas describían la misma sensación extraña de que, de alguna forma, habían sido separados de la fuente de Dios? Sus comentarios aterrorizados iban desde sentimientos de disminución de la espiritualidad, la luz interior y la alegría, hasta los de desesperación sin esperanza de que, de alguna forma, Dios los había "abandonado".

Me pregunté: ¿serán las inyecciones las que de alguna forma encubrieron o ensombrecieron la rueda de energía vital en la corona? ¿Habían cerrado la conexión completamente?¿Ha sido interrumpido el Diseño Divino? Y quizás la pregunta más importante de todas: ¿se revitalizaría con el tiempo, y cómo?

Cuando se trata de los reinos etérico y astral, pueden ocurrir todo tipo de apariciones y fenómenos. Como observadora objetiva y sanadora psíquica, a menudo los encuentro muy difíciles de interpretar y de tratar. Lo he visto todo: desde entidades fantasmas demoniacas y sanguijuelas vampíricas que succionan la fuerza vital de sus anfitriones, agotando el campo energético, hasta otras adherencias mucho menos dañinas, de espíritus no malévolos, que se pierden en algún lugar del éter, y se enganchan al individuo energéticamente, como parásitos, alimentándose de la energía vital del ser físico para sobrevivir.

Ha habido incontables manifestaciones que he sido dotada, toda mi vida, para poder ver a través del ojo psíquico: algunas aterradoras y amenazadoras, otras misteriosas y curiosas—aspectos del universo multidimensional que se manifiestan en el campo etérico. Todo esto me llena de asombro y de una inmensa curiosidad, y me he sentido conmovida, con gran compasión, por esas energías inocuas e inofensivas que se pierden en el medio. Como sanadora, a menudo pude ayudar a energías/espíritus perdidos a desprenderse y a seguir adelante, a su lugar correcto en los reinos etéricos. Es mucho más difícil sentir esa misma compasión por entidades más demoníacas, que han entrado en los cuerpos energéticos de las personas y, en muchos casos, las han poseído.

Incluso si fuera capaz de liberar ese tipo de espíritu malévolo, ¿cómo sabría adónde debía ir y sería capaz de asegurar que no se irá simplemente para invadir a otro? En esos casos raros, mi escudo protector los mantiene a raya y distantes, por necesidad.

Muchas veces, las personas hacen elecciones kármicas que atraen estas energías hacia ellas. ¿Es el rol del sanador interferir? Estas mismas preguntas surgen cuando me encuentro con este nuevo fenómeno tan perturbador: un vacío sobre la corona, donde generalmente hay luces brillantes, rayos, y hasta espirales que emanan de ese espacio sagrado, atravesando el campo áurico y disparándose hacia los éteres. Y en cada caso, estas personas describieron la misma sensación exacta de estar desconectadas de la Fuente, sintiendo como si la fuerza de Dios las ha dejado . . . sintiéndose perdidas.

En mi cabeza da vueltas y vueltas el pensamiento: ¿cómo puedo ayudarlos a recuperarla? Y luego, hay una consideración que otros sanadores y psíquicos también necesitan hacerse: ¿mi intervención, en cualquier nivel, interferirá con el karma que la persona ha creado, al permitir voluntariamente que una sustancia extraña de la que no sabe nada le fuera inyectada en el templo del cuerpo? ¿Ataría mi propio karma al de ellos, en este proceso?

Aquellos que se suben las mangas ante los administradores omnipotentes, aceptando sin cuestionar sus venenos una y otra vez, están, en esencia, haciendo un pacto con algo o con alguien de lo que no tienen consciencia. Si tan solo se detuvieran a pensar que al aceptar que este sistema operativo sintético anule el que Dios les ha dado—permitiendo al sistema inyectarles lo que desee imponer sobre su forma biológica—esencialmente están diciendo "Si, haz lo que quieras conmigo", cediendo la soberanía de su mente, cuerpo y espíritu.

Ese es un abandono bastante salvaje, considerando que el virus del que supuestamente las personas se están protegiendo con la vacuna que no es una vacuna, tiene una tasa de cura tan alta. Sin darse cuenta, están diciendo sí, por supuesto, inyéctenme un cóctel químico lleno de sustancias desconocidas que también contiene nanotecnología—ARNm sintético—que se introduce en el cuerpo molecular, alterando la composición celular de todos los seres humanos que la reciben. Anula lo sagrado, el Código Dios, y establece una plantilla totalmente nueva en el Diseño Divino, con un nuevo conjunto de órdenes que ahora parecen ser perjudiciales para el cuerpo y, aparentemente, para el alma—pero si, dénmela.

Inyéctenme, enciérrenme . . . déjenme sin aliento.

Esa transcripción sintética en nuestro ADN mutado y la falsa luz de neón genéticamente combinada del ADN de especies no humanas, que han comenzado a insertar en nuestros seres naturalmente luminosos, contiene lo que ellos llaman "Luciferina", y esto es exactamente lo que es: Lucifer "dentro".

Ese cumplimiento basado en el miedo que hace que las personas corran a su centro de vacunación local ¿significa que en algún nivel de inconsciencia en realidad están diciendo "Si, acepto a Lucifer adentro?" En general, lo dudo mucho. Entonces, ¿qué significa ese consentimiento, no solo para el propio cuerpo y la vida actual, sino también para el viaje del alma? ¿Qué tipo de vínculo kármico se está creando? ¿Qué tipo de pacto? ¿Queda esa elección para ser sanada a través de incontables vidas subvirtiendo la ascensión del alma? Si ese es el caso, y sospecho que lo es, ¿hasta dónde caerán estas personas en la espiral del viaje del alma? ¿Se dan cuenta los que aceptan el veneno que se ponen una soga kármica alrededor del cuello para muchas vidas futuras?

La mayoría de las personas no tienen idea de lo que se les está inyectando. No hacen preguntas, y ceden su soberanía a quien sea o a lo que sea que les haya asustado para que se conviertan en ratones de prueba para la cábala farmacéutica, médica y de bioingeniera, que, a su vez, trabaja con DARPA, la Agencia para Proyectos de Investigación Avanzada de Defensa de las fuerzas militares de Estados Unidos. Esta entidad sumamente hermética nos ha dado cosas como los sistemas de rastreo GPS, aviones furtivos, reconocimiento de voz, coches sin conductor, y muchas otras tecnologías diseñadas para controlar a los seres humanos—o al menos, para alterar nuestro comportamiento.

Si todavía tienen problema en creer que su propio gobierno está en connivencia con la Big Pharma, comparto con ustedes la propia declaración de DARPA, tomada de su sitio de internet[16]:

---

16   https://www.darpa.mil/news-events/2020-11-10

"El programa Plataforma de Prevención de Pandemias de DARPA (P3), lanzado en 2017, se centra en el rápido descubrimiento, caracterización, producción, prueba y entrega de contramedidas medicas eficaces codificadas ADN- y ARN- contra enfermedades infecciosas. Esta tecnología fundamental introducida por DARPA bajo el programa *Diagnóstico Autónomo para Permitir la Prevención y las Terapéuticas (ADEPT)* le proporciona al cuerpo instrucciones sobre cómo comenzar a producir inmediatamente anticuerpos protectores contra una amenaza dada. Apenas transcurridos dos años de un programa de cuatro años, P3 tiene colaboradores en AbCellera Biologics, AstraZeneca, Duke University, y la Vanderbilt University, todos los cuales han sido capaces de pivotar rápidamente para identificar anticuerpos para COVID-19 en menos de noventa días. Este proceso normalmente lleva varios años en completarse".

No olvidemos nunca que el cuerpo ya sabe cómo "comenzar a producir inmediatamente los anticuerpos protectores contra una amenaza determinada". Se llama el sistema inmunitario natural. Entonces, ¿qué es exactamente lo que la coalición Big Pharma/DARPA tenía en mente para nosotros, cuando se les ocurrió el plan de inyectar globalmente a cada ser humano que camina con la llamada "vacuna" que en realidad es un mecanismo de entrega para invadir nuestro ADN?¿Y por qué está tan implicada una rama tan secreta de las fuerzas militares?

*

De mis encuentros con este extraño e inquietante fenómeno de almas desconectadas, el primero fue con una mujer que había sido vacunada dos semanas antes de su sesión conmigo, que realicé por internet. La llamaré "Lily".

Había trabajado con Lily aproximadamente un año antes de esa sesión, antes de que ella recibiera la "doble dosis" de inyecciones. Era una espiritista vibrante, muy conectada y dedicada, cuya practica metafísica se centraba en torno a su centro de yoga establecido, donde impartía cursos, y desde donde también organizaba retiros de yoga. Ella era, verdaderamente, una persona centrada, luminosa y llena de energía.

Un año después, vi una persona muy diferente que me miraba a través de la pantalla. Ella estaba sin vida, y gris. Su campo energético era opaco y apagado. El brillo y la calidez de su mirada habían desaparecido.

Cuando le dije que estaba "teniendo problemas" para ver su chakra corona, ella me dijo que había "perdido contacto con el Espíritu", y que ya no podía meditar. Describió cómo había luchado para mantener su centro abierto, pero no había tenido otra opción que cerrarlo, cuando se implementaron las medidas realmente difíciles. Al igual que los que la seguirían en sesiones posteriores, la experiencia aterradora de Lily fue la de sentirse cerrada, completamente desconectada de su yo superior, y desconectada de todos y de todo lo que la rodeaba. Esperaba que una lectura conmigo la ayudaría a llegar a la raíz de esto, y a eliminar cualquier bloqueo que yo pudiera identificar en su cuerpo energético.

Lily no había asociado su estado de alienación con las "vacunas", hasta que le pregunté si se había inyectado. Ella respondió que había recibido la primera dosis cuando las comenzaron a suministrar, porque en ese momento creyó que no tenía otra opción, si quería mantener su centro abierto, y que acababa de recibir la segunda dosis dos semanas antes de nuestra sesión. Me informó que no tuvo reacciones adversas particulares, aparte de dolor en el brazo y dolores musculares en todo el cuerpo después de la primera dosis, y luego fiebre, un dolor de cabeza abrumador que duró días y un estado general de malestar, con la segunda dosis, que duró aún más tiempo.

¡Me atrevo a decir que definitivamente esas fueron reacciones físicas adversas a la inyección! Y ahora ella estaba aquí, dos semanas después de la segunda dosis, cerrada, con las luces apagadas, sintiéndose espiritualmente vacía y, comprensiblemente, deprimida y asustada.

No hace falta decir que el efecto secundario espiritual de ser inyectado con lo que sea que se está imponiendo a todas esas personas inocentes no es una conversación que tenga lugar en los debates principales. Si ustedes se atreven a hablar de cualquier cosa que pueda interpretarse como una posición "anti-vacunas"—y eso incluye a investigadores altamente calificados, médicos, profesionales de la salud y hasta denunciantes de compañías farmacéuticas—serán atacados y perseguidos sin descanso, y se intentará todo para silenciarlos y destruirlos. Perderán amigos, y familiares también. El solo hecho de negarse a recibir la inyección en el propio cuerpo se considera una forma de terrorismo contra la sociedad.

Al momento de escribir esto, muchos jefes de gobierno e incluso hasta los propios ciudadanos están pidiendo que los "no vacunados" sean encarcelados en campos de concentración, o en "centros de reeducación", como se los llama, que están surgiendo en países de todo el mundo.

*

Me refiero ahora al Código de Nuremberg de 1947. ¿No fue escrito para que el mundo nunca más viera experimentos médicos realizados en victimas involuntarias de un estado delincuente?¿Necesitamos que se nos recuerde que uno de los principios básicos de aquel código de ética médica de posguerra establecía que "el grado de riesgo a asumir nunca podrá exceder el determinado por la importancia humanitaria del problema a resolver por el experimento"? Debería estar claro para cualquier persona con una mente para ver, que una tasa de cura del 99,7% no justifica el grado de riesgo originado en esa "vacuna" experimental, nunca antes utilizada, de modificación genética, que utiliza a seres humanos desprevenidos, que confían en sus médicos y en sus lideres políticos, como meros sujetos de pruebas.

En este contexto, en el que la mayoría de las personas descartan las reacciones físicas adversas al experimento por ser de naturaleza "psicológica", intentar iniciar una discusión sobre el tema de los efectos de la "vacuna" del Covid-19 en el espíritu y en el alma de un ser humano seguramente encontrará resistencia, hostilidad y ridículo. Este aspecto del problema simplemente no entra en las ecuaciones de la mayoría de las personas, ya que, para empezar, la mayoría no está en contacto con esa faceta de su ser. Después de todo, si uno es testigo de alguien que cae muerto al frente de la fila de vacunación y aun así, se entrega, entonces esa persona no está viendo, no está pensando, y no está comprendiendo en los niveles más básicos.

Ya sea un estado de hipnosis masiva, confianza equivocada o negación absoluta, lo que ciega a las personas, especialmente al sufrimiento de otra persona, es inconcebible que alguien se inyecte en tal circunstancia. ¿Se les pasaría por la cabeza la pregunta de estar siendo interferidos a nivel espiritual, de que lo que sea que está entrando en sus cuerpos es capaz de separar a las personas de la Fuente, hackeando el Código Dios en su ADN?

La posibilidad de suministrar pura maldad a inocentes por medio de una inyección o droga experimental, algo tan generalizado que podría trasmutar la red de energía chakras/aura y literalmente apagar las luces del cuerpo espiritual, está más allá de la comprensión y alcance de la mayoría de las personas. Es muy difícil para las personas centradas en el corazón imaginar algo de tal maldad, aunque la prueba está absolutamente disponible para cualquiera que desee abrir sus ojos y ver realmente lo que está pasando. Y luego, por supuesto, están los principales medios propiedad de esas mismas fuerzas, que adormecen las mentes, empujando desde la ilusión de objetividad… a la persuasión… a subyugar toda opinión y pensamiento, que se atreve a oponerse a la narrativa oficial y a los gobiernos de todo el mundo.

Cuando consideramos que se trata de una guerra espiritual que azota nuestro planeta, con ejércitos de guerreros de la oscuridad y de la luz ya en plena posición de batalla, no es una exageración reconocer que la conquista final en cuestión no son países, ni riquezas, ni poder.

Los emperadores de la oscuridad ya poseen todo eso.

No, el objetivo ahora—la conquista final—es la subversión del alma de la humanidad que se entrega voluntariamente, sometiéndose a la fuerza satánica, inclinándose ante ella en obediencia y rendición absolutas. Eso requiere un medio para desconectar las masas de la luz de Dios. Es una subyugación total en la que ellos se alimentan, la pérdida de fe en la propia divinidad . . . la entrega del yo al amo: el miedo.

La conquista que estos déspotas malignos buscan es el alma de todos y cada uno de los seres humanos que ellos pueden llevar al lado oscuro. Su intención es oscurecer la luz en todas partes, dentro nuestro y a nuestro alrededor. Una vez que esa desconexión se haya logrado efectivamente, planean que lo que quede de nuestros seres vacíos sea asimilado a una colmena de inteligencia artificial, a través de tecnologías que todavía no podemos imaginar. Pero ellos la tienen. Y con cada día que pasa, incluso mientras escribo estas palabras, investigadores diligentes están exponiendo cómo su nanorobotica de IA está siendo suministrada a través de esas agujas hipodérmicas. Y, sin embargo, la gente todavía va a ponerse la próxima dosis, y la que sigue después de esa, aun permitiendo que esos tests casi penetren la barrera hematoencefálica, respirando su propio dióxido de carbono detrás de esas máscaras faciales "protectoras", y arrodillándose ante los señores de su esclavitud.

Esto les puede parecer completamente descabellado, aterrador o demente. Pero puedo decirles esto: por mi experiencia personal a través de encuentros que estoy teniendo con personas que están avanzadas en su camino espiritual, pero que ahora sienten que ya no pueden "conectarse con Dios", la desaparición del chakra corona, de la que soy testigo, es un fenómeno muy real. Aquellos que lo están experimentando de primera mano, cada vez más conscientes de que han cometido un terrible error, están aterrados.

Y, sin embargo, no importa cuánto nos alejemos de la Fuente—ya sea por miedo o por ignorancia—siempre hay un camino, y siempre hay diversos grados de soluciones para cualquier problema. No siempre son las que esperamos que sean, pero al final, conseguimos movernos hacia adelante.

En mi experiencia, y dedico este libro a compartirla, se trata de estar absolutamente centrados en establecer la intención de reclamar nuestro ADN soberano, y luego restaurar lo que sea que haya sido alterado, mediante poderosas frecuencias vibratorias que vuelvan a tejer lo que se ha hecho jirones, restauren la música, la luz y los pedazos rotos . . .y, si es posible, remuevan lo que haya sido implantado en nuestro santo templo a través de esas agujas e hisopos profanos que han sido utilizados ilegalmente contra ellos.

Como una de las pioneras que trajo por primera vez la idea de activar y reparar el ADN en la consciencia comunitaria hace casi tres décadas, he estado preocupada por este asunto por mucho tiempo, a lo largo de mi camino como sanadora y guía.

Solo que ahora hay mucho más en juego . . . mucho, mucho más.

Con eso en mente, los invito a unirse conmigo, mientras miro al demonio directamente a los ojos, para llegar al centro absoluto del problema que enfrentamos todos y luego, decididos en ese conocimiento y entendiendo cómo funciona, estaremos empoderados para transmutarlo: para nosotros mismos, para esas catorce almas que se sienten desconectadas, y para los cientos de miles más que estarán desesperados por nuestra ayuda.

La sobrevivencia de nuestra especie y de muchas otras está en juego aquí.

Somos Homo sapiens, ya sea caminando en nuestro brillo, o inclinados por el miedo, ensombrecidos de la luz de Dios. Somos seres humanos.

Si se preguntan por qué tienen que pasar por esto, luchando y cansados por lo que se siente como una batalla sin fin, simplemente recuerden que la guerra no es solo por sus almas, sino también por el alma colectiva de toda la raza humana.

Así que, escudos arriba, todos.

No tengan miedo. Eso solo los encadena y les quita poder.

Podemos hablar de todo esto—de toda esa maldad—y desarmarla, pieza por pieza, para examinar cada parte del engranaje y detener el giro de las ruedas devastadoras de oposición al amor.

Sientan el inmenso poder de saber que pueden mirar directamente al vientre de la bestia y nunca ceder a su fuerza, porque no tiene ningún poder sobre ustedes, a menos que estén preparados para ceder su poder al miedo. Siempre recuerden que ella necesita la adrenalina que ustedes bombean en el éter como su combustible; necesita el miedo de ustedes para sobrevivir, para nublar sus pensamientos y perturbar sus emociones, y para extenderse por los océanos de la consciencia humana, manchando la mente del colectivo, como una tinta índigo en aguas cristalinas.

Llamen a la luz de Dios que está dentro y alrededor de ustedes, y no dejen entrar a nadie que no sea de la más elevada intención. Sus mentes pueden funcionar tanto como el ultimo escudo contra cualquier cosa que quiera invadirlos o, si lo permiten, como un imán programable que fuerzas externas pueden utilizar para manipularlos o disuadirlos.

Recuerden que son hijos de la Creación y que llevan el Código Dios en cada célula de sus seres. Sus ARNm naturales envían toda la información necesaria, donde fuera necesario o requerido, constantemente, a cada tejido, órgano, y sistema corporal, diseñada para construir, preservar y potenciar no solo el cuerpo físico, sino también el espíritu, el alma y el brillo de sus mentes capacitadas.

Mas allá del ADN biológico, energías poderosas e influencias en el campo cuántico los sirven y asisten, en un constante intercambio de información originada en la luz, con sus seres sagrados, biológicos. Entiendan eso. Y sepan que ninguna fuerza del mal—no importa cuán oscura, no importa cuán poderosa—podrá jamás tomar lo que ustedes no están dispuestos a dar.

Tienen que estar dispuestos. Así es como ellos les roban, ya sea que hayan firmado y entregado sus almas por fama y fortuna, en un contrato sellado con su propia sangre, o que se hayan subido las mangas para recibir a Lucifer en su interior, para así calmar su miedo.

Si ustedes no cumplen, el juego de ellos se termina, porque necesitan que ustedes se entreguen a sí mismos. Ahí es donde está el poder último de ellos. Eso es lo que buscan.

Así que, chequeen sus medidores de obediencia y luego repitan conmigo: "Soy un ser soberano, un hijo de la Tierra y las estrellas".

Y soberanos permaneceremos para siempre.

Capítulo 13

Honren el Código Dios en su Interior

La bioingeniería es la punta de la lanza venenosa del imperio médico/farmacéutico, en rumbo de coalición con el destino, imponiendo una manipulación química, sintética y genética invasiva, sobre la santidad de nuestros seres divinos: plantas, animales y humanos por igual. Y no olvidemos nunca qué milagroso que es que existamos, y lo divinos que somos en lo más profundo de nuestro ser, más allá de la personalidad y la fisicalidad, ya que somos todos creados en la visión omnisciente de lo que, o de quien, consideramos ese increíble arquitecto de toda la vida.

Algunas almas—las "almas nuevas" cómo se las suele llamar—eligen manifestar su forma y nacer en este reino en una etapa muy temprana del camino hacia la iluminación final e, hipnotizadas por el mundo de los sentidos y el atractivo de la sexualidad pornográfica y el materialismo sin sentido, eligen revolcarse en esas ilusiones, donde la sombra vela la luz. Otras, almas bien viajadas del no-tiempo, vienen con una visión más elevada, una misión y dones que se despliegan a lo largo de sus vidas—regalos para vivir y compartir con la comunidad, mejorando y elevando las vidas de muchos.

A cada una su tiempo, su ritmo y su paso.

Oscuros o luminosos, jóvenes o viejos, todos estamos cortados de la misma tela fundamental a partir de la cual se construye toda la biología, y esa es una fusión originada en el universo microcósmico subatómico, infinito, del que se deriva el material molecular real—el ADN—que exhibe una consciencia extraordinaria y una inteligencia suprema a través de su increíble forma, esencia vibratoria, y función.

Desde el punto de vista no invasivo, los sanadores, espiritualistas y místicos, como yo, hemos aprendido mucho sobre la naturaleza etérica del ADN: cómo responde la molécula real al pensamiento negativo o positivo, a los sonidos y las vibraciones, interactuando con el campo unificado. Reconocemos cómo la memoria celular del cuerpo, que refleja las aguas y la esencia cristalina del ser biológico, sirve como una cámara de resonancia para cada pensamiento que alguna vez hayamos pensado, cada palabra que alguna vez hayamos pronunciado, y para cada sonido que alguna vez hayamos tomado en serio y permitido que entre en nuestros sagrados salones del "ser". Y tenemos más que claro que el noventa por ciento del ADN dentro de nosotros, que se ha etiquetado de "basura" por las comunidades de investigación científica y médica, es cualquier cosa menos eso, porque no hay nada en toda la Creación y su ilimitada expresión a través del Cosmos que sea superfluo.

La explicación presentada en las Revelaciones de Sirio de que fragmentos de diez de nuestras doce hebras originales (a las que los genetistas se refieren como "no-codificadas" o "basura") se han dispersado y yacen aletargados dentro de las células es mucho más creíble, en mi humilde opinión, que la narrativa oficial: que nueve décimas partes de nuestro ADN es basura sin propósito, sin nada que hacer ni adónde ir . . .y que está compuesta de trozos vacíos y pedazos de escombros que, aparentemente, la Creación se olvidó de limpiar.

Seamos muy claros sobre lo que solo puedo llamar una "verdad innegable." De todas las especies animales autóctonas vivas que comparten nuestro espacio aquí en la Tierra, solo el hombre crea "basura" —y mucha—toneladas y toneladas, hora tras hora, arrasando todos los ecosistemas del planeta. No existe ningún lugar en la naturaleza donde, en una danza perpetua de propósito individual y colectivo que se expresa en una belleza impresionante, todos los seres vivos co-crean un ambiente interdependiente que prospera, donde el hombre no interfiere.

La Creación consideró adecuado diseñar todo tipo de formas de vida que, en perfecta sincronía, saben dar a luz perpetuamente lo nuevo, pero también, eliminar la descomposición y la muerte de todos los ecosistemas, manteniendo la naturaleza en perfecto equilibrio. Gusanos, buitres, hienas y muchos otros animales se alimentan de cadáveres y eliminan la muerte. Incluso las criaturas más pequeñas, como la hormiga, actúan eliminando y consumiendo carroña; otras se alimentan de materia vegetal muerta, lo que vitaliza el nuevo crecimiento.

Esto no niega que los seres humanos que viven respetando la naturaleza hacen cosas maravillosas cuando cultivan jardines, protegen a los animales y viven en armonía con su entorno, conscientes del flujo de la vida y de la belleza de la Creación. Muchos de nosotros estamos buscando esa conexión, dejando la toxicidad de las ciudades, construyendo casas sostenibles y cuidando de generar la menor cantidad posible de residuos, conscientes de nuestra "huella." Y cuando damos ese paso extra para llevarnos el plástico y la basura que otros han dejado en parques y playas, como guardianes del medio ambiente, desempeñamos un papel muy consciente en la danza de la vida. Nos convertimos en contribuyentes conscientes del sistema interdependiente de la naturaleza.

Nos inclinamos ante la belleza, con gran humildad y respeto . . . y la diosa, Gaia, nos devuelve la reverencia.

¿No es asombroso, cuando realmente se detienen y piensan en cómo todo encaja tan armónicamente en nuestro mundo natural mutuamente dependiente? Sólo tenemos que examinar el equilibrio perfecto de la tierra, el mar y el cielo puros, y de todas las benditas criaturas de la Tierra, para reconocer cómo la vida co-crea, una danza de la vida tan exquisitamente coreografiada, y cómo nada en el gran esquema de nuestro mundo, y más allá, carece de su razón para existir.

Nada en el diseño divino es superfluo. Todo lo que existe tiene un propósito: en la naturaleza, en el macrocosmos del universo multidimensional, y en los patrones del microcosmos que definen la composición celular de todos los seres vivos. Cuando miramos la vida a través de esa lente, reconociendo cómo las cosas encajan entre sí, tan perfectamente, a través de los paisajes abundantes de nuestra Gran Tierra, sólo podemos suponer que, si los científicos de los campos de la biología que estudian la etimología de nuestra especie en particular nunca han sido capaces de identificar el noventa por ciento de nuestro diseño divino, es porque existe un problema del noventa por ciento en su enfoque del asunto.

Los metafísicos, hemos llegado a comprender que el noventa por ciento tiene todo que ver con nuestro ojo interior, la Glándula Pineal, y cómo fuimos diseñados para acceder y conectar conscientemente con el universo cuántico. Esas hebras de luz desensambladas y señales inactivas están actualmente revueltas en un pantano de segmentos rotos, esperando el impulso y la dirección consciente que los magnetice de nuevo a su forma, estructura y propósito originales y las conecte de nuevo al panel maestro.

También se requiere para la activación completa de las doce hebras de este material disperso de ADN la desactivación de la rejilla electromagnética colocada alrededor del planeta, que nos tiene encerrados en un campo de energía inferior que es la antítesis de la energía luminosa similar a la de Cristo que es nuestro derecho de nacimiento original.

Recientemente leí con gran interés que cuarenta de los cuarenta y nueve satélites Starlink de Elon Musk, vitales para su invasivo sistema de "comunicaciones" en el espacio, SpaceX, se estrellaron contra la Tierra en febrero de 2020. SpaceX se apresuró a publicar un comunicado de prensa en el que afirmaba, por el contrario, que los satélites "dejando de orbitar" no corrían el riesgo de colisionar con la plétora de satélites que rodean nuestro planeta y que al quemarse en el espacio, no habría escombros, ni nada atravesando nuestra atmósfera y estrellándose contra el suelo.

Así que, aparentemente, no hubo choque.

Inmediatamente surgieron en las redes sociales todo tipo de especulaciones, dependiendo de si alguien ve a Musk como una figura heroica, o como un villano, sobre si fueron los White Hats o los Black Hats los que los derribaron. El debate continúa. Un comunicado de la propia SpaceX informó que los satélites fueron afectados significativamente por una tormenta geomagnética. Que haya muchas más tormentas de este tipo, si ese es el caso. Y que muchos más satélites de vigilancia de alta tecnología, potencialmente armados, exploten fuera de la atmósfera de la Tierra, limpiando nuestro espacio. . .en el espacio.

Aunque comprendemos que debemos servir como determinantes de nuestros propios destinos, para ser los salvadores que algunos creen que estamos esperando, es mi impresión personal que fuerzas aún más allá de nuestra percepción están ayudando a la humanidad en este momento traicionero en la Tierra. Si, al igual que nuestros propios guías espirituales personales nos ayudan en nuestros caminos individuales, hay civilizaciones amantes de la paz, de fuera del planeta, ayudando a dirigir el futuro de nuestra ascensión fuera del atolladero en el que nos encontramos hoy, seguirá siendo un misterio, hasta que tengamos un contacto innegable, irrefutable. Lo que no debemos pasar por alto, mientras tanto, es la extraordinaria interconexión consciente entre los planetas y nuestro sol, la fuente de calor y energía electromagnética que opera nuestro sistema solar. Estas poderosas energías de nuestra estrella ascendente son, de hecho, más que capaces de desintegrar la jaula electromagnética que rodea nuestro planeta, que impregna nuestra atmósfera con radiaciones extremas, y tiene un efecto extremamente negativo sobre toda la vida aquí.

La horrible rejilla que encierra nuestro planeta necesita caer, y lo hará—de una u otra forma. Ya sea que eso involucre a ETs amantes de la paz, dispuestos a darnos una mano aquí en Tierra Firme, o que el sol mismo freirá todo el conjunto en una monumental llamarada solar y sacará los escombros fuera de la órbita de la Tierra, es hora de que esta faja tecno-mecánica alrededor de nuestro planeta sea quitada—no apretada, con más toneladas de equipo tecnológico haciendo llover frecuencias electromagnéticas aún más potentes sobre nuestro mundo.

Ya tuvimos suficiente. Dejemos que esta jaula de radiación armamentística sea incinerada en el espacio y llevada, como carne de animal muerto en la sabana, por recolectores de carroña galácticos bien intencionados—los comités de limpieza—del espacio.

El desmantelamiento de la rejilla electromagnética que encierra nuestra Tierra es vital para nuestro progreso: desde el universo microcósmico—los átomos, protones y neutrones de la consciencia subatómica—hasta el intercambio de energía macrocósmica entre nuestro sol y todos los cuerpos celestes involucrados en su esfera de influencia, y con todas las especies que viven y prosperan en esos planetas, lunas y asteroides dentro de nuestro sistema solar. Y reitero: es necesario para la plena reactivación de esas hebras adicionales de ADN que actualmente yacen revueltas en nuestra matriz de ADN, como pequeños fragmentos y pedazos flotando alrededor en una olla de minestrone al microondas.

No puedo ignorar la cuestión de cómo afecta esta rejilla el ADN de los animales y plantas, así como al de los humanos. Los investigadores afirman que el ADN basura también existe en muchas especies y, como sabemos que compartimos componentes genéticos sorprendentemente similares, es lógico pensar que la interferencia que supuso revolver diez hebras de nuestro ADN Crístico habría afectado a la fauna y flora en general. Que hace más de 100.000 años, los antiguos alienígenas habrían utilizado deliberadamente alguna forma futurista de radiación electromagnética para dispersar nuestro ADN, un acto capaz de disminuir el brillo de una sociedad de seres Crísticos y sabotear nuestra evolución, es una proposición absolutamente fascinante. . .tanto como desconcertante. Y que el reino animal habría experimentado una alteración cromosómica y una interferencia genómica mutacional no puede sino llenar nuestras mentes con más preguntas. ¿A qué armamento loco tuvieron acceso esas criaturas alienígenas divisorias? Y, exactamente, ¿qué planean hacer los exterminadores modernos con lo que tienen ahora: en el espacio, encima, en la tierra y en la profundidad del mar?

*

A pesar del pequeño problema de este molesto noventa por ciento de ADN misterioso, que prominentes teoristas darwinistas descartan como residuos sobrantes—un subproducto de la evolución—los genetistas del siglo XXI creen que han secuenciado con éxito el genoma humano completo, lo cual no es cierto. Lejos de eso. Ahora poseen una tecnología altamente sofisticada, sin duda. Fue adquirida hace décadas, de fuentes que estaban años luz por delante de la capacidad tecnológica de la humanidad en ese momento. Por lo que entendemos que fue el acuerdo comercial del presidente Dwight D. Eisenhower con seres de fuera del planeta; él supuestamente dio permiso a los visitantes extraterrestres para experimentar con nosotros, los seres humanos "Tipo Cero", a cambio de tecnología avanzada y conocimiento científico relacionado que han alterado claramente nuestra progresión evolutiva.

Si el presidente incluso tuvo o no la opción de aceptar los términos de ese "trato", y si, de hecho, hizo ese trato, fue un mal trato—uno muy malo en todos los sentidos. Para los miles de abducidos cuyas vidas quedaron dramáticamente traumatizadas, y para la civilización, condicionada y sometida a información y a sistemas demasiado avanzados para nuestras sociedades no preparadas, los beneficios del apretón de manos del presidente Eisenhower con extraterrestres parecen haber servido al complejo militar-industrial del que él advirtió, pero no al sano avance de la vida en la Tierra.

Cualquiera que sea su fuente, alienígena o humana, ha quedado bien establecido que los militares y los científicos reclutados por el gobierno tienen a su disposición tecnologías que se cree que están al menos cuarenta años por delante de lo que se conoce públicamente hoy en día. Viendo cómo la cábala, con su pie en el acelerador desde el comienzo del siglo XXI, ha estado utilizando esas herramientas desde el encuentro de Eisenhower, tiemblo al pensar lo que son capaces de imponer, no solo en este planeta sino en otros que pretenden invadir y conquistar.

Desde la época del déspota Adolf Hitler, toda la vida aquí ha sido objeto de un experimento implacable que involucra todas las invasiones imaginables e inimaginables de lo divino contra todas las especies biológicas. En 2008, una organización llamada The Global Crop Diversity Trust, una organización no-gubernamental con sede en Roma, se comprometió con el gobierno noruego a construir la Bóveda Global de Semillas (una estructura no muy diferente de la mítica Arca de Noé) en la ladera de una montaña noruega en Svalbard. ¿Se sorprenderían de saber que la Fundación Bill Gates/Fundación Naciones Unidas es el segundo mayor donante del proyecto?

Una vez que la organización y el dinero detrás de ella recogieron y almacenaron semillas de todas las especies de plantas vivas de la Tierra, que incrustaron en condiciones de permafrost en esta Bóveda Global de Semillas congelada, la impresionante flora de nuestra Tierra—en particular, los cultivos y las hierbas medicinales—sufrió el ataque de ser envenenada, quemada hasta los cimientos, alterada genéticamente, y llevada a la extinción. Los reinos de plantas y árboles que quedan en el Jardín del Edén están siendo modificados genéticamente para aumentar la producción, resistir infecciones y plagas y, definitivamente, para introducir material de ADN no natural en la cadena alimentaria, junto con ARNm sintético, productos farmacéuticos, insectos y terapias de genes.

¿Cómo se las arreglaba la Madre Tierra, tan bellamente, antes?

Todo lo que puedo decir es, "Tengan mucho cuidado con lo que comen." Busquen alimentos orgánicos siempre que sea posible. Sean conscientes y elijan las mejores opciones que puedan; cultiven sus propios alimentos, o únanse a agricultores comunitarios y proyectos de huertos vecinales.

Planten árboles para enfriar la Tierra, planten flores para las abejas, y cultiven alimentos.

Por supuesto, siempre se ha experimentado con animales. El ADN animal se ha empalmado, hibridado, mutado y unido al de otras especies para crear nuevas mutaciones extrañas—quimeras—por razones que están lejos de ser altruistas, y que han allanado el camino a la experimentación actual de mezclar el ADN humano con el de ellos, alterando el cuerpo biológico natural del paisaje bioclimático de la Tierra por completo, y muy probablemente, para siempre.

Con un diabólico gobierno mundial decidido a fusionar el ADN humano con la tecnología de la Inteligencia Artificial, no hay quien los pare. Como neófitos irresponsables, jugando temerariamente a ser Dios no sólo con el momento presente de nuestra existencia sino con el futuro de nuestras vidas, los investigadores universitarios y los laboratorios financiados por el gobierno están teniendo un día de campo, biodiseñando sus fantasías distópicas en tubos de ensayo en todo el mundo. Desde el comienzo de este siglo XXI, se les ha concedido una licencia mucho más amplia y acceso libre a parte de esa tecnología futurista alienígena a la que el presidente Eisenhower se apuntó, para seguir adelante sin restricciones, libres para mutar el software molecular divino inherente en una hoja simple, un pájaro, una poderosa ballena . . .el ser humano.

Parece que hay una carrera muy unilateral en marcha para alterar, empalmar y reescribir ese código dado por Dios a través de todas las formas de vida, probablemente, deliberadamente. Más allá de interferir y alterar el diseño divino de ustedes. . . más allá de cualquier altruismo atribuido al trabajo de los bioingenieros, la "genética aplicada" es un gran negocio—gran, enorme negocio—y eso equivale a mucho dinero para la gran industria. Las áreas que se están explorando por su rentabilidad para la Big Pharma y potencialmente para uso gubernamental y militar no revelado incluyen:

- Minería de datos relativos al genoma humano, categorizando la información genética en áreas de crecimiento del sector para Big Pharma, el gobierno y otros intereses privados
- Determinación de predisposiciones genéticas a enfermedades del feto o del recién nacido –e interferencia con el código genético si se considera "necesario"
- Desarrollo de nuevas terapias de genes
- Elaboración de Perfiles: dirigido a ciertos fármacos y terapias de genes para gente con cierta genética y características
- Pruebas de mutaciones genéticas humano-animal
- Creación de guerra biológica, como en el caso de las inoculaciones de ARNm
- Creación de bebés de "diseño"
- Modificación del genoma humano para reconducir la evolución de la especie.

Al leer esta lista de solo algunas de las "áreas de crecimiento" de la floreciente industria genética, sólo podemos suponer que, no importa como le den la vuelta, las prácticas invasivas que interfieren con la santidad de la vida humana, a través de pruebas, sondeos, inyecciones, modificaciones y fármacos, están a la orden del día en las profesiones de la Big Pharma y la Biotecnología.

La práctica en esos laboratorios estériles, fríos, donde experimentan con el ADN de esos fetos, recién nacidos, niños y adultos antes mencionados, es demasiado doloroso para dilucidarla aquí. Es demasiado oscura para que la soporte cualquier ser humano centrado en su corazón, consciente. Muchos nunca serán capaces de imaginar o creer lo que realmente sucede en esas instalaciones, porque es muy difícil para las almas amorosas contemplar los horrores que se traman allí: ya sea a nivel celular, en sus tubos de ensayo y placas de Petri, o experimentando con seres vivos involuntarios cautivos.

No queremos pensar en eso; no queremos hablar de eso. Pero los horrores existen y están proliferando a la velocidad del rayo. Hemos puesto la otra mejilla durante demasiado tiempo.

Hace muchos años, conocí a una mujer que trabajaba en uno de esos laboratorios, específicamente en uno que experimentaba con animales para la industria cosmética. Les ahorraré los horribles detalles. Recuerdo que pensé en lo totalmente apagada que estaba como ser humano, y en lo extraño que me resultaba que una madre de cuatro hijos pudiera hacer lo que ella hacía a esos animales torturados. Cuando le pregunté cómo podía soportar causar tanto terror y dolor a esas criaturas inocentes, que sufrían sin cesar, me respondió, con naturalidad, que eran "sólo animales."

Le recordé que nosotros también somos animales, a lo que respondió, fríamente, "Mas vale que te endurezcas para lo que viene o no sobrevivirás."

Décadas más tarde, esas siniestras palabras me persiguen cada día más, mientras veo lo que ha venido, y lo que está en camino. Nunca me he "endurecido" al sufrimiento y nunca lo haré.

Basta decir que, desde la Segunda Guerra Mundial, genetistas locos han estado replicando, sustituyendo y mutando el ADN animal y vegetal por razones que no tienen nada que ver o, en el mejor de los casos, tienen muy poco que ver, con el avance de cualquier especie sintiente. En esos laboratorios inimaginablemente crueles y tortuosos, y en las salas de los consejos de los señores corporativos que los financian, su atención, en las últimas décadas, ha pasado de mutar y mutilar los reinos vegetal y animal a modificar y sabotear el ADN humano.

Financiados por los gobiernos, la Big Pharma y el complejo militar-industrial del que advirtió Eisenhower, allá por enero de 1961, en su *Discurso de Despedida a la Nación*, parecen no tener restricciones, ni limitaciones éticas o morales, ni límites de ningún tipo. En el anonimato de su mundo relativamente secreto, todo vale cuando se trata del campo de la bioingeniería, y eso incluye la experimentación con cualquier forma de vida autóctona de la Tierra, y probablemente del más allá. Algunos argumentarán que también están creando especies híbridas que fusionan el ADN humano con el de razas extraterrestres selectas. Decenas de miles de abducidos afirman tener alguna experiencia de esa agenda extraterrestre—demasiados para ser ignorados.

Baste decir que los bioingenieros han recibido carta blanca en esos laboratorios. Que Dios ayude a los pobres animales y humanos, y también a los eventuales extraterrestres que terminen en sus jaulas, como parece ser el caso del Área 51 y otras bases militares de máximo secreto.

Que Dios los ayude a todos.

Sean cuales sean las afirmaciones que los genetistas hagan públicamente—como las que prometen que el campo en desarrollo de la medicina biogenética, o terapia de gen, mejorará enormemente la forma de tratar las enfermedades, alargando nuestra esperanza de vida—la verdad es mucho más siniestra. La realidad es que la industria más rentable del mundo prospera gracias a nuestra dependencia de los productos farmacéuticos, al comercio legal de drogas. . .no a nuestro bienestar. La genética aplicada no es diferente. Es dinero—mucho dinero—para la Big Pharma y la línea descendente de "corruptibles" que toman las decisiones de política correctas para ellos.

Un cuerpo bien cuidado y respetado, sabe cómo mantener la salud, aunque la toxicidad de nuestro entorno ha puesto a prueba nuestro sistema inmunitario al límite, al igual que nuestra dependencia de las soluciones farmacéuticas. Por supuesto, hay excepciones. No soy tan imprudente como para sugerir que no ha habido grandes logros en el campo de la medicina, o que no hay profesionales bien intencionados en estos campos, y no estoy legalmente calificada para dar ninguna recomendación médica. Decenas de trabajadores sanitarios éticos lo están arriesgando todo, para decir su verdad sobre lo que realmente está ocurriendo en los hospitales y clínicas de todo el mundo. Pero está claro que, hoy en día, el asalto de una industria farmacéutica desenfrenada, que se acuesta con la profesión médica, tiene influencia sobre mucha gente inocente, que todavía no se da cuenta de lo perjudicial que son los venenos químicos que prescriben y las terapias de genes para su salud y bienestar.

Una sociedad sana no es una sociedad rentable para una máquina que envenena para obtener beneficios y corrompe a la clase política para que haga lo mismo. Es el camino de la guerra también, porque la paz no es rentable. Ese es el muy triste estado de las cosas que define las políticas belicistas en todo el mundo, y la burla de nuestros políticos a sueldo a la salud y bienestar de sus ciudadanos.

Saben que, según se informa, el sector sanitario es el segundo grupo de presión más grande de Estados Unidos? Según un informe de Reuter[17] del 25 de octubre de 2021:

"La industria, que tradicionalmente aporta más a los Republicanos, canalizó alrededor del 60% de los fondos de campaña donados a los demócratas este año. Ha gastado más de $177 millones de dólares en presiones y donaciones de campaña en 2021. Los comités de acción política sin fines de lucro (PACs) dirigidos por Pfizer Inc. (PFE.N) y Amgen Inc. (AMGN.O) y la Pharmaceutical Research and Manufacturers of America (PhRMA) estuvieron entre los mayores donantes, según los datos de gastos políticos de la OpenSecrets, anteriormente el Center for Responsive Politics."

Los republicanos también habrán obtenido una porción importante de ese pastel – ¡no creamos ni por un minuto que sólo un lado del cuerpo político es corrupto!

---

17   https://www.reuters.com/business/healthcare-pharmaceuticals/capitol-hill-drug-pricing-reform-opponents-among-biggest-beneficiaries-pharma-2021-10-25/

Una vez que la gente entienda realmente cómo los funcionarios corruptos del gobierno se confabulan con los gigantes farmacéuticos corruptos por dinero y el poder que obtienen de él, las cosas pueden cambiar. Cuando más de nosotros nos demos cuenta de que un gran porcentaje de las píldoras, dosis, vacunas, tratamientos, remedios y cirugías que se prescriben a los sanos y a los enfermos son la miel de una industria despiadada, con la capacidad y la intención expresa de interferir en el estado natural de la salud de casi ocho mil millones de "clientes" en este planeta, puede que más gente empiece por fin a cuidar mejor su cuerpo, y a evitar el sistema por completo. Puede que lo piensen dos veces antes de entregar sus bebés a la industria médica, que comienza a bombear sus pequeños cuerpos con químicos, hormonas e inyecciones desde el nacimiento, creando en estos individuos un estado de enfermedad droga-dependiente de por vida, si es que logran sobrevivir.

Y, si Rudolf Steiner tiene razón, como creo que la tiene, están desconectando del Espíritu a los recién nacidos para que nunca contemplen siquiera el alma y su viaje, exactamente como el equipo transhumanista visualiza el OGM, el Humano 2.0.

¿Qué será de ellos?

Hace tiempo que muchos en batas blancas en los que pensamos que podíamos confiar abandonaron el juramento hipocrático por el beneficio y la facilidad, dentro de un sistema controlado de obtención de ganancias y descuido de la verdadera condición humana. Cuando la sociedad mundial reconozca cuán dependientes de los productos químicos y los medicamentos de la Big Pharma se han vuelto las poblaciones humanas—para ellas mismas e incluso para sus amadas mascotas—más personas aceptarán la realidad de que algo ha ido muy mal en la medicina. Comprenderán, por fin, que el médico de familia bondadoso y sensible está siendo usurpado en casi todo el mundo, y en su lugar hay un sistema cuyo propósito, en general, es administrar drogas legalizadas y otras substancias invasivas, altamente tóxicas, para enmascarar o reducir los síntomas de desarmonía en el cuerpo psico/biológico. . .o, en el caso de tecnologías genéticas, para mutarlo por completo.

Basta solo con leer el prospecto de cualquier receta médica para darse cuenta inmediatamente de que la substancia que se va a ingerir, a instancia del "médico" que la receta es, como mínimo cuestionable y muy a menudo, altamente peligrosa. No se los anima a leer los efectos secundarios (si es que se proporciona) y cuando lo hacen, el médico, que recordará con firmeza que **él** es el médico, les dirá la mayoría de las veces que ignoren el papel, ignoren las advertencias, y tomen los medicamentos, como se les dijo. Con demasiada frecuencia, esa enorme lista de posibles efectos secundarios advierte de afecciones, síntomas y reacciones a la medicación que ¡son mucho peores que el problema por el que fueron a buscar ayuda en primer lugar!

Recuerdo que hace tiempo me hospitalizaron por una neumonía. Me atreví a preguntarle al médico qué medicamentos me estaba recetando en el cóctel masivo de fármacos que se estaba inyectando en mi cuerpo peligrosamente débil. Me respondió bruscamente, "Yo soy el médico aquí," a lo que respondí, "Si, pero es **mi** cuerpo, doctor. No lo olvidemos."

Si realmente prestan atención, no es difícil reconocer cómo, aunque algunos de sus brebajes pueden alargar la vida media del hombre del siglo XXI, sin duda están reduciendo la calidad de vida de una amplia franja de seres humanos droga-dependientes. Si no lo creen, pregúntense cuántas personas conocen, incluidos ustedes mismos, que no poseen un botiquín lleno de medicamentos. Cuantos de sus familiares y amigos toman medicamentos recetados, y cuántos otros se automedican con medicamentos de venta libre para aliviar los síntomas, cuyo contenido químico y tóxico no conocen en absoluto. Cuando se toman el tiempo para investigar qué venenos hay en esas pastillas y vacunas que permiten ciegamente que les metan en el cuerpo, y los posibles efectos secundarios que pueden provocar, no se puede evitar reconsiderar cómo cuidan la propia salud, o como mínimo, empezar a hacerles preguntas a sus médicos. . .y a exigir respuestas.

Todavía tenemos médicos comprometidos que están hablando en favor de la raza humana y eligiendo la ética y la moral para servirnos a todos. Aún tenemos trabajadores de la salud dedicados, que están haciendo lo que pueden para servirnos y ayudarnos a todos, honrando el compromiso de su profesión. Estoy muy agradecida a los que se enfrentan al sistema omnipotente, cuestionando la autoridad, y poniendo en peligro su profesión y, a veces, sus propias vidas. Búsquenlos.

Nuestra fuerza está en los números.

Cada vez son más los que salen a la luz, ahora que se están revelando tantas cosas.

*

Los gigantes de la industria farmacéutica/biotecnológica se están preparando para la siguiente generación de intervencionismo farmacéutico: la terapia de genes, tecnología sintética que penetra en el ADN con el supuesto propósito de corregir, o "arreglar" un gen que pueda estar defectuoso. ¿Dónde está la lista de los efectos secundarios de eso? ¿Realmente tenemos la intención de permitir a una industria invasiva, multi-trillonaria, el libre paso al genoma humano para rescribir lo que cree que debe ser alterado o "arreglado," sin verdad ni consecuencias? Si es así. . .si la gente acepta de buen grado la reescritura de nuestro genoma humano por un mensajero sintético (ARNm) que tiene la capacidad de entrar en nuestro ADN y cortarlo, empalmarlo y pegarlo, según el capricho y las ganas de quienquiera que lo esté editando, entonces es mejor que se preparen para la reescritura—la versión editada de sus antiguos yoes: Homo sapiens 2.0.

¿Cómo hará esta industria de la bioingeniería antihumana, la profesión médica y los químicos de la Big Pharma, enfundados en sus batas blancas y trajes NBQ (nucleares, biológicos y químicos) para hacernos mutar como especie? ¿Cuál es el objetivo final? Es mejor que nos hagamos esas preguntas ahora, porque están avanzando a toda velocidad por una peligrosa vía de sentido único, como un tren desbocado, y si no los detenemos, y lo hacemos **ahora,** es posible que no quede ningún ser humano biológico puro en este planeta, en un futuro mucho más cercano de lo que pensamos.

Los espiritualistas, como yo, estamos más preocupados que nunca por la soberanía de nuestro sacrosanto ADN: su absoluta autoconsciencia y consciencia, cómo funciona, cómo responde a los estímulos que emanan de las frecuencias más elevadas del amor, la luz y el sonido sagrado. En esencia, sabiendo lo que ahora sabemos sobre memoria celular y el impacto del pensamiento en cada célula de los cuerpos mental/emocional/físico de todo ser vivo, somos muchos los que buscamos compartir la sabiduría y el conocimiento que pueden proteger, restaurar y sanar nuestro ADN cada vez más dañado.

En el mundo de hoy, está bajo el ataque constante de todo tipo de toxicidad en el aire, el agua, el suelo. Somos bombardeados por una programación hipnótica diseñada para perpetuar el miedo y la falta de poder. Impregna a una enorme franja de seres humanos que resuenan con esas manipulaciones, afectando a la consciencia colectiva y a la substancia etérica que nos rodea a todos. Y ahora, el ADN humano es el objetivo de una implacable alteración química, sintética y de bioingeniería, por razones que están muy claras para aquellos que están prestando atención y se mantienen firmes: almas soberanas que pasan por esta existencia terrenal en este momento peligroso de la consciencia terrestre de Tipo Cero.

A lo que nos enfrentamos es a una corporatocracia politizada, desbocada en la Big Pharma, en colaboración con los gigantes tecnológicos, que parecen (a pesar de afirmar lo contrario) estar haciendo todo lo posible para acortar nuestras vidas o para desviar al ser humano biológico hacia una forma de vida bio/sintética de criaturas robóticas, donde nuestra naturaleza humana y biología innata serán suplantadas por la inteligencia artificial, y donde lo que quede de nuestras mentes será utilizado para servir como unidades de la colmena.

Este mismo sistema, disfrazado de retórica ecológica, declara abiertamente que somos demasiados seres en el planeta, y que debemos ser sacrificados. En una presentación que Bill Gates hizo durante una conferencia Ted Talk en 2010[18], dijo estas escalofriantes palabras:

"En primer lugar, tenemos la población.
El mundo tiene hoy 6.800 millones de habitantes. Y va camino de alcanzar los 9.000 millones.
Ahora bien, si hacemos realmente un gran trabajo con nuevas vacunas, atención sanitaria, servicios de salud reproductiva, podríamos reducir esa cifra en, quizás, un diez o quince por ciento".

Un momento. ¿Hacer realmente un "gran trabajo" significa sacrificar a la población?

Ninguna cantidad de control de daños por parte de los equipos de relaciones públicas de Gates puede borrar esta sorprendente declaración, aunque los principales medios de comunicación que él financia lo hayan intentado, ya que es de dominio público.

Una década más tarde, se estima que somos 7.800 millones de personas en este planeta y los globalistas tienen toda la intención de cumplir los protocolos de Bill Gates, reduciendo la población de cualquier forma que puedan. Su visión de 2010 se está desarrollando según lo planeado, atacando la salud y el bienestar de la población, a través de "nuevas vacunas, atención sanitaria y servicios reproductivos." Es parte integral de la "Agenda Verde" del Estado Profundo, impuesta a una sociedad global sobrecargada de impuestos en este momento, y que con-

---

18   Bill Gates, "Innovating to Zero," TED2010, https://www.ted.com/talks/bill_gates_innovating_to_zero/transcript?language=en

duce a la inminente Agenda 2030 del Nuevo Orden Mundial, mediante la cual la élite política, y los súper ricos no elegidos y no calificados como él, han sido catapultados a posiciones de poder que establecen políticas globales. Sólo hay un ajuste menor: su búsqueda para reducir la población no es en absoluto del diez al quince por ciento de nosotros; en realidad está mucho más en línea con el objetivo radical fijado en las cuatro misteriosas Piedras Guía de Georgia de diecinueve pies de altura.

La historia cuenta que en junio de 1979, un hombre que dio el nombre "R.C. Christian" encargó a la Elberton Granite Finishing Company la fabricación de una misteriosa estructura de piedra, en granito, que se erigiría allí en una parcela de tierra de cinco acres, en el condado de Elbert, Georgia, que posteriormente compró en octubre de ese mismo año. Explicó que él y el grupo al que representaba, "un grupo de estadounidenses leales," preferían permanecer en el anonimato.

El monumento del Nuevo Orden Mundial se erigió precisamente el 22 de marzo de 1980, en ese terreno, del que posteriormente transfirió la propiedad al condado, incluida la propiedad de las piedras. Poco después, R.C. Christian desapareció en las sombras de su deseado anonimato, pero las siniestras piedras permanecen allí. En ellas hay grabadas una serie de "directrices" para los habitantes de la Tierra, en ocho idiomas diferentes, que enumera, como su primera directriz, las escalofriantes palabras:

"Mantener a la humanidad por debajo de 500.000.000 en perpetuo equilibrio con la naturaleza".

Mientras luchamos a través de esta etapa de lo que es claramente una guerra bien planeada contra la raza humana, reconocemos cada vez más que lo que está sucediendo ahora no fue un accidente, sino que tiene sus raíces en una estratagema orquestada que lleva varias décadas desarrollándose.

Matarnos no es la solución final. Lo que persiguen es la destrucción de nuestra luz eterna, la atenuación de toda luz, en todos los planos.

Es la esencia misma de nuestra alma, esa chispa de divinidad que todos llevamos dentro, que sólo puede extinguirse cuando entregamos nuestra fuerza divina a la oscuridad.

Ese es su principal objetivo. Es su objetivo final.

Creen que si consiguen pervertir la consciencia del alma, pueden asimilar lo que quede de nuestra especie que está mutando rápidamente a las ya mencionadas unidades de la mente colmena de su matrix tecnológica de inteligencia artificial de tipo insectoide, ya construida, y esperando asimilar los seres sin almas de lo que alguna vez habrá sido la raza humana.

Cualquiera que entienda y sea consciente de la agenda transhumanista, nuestro futuro tecnológico desbocado, sabe que lo que estoy compartiendo aquí no es desinformación, como algunos preferirían descartarla. Esto no es mero combustible para "sombreros de hojalata." Desafortunadamente, es la agenda muy real y en desarrollo de nuestros controladores globalistas, el plan de despoblación para todo el planeta. Mientras demasiadas almas distraídas están de pie en la estación, fascinadas por sus teléfonos celulares, el tren que ni siquiera notaron partir de la estación Grand Central ya corre hacia un futuro distópico.

Lamentablemente, mientras observo la polarización de nuestras sociedades y su rápida destrucción, en manos de un estado profundo maníaco, me doy cuenta de que la ventana de oportunidad para despertar se está cerrando rápidamente, para tantos individuos que han elegido la obediencia sobre la libertad, el miedo sobre el amor. Afortunadamente, sin embargo, estamos entrando en un tiempo de Apocalipsis, donde todo está siendo expuesto. Las verdades innegables a las que todos nos enfrentaremos pronto van a sacar al mundo de su trance, a tiempo para alcanzar a aquellos que aún no están despiertos, para que puedan anular las orquestaciones que trabajan a su alrededor y reclamar su libertad, antes de que sea demasiado tarde.

Esto ya está en marcha.

El tiempo del sueño profundo, la hipnosis de la humanidad, está terminando.

*

Si tienen la intención de honrar su soberanía como un alma co-creadora, pasando en esta vida y a través de ella, necesitarán defender el fundamento mismo de su presencia física en la Tierra, en el Siglo XXI. El mundo de hoy, impulsado deliberadamente por la interferencia médica mal dirigida y la manipulación de la bioingeniería en el orden natural de las cosas, se enfrenta al deterioro de todas las formas de vida, en un planeta en medio de un evento de extinción global, del que aún podemos decidir recuperarnos.

El ADN humano es ahora el frente de batalla entre la extinción y la ascensión. Aunque suene alarmante, es donde estamos ahora. Nuestro ADN está siendo atacado desde todas las direcciones. En estos últimos años, ha habido una campaña extensa, de gran alcance, a través de proyectos de recolección que dicen querer ayudar a ustedes a "descubrir su ascendencia" mientras que, en cambio, han estado compilando secretamente una base de datos masiva de ADN, a partir de la cual almacenar y manipular el genoma humano. Ahora, nos enteramos de que estas muestras de ADN también se están vendiendo a China por razones que hablan, como mínimo, de la elaboración de perfiles raciales. Me inclino a pensar que su uso en laboratorios de todo el mundo está muy extendido y no se limita al abuso de una sola nación.

La mayoría de la gente simplemente no piensa en estas cosas. No quieren enfrentarse a nada que altere el paradigma. Permiten que personas que ni siquiera tienen formación médica froten esos hisopos de las pruebas de ADN sobre el tejido blando de la mejilla, sin preguntarse nunca qué podría haber en esos bastoncillos, o qué están regalando en realidad, y a quién, y luego van sus muestras de ADN al "coleccionista" desconocido. En su ingenuidad, incluso pagan para dar esa información tan privada, con la promesa de aprender de dónde vinieron sus ancestros. Lo que se hace con la muestra en un laboratorio, y cómo se perfila a estos individuos de por vida, se les escapa, porque si no, nunca entregarían voluntariamente su esencia a un experimento científico desconocido, aleatorio, disfrazado de servicio de "información ancestral".

Sin duda, la gente tiene que pensar en lo que se está haciendo con esos kits de ADN. ¿Se usarán sus muestras para crear clones de prueba? Acabarán siendo unidas al ADN de cerdos, por científicos locos que están desarrollando quimeras humano-animal, en tiempo real? ¿O, terminarán en un frasco en algún lugar, en algún oscuro laboratorio subterráneo de guerra biológica, donde más adelante pueden utilizarse en investigaciones sobre la Ganancia de Función?

Recordemos que antes de que los alimentos genéticamente-modificados se diseminaran por todo el mundo, el misterioso Crop Trust Fund, respaldado por países, corporaciones e intereses privados de todo el mundo, recogió semillas naturales de todos los géneros de todas las plantas del planeta y las almacenó secretamente, en las profundidades del hielo en Noruega. Claramente, sabían muy bien que, dondequiera que llevaran la modificación genética de la flora de todo el planeta, no iba a ser bueno para la ecología de nuestro mundo, y que sería peor aún para los seres vivos nutridos y curados por la abundante diversidad de plantas de Gaia.

Y ahora están recogiendo ADN humano, de todas las razas y etnicidades, con el pretexto de esos "proyectos de ancestros", con la promesa de revelar la etnia de uno, pero que sabemos que tiene como propósito la industria de la bioingeniería. Es muy probable que parte de esa información vital se almacene en una colosal tecno-arca, para ser utilizada, si se salen con la suya, como esas semillas reliquia enterradas en el hielo de Svalbard, para plantarnos en otro lugar, tal vez. . .una vez que nos hayan rediseñado, o eliminado por completo del planeta que tienen como rehén: el antes prístino Jardín del Edén.

Si consideran que la totalidad de la tecnología informática digital se basa en un código de sistema de número binario, no debería sorprendernos que el mundo de la tecnología esté examinando el código del ADN muy cuidadosamente, para ver cómo se puede programar de forma similar para realizar funciones que no están escritas en el código original, o cómo se puede rescribir, como un software, para seguir un diseño, función y propósito diferentes, o para fusionarse más efectivamente con los megacerebros de las computadoras, escritos con sólo dos dígitos—unos y ceros—y qué podría significar eso para la capacidad potencial del ADN, con sus cuatro códigos base.

¿Volverán los programas informáticos a partir de los códigos binarios actualmente en uso, para expandirse al lenguaje del ADN? En este mundo de indignantes escenarios de ciencia ficción, en el que la fusión de hombre y máquina se está convirtiendo rápidamente en una realidad en nuestras vidas contemporáneas, no está fuera de lo posible que esta carrera por el ADN humano y su integración en la tecnología informática tenga todo que ver con la actualización de todo el sistema informático a los códigos base de cuatro letras de nuestro ADN. ¿Podría ser que la actual estructura de código binario simplemente no pueda manejar los requisitos informáticos de la nueva frontera digital?

*

Luego, está esa persistente cuestión del ADN "basura" que llevamos dentro, que se niega a desaparecer. Investigadores decididos están redefiniendo la comprensión de este campo sobre la función que cumple esta "basura"—los fragmentos y piezas "no-codificados" de ADN. ¡Parece que no pueden comprenderlo!

¿Corresponde a un sistema diferente, y proporciona otro compuesto de códigos que responden a las diez hebras ligeras adicionales de ADN en el diseño original del Homo sapiens? Creemos que sí, pero aún no han descifrado para qué está ahí la substancia de nuestra consciencia Crística, ni cómo volver a ensamblar las piezas dispersas. Dudo que alguna mente científica esté alguna vez abierta a la asombrosa información que aún espera ser descubierta en esos paquetes de información desactivados de nuestra herencia de semillas estelares.

Estoy convencida de que eso es bueno.

Tal vez el revuelto de diez de las doce hebras de la huella de nuestro ADN no fue simplemente el desmantelamiento de nuestra Consciencia Crística por ETs intervinientes, después de todo, sino más bien, fue parte de un plan mucho mayor—un Plan Divino—para salvarnos de ese mismo fin, en el momento en que la oscuridad está usando todos los medios posibles para diseccionar y destruir nuestra "humanidad" en la batalla de la oscuridad y la luz.

Tal vez . . .sólo tal vez, la Creación determinó que era demasiado pronto, en la evolución de la Tierra, permitir que la oscuridad no resuelta tuviera acceso a esa intensidad de luz, caminando, en el Homo sapiens. La historia religiosa ciertamente mostró que eso era verdad. Sólo necesitamos recordar lo que nos mostró la historia de Cristo: que el mundo no estaba preparado para que florecieran aquí un amor y una belleza tan inmensos. Si el inmenso impacto de Cristo sirvió también como prueba para ver cómo respondería la civilización a un ser de doce hebras, fracasó, por un lado, cuando El caminó aquí. Por el otro lado, sirvió como símbolo eterno de la Divinidad que todos llevamos dentro, si tan sólo podemos "recordar" quiénes somos realmente.

Es tan posible que las fuerzas del universo comprendieran que no había atajos para lograr la iluminación completa, y que jugar a ser Dios con la firma del Creador, cualquiera que fuera la intención, simplemente no iba a permitirse, por razones que tenían que ver con el intervencionismo entonces, como ahora. A pesar de que tenemos los fragmentos y trozos de diez hebras adicionales de ADN dentro nuestro, revueltos y aún indescifrables, nosotros, como sociedad global, no estamos en resonancia, en este momento, con el campo vibratorio de ese nivel de consciencia . . .aunque tenemos ese potencial dentro nuestro.

A pesar de las proclamaciones de algunos gurús, líderes de cultos y espiritualistas auto-engrandecidos, que afirman ser maestros ascendidos, ningún ser Crístico podría mantener la frecuencia de doce hebras en la Tierra en este momento. Pero somos chispas de la Luz Divina, capaces de volver a tejer algunas de esas piezas perdidas en formaciones de ADN de tres y seis hebras, y tengo la intención de desarrollar eso para ustedes, de nuevo, en la Segunda Parte de este libro, respondiendo a las cuestiones que nos ocupan: específicamente, cómo hacer frente a la imposición de ARNm sintético a través de la inyección, y un enfoque general para mantener la integridad de nuestra memoria celular: el diseño del ADN.

Usando como modelo el trabajo con moléculas de agua del Dr. Masaru Emoto, que investigó cómo la consciencia humana podía afectar la estructura y las formas geométricas sagradas en esas moléculas, sabemos que debemos ser capaces de restaurar los fragmentos rotos y de sanar el ADN, creando formas geométricas sagradas dentro del núcleo de cada célula, y llamando a esos fragmentos de nuevo a la luz de su diseño original.

Usemos nuestras exquisitas mentes como los mensajeros definitivos, enviando amor, luz y sanación al genoma enrollado, para acelerar la sanación y reflejar nuestra eventual maestría ascendente que viene con saber cómo elevarnos a mayores alturas, que se potenciarán cuando dejemos la densidad del plano terrestre.

Nunca debemos permitir que nadie nos arrebate el más divino de todos los derechos, nuestra luz Divina, como tampoco podemos permitir que apantallen nuestros cielos con productos químicos y partículas de aluminio para bloquear el sol, para oscurecer la luz de la propia Gaia.

Honren el Código Dios interior y sepan que, ahora mismo, eso es lo más importante que pueden hacer para conservar su misión soberana en este planeta. Cada decisión crucial y cada elección que hagamos de aquí en adelante determina la rapidez con que derrocamos esta agenda, y cómo podemos entonces regresar a nuestra cita colectiva con las dimensiones más elevadas.

Capítulo 14

YHWH
Descifrando el Código Dios

Algunos científicos sugieren que
el código de ADN de tres mil millones de letras es tan largo y tan complejo
que a un escritor de software informático le llevaría,
trabajando ocho horas al día, sin parar,
cincuenta años
tipear el genoma humano completo:
el Código de ADN.
Sin embargo, ¿todavía nos preguntamos si Dios
—el Primer Creador—

existe?

El misterio ha envuelto siempre el nombre "Yahweh," la palabra hebrea que significa "nunca se debe pronunciar", o así se ha interpretado por milenios. La palabra ha sido temida, desconfiada, malinterpretada, blasfemada—incluso desacreditada como el nombre del mismo Satanás, por quienes desean anular la más sagrada y poderosa de las declaraciones.

Examinando las antiguas Escrituras, no desde una perspectiva religiosa, sino desde la búsqueda de pistas sobre códigos y mensajes secretos, busqué la santa Torá (una compilación de los cinco libros de la Biblia hebrea), cuyas leyes y enseñanzas procedentes de las tradiciones orales de las revelaciones de Dios a Moisés están escritas en Éxodo 20:07, el tercero de los Sagrados Mandamientos dados a Moisés. Dice así:

"No harás mal uso del nombre del Señor tu Dios, porque el Señor no tendrá por inocente a quien haga mal uso de su nombre".

Esta reveladora declaración se ha diluido con el tiempo, en el Antiguo y Nuevo Testamentos de la Biblia y en varias interpretaciones de ambos, para significar: "No tomarás el nombre del Señor en vano." A menudo me pregunto qué efecto tiene sobre el ethos mayor que hoy en día evitemos la palabra "Dios," y cómo hemos sido condicionados para negar su pronunciación incluso en las expresiones más inocentes—y cuánto más poderosos serían nuestras oraciones y cánticos sagrados si incluyéramos la pronunciación del nombre Yahweh. Con lo que nos enfrentamos ahora, necesitamos, más que nunca, impregnar los campos sutiles de energía con la vibración y el amor que emanan de la invocación de esa palabra y, lo que es más importante, de nuestra percepción y conexión con el Creador Divino.

¿El verdadero propósito del Tercer Mandamiento fue asegurar que nadie jamás faltaría el respeto o deshonraría de alguna manera a Dios al pronunciar Su nombre? ¿O contiene, incrustado en él, un secreto tan abarcador que pronunciar correctamente la palabra—o el código vibratorio sagrado incrustado en ella—podría servir simplemente para revelar, a aquellos que no han evolucionado a un nivel de información de consciencia, aquello a lo que no están destinados a acceder?

¿Proteger el Código Dios secreto dentro de nuestro ADN fue el verdadero propósito del Tercer Mandamiento?

El misterio milenario en torno al nombre de Dios, en los antiguos textos hebreos, y la sustitución deliberada del nombre Yahweh, para evitar su "mal uso", son de lo más curioso. Si leemos el Tercer Mandamiento de la Torá, poniendo atención a la palabra "mal uso", todo un nuevo mensaje y significado salta a la vista. ¿Cómo podría uno "usar mal" la palabra

YHWH: Yahweh? Tal vez el texto original proporcionaba una pista subliminal que, hasta ahora, historiadores y fieles habían pasado por alto por completo. ¿Decía realmente la Biblia: "No harás **mal uso** del Código Dios" (incrustado en el Diseño Divino) y ese texto advertía a la humanidad de las consecuencias de hacerlo?

Las cuatro letras, YHWH, se conocen también como el Tetragrámaton, y se refieren, respectivamente, a las letras de fuego hebreas: Yod, He, Vav, He, leídas de derecha a izquierda.

יהוה

Muchas son las interpretaciones fonéticas de esas antiguas letras y su secuencia, la palabra que no debe pronunciarse. La razón por la que el nombre, pronunciado "Yahweh" (una de varias interpretaciones fonéticas del código de cuatro letras), nunca debe pronunciarse, debería hacer que los teólogos y buscadores de todas partes se detengan a reflexionar sobre qué propósito subyacente podría haber en ese pronunciamiento.

Algunos eligen interpretar la palabra, sin vocales, como "Jehová." Pero en realidad es "Yahweh," que habla o, mejor dicho, "canta" los códigos vibratorios del Tetragrámaton.

Según la antigua Escritura Hebrea, Dios dijo a Moisés: "Esto es lo que dirás a los israelitas: `YO SOY me ha enviado a ustedes. YO SOY EL QUE SOY. Di a los israelitas, YHWH, el poderoso de nuestros padres . . . éste es mi nombre para siempre, el nombre por el que seré recordado de generación en generación'"[19].

Ha habido una traducción tan pobre y una confusión deliberada en la evolución del Antiguo Testamento y los textos hebreos antiguos, y el nombre ha sido eliminado en el Nuevo Testamento. ¿No se ha mutado

---

19   Old Testament, Exodus 3:14:15

también ese mensaje sobre el "mal uso" del nombre, junto con la regla religiosa de que no pronunciemos el nombre del Creador?

YHWH, el nombre "impronunciable" de Dios desde los tiempos bíblicos hasta hoy, es el Código Dios, secretamente entretejido en el ADN de toda vida. Es tan simple, y tan complejo al mismo tiempo, que es la quintaesencia de todas las obras divinas del Creador.

En un tratado que publicó como El Nombre Oculto del Creador en el ADN[20] el rabino Dani´el Rendelman explica el Código Dios de la siguiente manera:

"Se puede encontrar fácilmente un vínculo directo entre los componentes de la vida y el Creador del universo. La humanidad está hecha temerosa y maravillosamente, con un código oculto dentro de la célula de cada vida. Este código es el alfabeto del ADN que deletrea el nombre del Creador y el propósito del hombre.

Los científicos descubrieron un "mapa" de cuatro bases de ADN que tienen la capacidad de sustentar la vida. Estas bases, conocidas como cromosomas, se emparejan de forma diferente en cada persona. El ADN humano contiene 23 pares de cromosomas formados de hidrógeno, nitrógeno, oxígeno, carbono, y sus contrapartes ácidas. Codificado dentro de estos elementos existe un diseño de vida asombroso que demuestra que el Creador ha puesto Su propio sello único en cada persona. Este sello es en realidad Su nombre como fue revelado a Moisés hace miles de años.

Ahora, compare este nombre de cuatro letras con los cuatro elementos que componen el ADN humano y descubra un antiguo secreto de la creación. "La clave para traducir el

---

20   The Hidden Name of Creator in Your DNA, Rabbi Dani'el Rendelman, February 2012, http://www.greatgenius.com/hidden-name-of-creator-in-your-dna

código del ADN a un lenguaje que tenga sentido es aplicar el descubrimiento que convierte los elementos en letras. Basándose en sus valores coincidentes de masa atómica, el hidrógeno se convierte en la letra hebrea Yod (Y), el nitrógeno en la letra Hey (H), el oxígeno en la letra Wav (V o W), y el carbono en Gimel (G). Estas sustituciones revelan ahora que la antigua forma del nombre de YHWH, YHWH, existe como la química literal de nuestro código genético. Por medio de este puente entre el nombre YHWH y los elementos de la ciencia moderna, ahora es posible revelar el misterio completo y encontrar un significado aún mayor en el código antiguo que vive como cada célula de nuestros cuerpos.

Cuando sustituimos las cuatro letras del antiguo nombre YHWH por elementos modernos, vemos un resultado que a primera vista puede resultar inesperado. Reemplazando la H final en YHWH con su equivalente químico de nitrógeno, el nombre de YHWH se convierte en los elementos hidrógeno, nitrógeno, oxígeno y nitrógeno (HNON)—¡todos gases incoloros, inodoros e invisibles! En otras palabras, reemplazar el 100 por ciento del nombre personal de YHWH con los elementos de este mundo crea una substancia que es una forma de creación intangible, ¡pero muy real! Esto no es para sugerir que YHWH es simplemente un gas tenue hecho de elementos invisibles. Más bien, es a través del mismo nombre que YHWH divulgó a Moisés hace tres milenios que nuestro mundo y el fundamento de la vida misma se hizo posible. YHWH nos dice que en la forma de hidrógeno, el elemento más abundante del univrerso, Él es parte de todo lo que siempre ha sido, es, y será."

El *Séfer Ietzirá* (también conocido como "el Libro de la Formación") es considerado el primer texto conocido dedicado al misticismo judío y a la filosofía cabalística, descrito por eruditos y teólogos como un tratado de teoría matemática y lingüística, a través del cual los antiguos guardianes de la sabiduría intentaban transmitir cómo llegó a existir el universo. Es el campo de la teoría de la Creación. Es interesante cómo tantos textos y tradiciones de la fe judía sostienen, como estudio fundamental de su búsqueda para conocer a Dios, la geometría, las matemáticas y las relaciones espaciales entre el número y la forma, y cómo estos aspectos se expresan en un alfabeto divino conocido como las "letras de fuego."

El idioma hebreo es esotérico, sabiduría mística propia. Cada letra está asociada a un número y la esencia vibratoria de los números y la forma en que se unen, como palabras, encierran significados ocultos y sagrados que el novicio no puede captar. Ni siquiera los rabinos más devotos y eruditos son capaces de descifrar los códigos enterrados en su esencia alfabética y numerológica.

Es lenguaje divino—lenguaje que muchos entienden como el del Primer Creador.

El rabino Judah Ha Lévi (1075-1141), poeta y filósofo religioso judío, escribió del Séfer Ietzirá que "nos enseñó la existencia de un Poder Divino Único mostrándonos que, en el seno de la variedad y la multiplicidad, hay una Unidad y una Armonía, y que esa concordia universal solo podría surgir del gobierno de una Unidad Suprema." En el Capítulo Segundo del Séfer Ietzirá, que elabora atribuciones matemáticas complejas a las firmas vibratorias numéricas del alfabeto hebreo, se afirma:

"Él ha formado, pesado, transmutado, compuesto, y creado con estas veintidós letras a todo ser viviente, y a toda alma aún increada."

Entonces, examinemos el alfabeto del ADN, para tener una comprensión fundamental de con qué están trabajando los genetistas, en lo que se refiere a la codificación de nuestra biología, en este momento crucial de nuestra evolución: plantas, animales y humanos por igual.

En esencia, la molécula de ADN está compuesta por una cadena de cuatro "bases" específicas o subunidades unidas químicamente entre sí. Para simplificar el campo para que no estemos luchando con los tecnicismos del "lenguaje científico," vamos a referirnos a ellos como los "componentes" del ADN: los "nucleótidos."

Estas cuatro bases químicas se han definido como T C A y G, y corresponden, respectivamente, a: Timina, Citosina, Adenina y Guanina. La forma en que estas bases se encadenan—como cuerdas de estas subunidades—y cómo forman pares con otras cuerdas, para que el mecanismo celular pueda interpretarlas con el fin de crear una proteína, es a lo que nos referimos como el "código genético." Milagrosamente, estas bases forman pares con sus iguales en una segunda cuerda, que vemos representada dentro de la doble hélice, como esa escalera retorcida y enrollada de T a T, C a C, etc., por todos los millones de moléculas que contienen esta fórmula sagrada. Lo que resulta de esta intrincada estructura los genetistas han conseguido traducirlo a un lenguaje codificado, de gran complejidad.

Así como cualquier lenguaje dado se basa en un sistema de letras que, combinadas en innumerables grupos, forman palabras que representan y transmiten pensamientos, el lenguaje del ADN transmite el pensamiento de una inteligencia suprema, o Primer Creador, cuyo diseño divino proporciona instrucciones (una especie de "manual del usuario" cósmico), que el cuerpo celular debe leer. La secuencia de estas letras determina la estructura de los aminoácidos, lo que a su vez afecta en gran medida a la forma y función de las proteínas—elementos esenciales de la célula—que desempeñan casi todas las funciones esenciales de la vida celular, determinando la forma de la célula, diversos aspectos estructurales, y muchos aspectos de la gestión celular.

En un trabajo de la Plant and Soil eLibrary[21] relativo a la estructura del ADN, encontramos una bella explicación de cómo estos nucleótidos son "como letras en el lenguaje genético."

---

21   https://passel2.unl.edu/view/lesson/526205690468/4

"Así como usamos letras para formar palabras con significado", afirma el documento, "el orden de los nucleótidos en una hebra de ADN codifica información. Forman 'palabras' que indican a la célula cómo fabricar cada proteína. Además, el lenguaje genético es un lenguaje universal. Todos los organismo vivos utilizan las mismas combinaciones de nucleótidos para codificar su información genética. Esta característica es importante en ingeniería genética. Permite la transferencia de información genética de una especie a otra manteniendo su significado".

Este mismo tema es explorado por el biólogo, Raymond Bohlin, PhD, cuyo enfoque de la misteriosa maravilla de la vida espeja el mío. En su brillante artículo, El Lenguaje del ADN[22],el Dr. Bohlin escribe:

"Usamos letras para formar palabras, como el ADN usa subunidades de nucleótidos para formar codones. Cada codón codifica un aminoácido específico. Usamos palabras para componer frases. La secuencia de codones forma un gen, y la secuencia de aminoácidos forma proteínas. Usamos frases para formar párrafos, que luego se agrupan en artículos o capítulos de un libro. Los grupos de genes y otros elementos del ADN forman cromosomas. Cuando se juntan libros y revistas, lo llamamos biblioteca. Cuando los cromosomas se reúnen en el núcleo de una célula, lo llamamos genoma.

Podrían representar los paralelismos en la siguiente tabla:

Letras	=	Nucleótidos
Palabras	=	Codones (aminoácidos)
Frases	=	Genes (proteínas)
Libros	=	Cromosomas
Biblioteca	=	Genoma

---

22   https://www.exploregod.com/articles/the-language-of-dna

Lo que intento demostrar aquí, afirma el Dr. Bohlin, "es que el código genético es un lenguaje. Usamos palabras lingüísticas para describir lo que le ocurre al ADN. El ADN se transcribe en ARNm, que es como un dialecto diferente del ADN. Luego el ARNm se traduce a proteína, un lenguaje totalmente diferente. Estos términos lingüísticos describen con precisión lo que ocurre en realidad. El código genético es un código de información o un lenguaje—incluso está en forma digital."

Este sistema de lenguaje codificado, que se comunica entre los componentes de la célula, entre células y a través de las estructuras descritas anteriormente, tiene que haber sido escrito por alguien, alguna fuerza de inteligencia. . .algo o alguien tan más allá de la percepción humana que nunca ha sido probado o no probado, a través de los anales de la historia escrita y los mitos más antiguos, de los que se deriva gran parte de nuestra historia humana. Así como el software informático más sofisticado debe ser escrito en el sistema por su inventor, el lenguaje del ADN debe ser escrito por un Creador Divino, Supremo.

Nada más tiene sentido.

Ahora que los genetistas están descifrando el complejo lenguaje que se utiliza para operar la biocomputadora de los seres vivos, podemos estar de acuerdo en que es un hecho bastante innegable que existe una inteligencia y un arte extraordinarios en la biología de la vida. Quién es ese gran diseñador y cuál fue Su propósito para crear tal magnificencia como la que tenemos el privilegio de ver y de la que somos parte en el Planeta Tierra, sigue siendo la mayor pregunta existencial de nuestra experiencia.

Sin embargo, una cosa que ahora sabemos con certeza de las comunidades científicas de la genética es que dentro de cada célula de nuestro ser hay un lenguaje codificado extraordinario diseñado para desencadenar, mantener y asegurar que la vida pueda prosperar dentro del entorno de la Tierra—por dura e implacable que sea, por suave y nutritiva que sea—hasta el momento en que haya vivido su tiempo de vida predeterminado, y esté lista para liberarse del cuerpo y seguir adelante.

Lo que no oiremos confirmado por los ingenieros que están jugando con la biología humana es que, escrito dentro de este lenguaje de infinita y amorosa expresión biológica y arte, está el Código Dios: Su lenguaje, Su palabra, Su firma. Está allí y allí debe permanecer: inalterado, impoluto y puro.

A lo largo de la historia conocida, y sin duda más allá de lo que hemos deducido de lo escrito, muchas personas memorables, a través de su intelecto, poder y visión, han influido de una forma u otra el curso de la evolución humana. Algunas de sus contribuciones nos han catapultado hacia delante de forma maravillosa. Otras nos han hecho retroceder, hacia la ignorancia, el miedo y la autodestrucción. Solo hay que contemplar una lumbrera como Alexander Fleming, cuyo descubrimiento de la penicilina en 1929 sin duda contribuyó a prolongar la vida de los seres humanos. Y luego, si miramos atrás, a déspotas maníacos como Hitler, cuyos horrores y brutalidad casi consiguieron poner al mundo de rodillas. Su presencia en este planeta dejó una mancha, en todos los ámbitos, en la consciencia humana; el horrible recuerdo de su locura inhumana nos recuerda para siempre que el mal sí existe. Hay muchos más Hitlers caminando por la Tierra hoy en día y ellos, también, son criaturas de sangre fría cuyo propósito es destruir el amor, la vida y la belleza en este planeta, por razones que ningún alma consciente puede comprender realmente.

El verdadero mal tiene un poder con el que siempre estamos luchando, mientras nos movemos por el tiempo y el espacio, buscando comprender la experiencia humana en este planeta. Pero nunca debemos olvidar que, en la naturaleza cíclica de la realidad física, todas las cosas tienen su tiempo para nacer, alcanzar su cúspide, y morir lentamente.

Estos individuos y su participación en el desarrollo de la evolución de nuestro mundo, van y vienen, y con el tiempo su existencia aquí, aunque se suma al curso de los eventos humanos, se desvanece, cediendo a las necesidades y deseos de la civilización siempre cambiantes. A lo largo de los siglos, sus guerras contra la humanidad y todas sus malas acciones a menudo son suplantadas por la siguiente generación de ideas, desarrollos e invenciones que hacen avanzar a la civilización, en una dirección determinada, que queremos creer que es un paso evolutivo hacia adelante, . . .en lugar de una carrera hacia atrás.

Sin embargo, el descubrimiento de un hombre ha alterado el futuro de la humanidad tan completamente que, cualquiera que haya sido su intención en ese momento, su trabajo ha legado a nuestra civilización algo muy diferente, algo mucho más peligroso que los más temibles arsenales de armas termonucleares que proliferan por todo el planeta. Estamos hablando de la interferencia del hombre de Tipo Cero con la esencia misma de todas las formas de vida biológica de este planeta, ya sean autóctonas de la Tierra o importadas de otros sistemas estelares y mundos.

Este hombre fue el bioquímico nacido en Suiza, Fredrich Miescher.

Miescher descubrió la molécula de ADN en 1869, abriendo una caja de Pandora para la que, propongo, la humanidad aún no está preparada—si consideramos cómo se ha abusado de la información hasta ahora. Como especie, no parece que hayamos evolucionado lo suficiente como para alterar lo que ha estado protegido por tantas eras en este Diseño Divino, ya que contiene los secretos del diseño final del Creador de la vida misma. Define cómo cada ser vivo, y cada célula individual dentro de ese ser, está diseñado para desarrollarse, replicarse, reproducirse y morir, como es óptimo para el organismo vivo, y esa es una biblioteca sagrada a la que los agentes del mal de nuestros días nunca deberían ser autorizados a entrar.

Y si, como he afirmado antes, el mal o el "diablo" es lo opuesto al Creador, entonces me estremezco al pensar qué deseos retorcidos realmente subyacen a su invasión de nuestras autopistas y carreteras microscópicas, que forman el mapa de rutas de la vida—cada una con su construcción única y aún universal.

¿Destruir y subvertir el Código Dios? ¿Qué mayor deseo podría existir para la oscuridad, cuya intención es extenderse y replicarse a sí misma infinita e ineludiblemente, que extinguir toda la luz para siempre? Su programa consiste en ahogar la Creación en una inimaginablemente fría e imborrable mancha de tinta oscura, donde no pase la luz, donde no pueda penetrar el amor, donde uno ya no pueda sentir a Dios en su interior. . .y donde sólo puedan sobrevivir las mutaciones de los tiranos.

Ahora tienen las herramientas y los conocimientos para iniciar ese proceso y, de hecho, ya han comenzado.

En una guerra de Armagedón de la oscuridad contra la luz, donde el objetivo es extinguir la luz y matar el alma, no es tan difícil deducir que lo que desean construir dentro de nuestro ADN y el de todos los seres sintientes, después de subvertir el Código Dios que define quién y qué somos realmente, es el amortiguador de la luz, incrustado dentro de esa firma acróstica "luciferina": el 666—la Marca de la Bestia.

Capítulo 15

CRISPR
El Interruptor Genético que Corta y Pega

Nos hemos vuelto casi anestesiados al verdadero significado del término: "organismo genéticamente modificado". Sabemos que los genetistas están creando híbridos en plantas y animales, y lo han hecho durante décadas. Sabemos que están clonando animales, como se anunció por primera vez en 1996, cuando dieron la noticia de Dolly, una oveja finlandesa Dorset que, según los asociados del Instituto Roslin es el primer mamífero conocido en ser clonado a partir de la célula de la glándula mamaria de una oveja adulta. Pero, según la organización sin fines de lucro Understanding Animal Research, que afirma preocuparse por el uso humanitario de los animales en la investigación médica, veterinaria, científica y medioambiental en Reino Unido, Dolly no fue el primer animal en ser clonado.

Nos cuentan que esa Dolly estaba lejos de ser la primera especie clonada en sus laboratorios y que antes que ella hubo ratones, ranas y vacas—todos clonados a partir de embriones. Lo que hizo a Dolly excepcional, aparentemente, fue que fue clonada a partir de una célula adulta y así, de Dolly hemos aprendido que ellos ahora tendrían la capacidad de clonar todo un organismo biológico a partir del ADN de una sola célula adulta.

Se quedan cortos de confesar que también se han clonado seres humanos. ¿De verdad somos tan crédulos como para creer que llegaron hasta Dolly, y luego se detuvieron? Aunque el mundo de la bioingeniería nunca lo ha confirmado oficialmente, parece que también han clonado seres humanos, ¡a juzgar por las extrañas réplicas que vemos de figuras públicas de la política, el deporte, y el espectáculo!

Sabemos que están alterando la información genética para crear bebés de diseño, modificados genéticamente, in vitro, para fomentar rasgos físicos específicos: superhumanos con inteligencia excepcional, fuerza excepcional, belleza, etc. Sabemos que están experimentando con quimeras entre humanos y animales. Sabemos todo esto y más. Pero lo que todavía no hemos conseguido entender es cómo intentan borrar la huella del Creador, el Código Dios, del ADN, y reemplazarlo con información genética de su elección—una recodificación de nuestros hilos de luz—mientras aún se las arreglan para mantener suficiente de nuestro genoma original para mantener el organismo físico vivo y funcionando: no sano ni feliz, sino funcionando, hasta el momento en que el cuerpo ya no sirva para ningún propósito a los Borg.

Tan distraída como está tanta gente, viendo cómo nuestras estructuras sociales caen en un estado de degradación global extrema, y luchando por mantener la cabeza fuera del agua para simplemente sobrevivir al aluvión de ataques geofísicos, sociales, médicos y políticos que se nos lanzan cada hora, la raza humana ha sido, hasta ahora, relativamente inconsciente de lo que está pasando en esos laboratorios secretos, en países de todo el mundo. Sigo volviendo a las orquestaciones de las empresas de bioingeniería fuertemente financiadas que están llevando a cabo los experimentos genéticos más peligrosos imaginables—metodologías que, sin control, no pueden evitar alterar nuestra evolución y la de otras especies para siempre.

Lo que necesitaban para catapultar la industria hacia adelante, para cumplir con sus proyecciones del ser humano OGM, era una tecnología nueva, razonablemente barata y fácil de usar que permitiera a los bioingenieros eliminar un segmento específico del genoma humano y sustituirlo con información genética de otros seres humanos, especies, o sintéticos.

Así llegaron Jennifer Doudna, de la Universidad de California en Berkeley y Emmanuele Charpentier, actualmente en la Unidad Max Planck para la Ciencia de los Patógenos de Berlín, a ganar el Premio Nobel de Química en 2020 por su innovadora tecnología CRISPR (Repeticiones Palindrómicas Cortas Agrupadas y Regularmente Interespaciadas). Esta tecnología proporciona a los genetistas la facilidad de una especie de software para cortar y pegar que les permite editar un segmento específico de ADN: primero identificarlo, luego alterarlo y/o reemplazarlo con quien sabe qué cosa que los experimentadores decidan empalmar en él. Aparentemente, esta nueva herramienta es más barata, más rápida y más fácil de usar que las anteriores herramientas de empalme genético, ¡abriendo el mundo de la modificación genética a los laboratorios de todo el mundo! Gracias a CRISPR, la edición de genes se ha convertido en una auténtica fiesta que ofrece una gran variedad de aplicaciones para la investigación biológica básica, el desarrollo de productos biotecnológicos, y todo lo que tenga que ver con la evolución de la terapia de genes.

También es programable. Algunos en el campo de la biogenética se refieren a sus capacidades de laboratorio como "tan fáciles de usar como hacer clic en un botón." ¿Se imaginan?

Esta ciencia en rápida evolución puede utilizar la tecnología CRISPR para activar o desactivar genes, sin alterar su secuencia. Ha hecho posible que los cowboys y cowgirls de la bioingeniería invadan el mundo microcósmico del ADN, con lo que pueden pulsar ese botón y editar partes del genoma, o cortar un segmento de la secuencia que quieren eliminar, y luego pegar algo que quieran agregar—algo "extraño"— en el diseño original, por razones que solo ellos y sus equipos conocen.

CRISPR tiene muchas otras aplicaciones: desde "tomar huellas dactilares" de células y grabar su funcionamiento interno, hasta crear impulsores genéticos (tecnología que modifica la herencia de los rasgos genéticos de cualquier especie), capaces de dirigir la evolución hacia donde se desee específicamente.

Consideren esto: ¿la tecnología de ARNm sintético creada en laboratorio y patentada, y los fragmentos de genes CRISPR que se están inyectando en seres humanos, significan que el titular de la patente puede reclamar la propiedad de sus ADN alterados—y en consecuencia—la propiedad sobre **ustedes**?

Un artículo titulado, ¿Se Pueden Patentar los Genes?[23] de la Biblioteca Nacional de Medicina, intenta aclarar las zonas grises que rodean este apremiante asunto. En él se dice:

"Una patente de genes son los derechos exclusivos sobre una secuencia específica de ADN (un gen) concedidos por un gobierno a la persona, organización o corporación que afirma haber identificado el gen por primera vez. Una vez concedida, el titular de la patente dicta cómo puede utilizarse el gen, tanto en entornos comerciales, tales como las pruebas genéticas clínicas, como en entornos no comerciales, incluida la investigación, durante 20 años desde la fecha de la patente. Las patentes de genes a menudo han dado lugar a que las empresas tengan la propiedad exclusiva de las pruebas genéticas de los genes patentados.

El 13 de junio de 2013, en el caso de la Asociación para Patología Molecular contra Myriad Genetics, Inc., la Corte Suprema de Estados Unidos dictaminó que los genes humanos no pueden patentarse en los Estados Unidos, porque el ADN es un "producto de la naturaleza." La Corte decidió que dado que no se crea nada nuevo al descubrir un gen, no existe propiedad intelectual que proteger, por lo que no pueden concederse patentes. Antes de esta sentencia, más de 4.300

---

23   https://medlineplus.gov/genetics/understanding/testing/genepatents/

genes humanos se habían patentado. La decisión de la Corte Suprema invalidó esas patentes, haciendo que los genes sean accesibles para la investigación y las pruebas genéticas comerciales.

El fallo de la Corte Suprema permitió, sin embargo, que **el ADN manipulado en un laboratorio pueda ser patentado** porque las secuencias de ADN alteradas por el ser humano no se encuentran en la naturaleza. La Corte mencionó específicamente la posibilidad de patentar un tipo de ADN conocido como ADN complementario (ADNc). Este ADN sintético se produce a partir de la molécula que sirve como instrucciones para fabricar proteínas (llamada ARN mensajero)".

En otras palabras, si un genoma extraído de Patricia Cori se utiliza en el laboratorio para hacer una versión modificada de ese mismo genoma, entonces en realidad son dueños de la información genética fundamental de mi ADN. ¿Correcto? Para quitar la terminología médica y jurídica de esa afirmación, necesitamos concentrarnos en la pregunta evidente que sigue sin respuesta después del fallo de la Corte Suprema.

La Corte dictaminó que el ADN alterado en un laboratorio puede patentarse.

Este ADN, o ADNc, producido por el ARN mensajero sintético que han producido en laboratorios, y que ahora han inyectado a miles de millones de personas, puede ser patentado. La pregunta evidente que aún tiene que encontrar una sentencia legal definitiva es ésta: ¿ese ADN "complementario" que modifican con CRISPR en el laboratorio y luego inyectan en sus cuerpos, a través de la inoculación de ARNm, haría que el ADN mutado fuera de su propiedad, ya que es su tecnología patentada de modificación de genes la que lo está alterando? Porque, si la respuesta a esa pregunta es afirmativa, como implica la sentencia de la Corte Suprema, entonces la Big Pharma será la dueña de sus ADN, así como es dueña de las cepas de alimentos y plantas OGM—con todas las de la ley.

¿Ser "propiedad de alguien" a nivel celular? Eso lleva nuestra comprensión de la esclavitud a todo otro nivel, ¿verdad?

El CRISPR se ha utilizado antes en plantas y probado en animales, con especial énfasis en el desarrollo de productos biotecnológicos que aspiran a "mejorar" la biología natural de cualquier organismo. Ya estamos consumiendo estos productos OGM en los alimentos de origen animal y vegetal. Pero sólo ahora (que sepamos) se están modificando genéticamente a los seres humanos por inyección—la inyección sintética de ARNm Covid-19 que, a todos los efectos, está convirtiendo a la población en una especie completamente nueva de humanos modificados genéticamente. Me estremezco al pensar qué planes reales existen, y qué experimentos horribles están realizando ya en animales, los científicos de la bioingeniería que quieren "jugar" con los genes, para ver qué hacen y cómo reaccionan.

¿Dónde termina esto?

A pesar del debate ético en torno a la modificación genética en seres humanos, ya se ha aplicado en China. Un investigador de la Universidad de Ciencia y Tecnología del Sur, de Shezhen, el Dr. He Jiankui, recientemente se regodeó en público de haber creado con éxito bebés gemelos de diseño, utilizando la tecnología de edición genética CRISPR-CAS9. El procedimiento se realizó en embriones antes de implantarlos en el útero de la madre, con la excusa de que la modificación genética experimental se utilizaba como un medio para hacer a los bebés más resistentes a diversas enfermedades, incluida la condición autoinmune VIH. Aparentemente, según los medios de comunicación estatales chinos, su trabajo se realizó en un tercer bebé, antes de que fuera sentenciado a tres años de prisión.

Hace poco leí en los medios que había sido puesto en libertad. Tanto por la ética.

Podemos estar seguros de que el Dr. Jiankui no es el único que ha estado manipulando embriones en esos laboratorios secretos. Simplemente lo hizo público, lo que llevó al gobierno a tomar medidas para silenciar, al menos temporalmente, cualquier diálogo mundial, que pueda haber emergido sobre la ética y la moralidad de la secuenciación in vitro de genoma de diseño.

El sueño de Hitler se ha hecho realidad, ¿no es así? Imagínense ¿qué podría haber hecho con esta tecnología aterradora, si hubiera estado disponible en el momento de su búsqueda de la raza Aria perfeccionada? Yo creo que se reencarnó a fines del siglo XX, y que hoy camina en la piel curtida de uno de esos que intentan mutar la raza humana en una pesadilla transhumanista.

Y luego están las "proteínas Cas9" personalizadas, que en realidad no entran y cortan el ADN. Están diseñadas simplemente para encender y apagar genes, como un interruptor de luz. CRISPRa y CRISPRi, denominados "editores de bases," pueden cambiar una letra del código del ADN por otra, alterando el lenguaje del ADN, y hackeando el Código Dios.

¿Es así cómo pueden empalmar en la construcción luciferina— el "lenguaje" del 666?

En esencia, este descubrimiento, el sistema CRISPR-Cas9 (al que les gusta referirse como "maquinaria de reparación del ADN") implica la utilización de dos moléculas esenciales que son capaces de mutar el ADN. Estas son:

- Cas9: enzima que actúa de tal manera que puede cortar la doble hélice en una ubicación seleccionada permitiendo al investigador eliminar fragmentos del genoma, y añadir potencialmente otro material genético.
- ARN guía (ARNg): se une al ADN y guía a la Cas9 hasta el punto exacto de la intervención en la secuencia de ADN. El Cas9 sigue al ARN guía hasta el lugar requerido y, entonces,

corta el genoma. A partir de ahí, están habilitados para alterar todo el genoma del ADN: localizar, recortar, cortar y pegar, y el cambio en el diseño divino está hecho.

¿Por qué alguien querría aceptar eso? ¿Cuánto de lo que ocurre en estos laboratorios universitarios y subterráneos secretos alguna vez llega a salir a la luz pública? ¿De verdad se supone que debemos aceptar la idea de que todas estas imposiciones tecnológicas sobre nuestros sistemas biológicos naturales son para "el bien de la humanidad?" Cuando uno piensa en el plan para convertir al Homo sapiens en una versión "nueva y mejorada", está claro que las herramientas se encuentran en los laboratorios de los bioingenieros, y que lo que ellos sugieren que es el "futuro" es el ahora.

¡Esta guerra no es territorial—recuerden eso. La verdadera guerra contra la humanidad se libra en los laboratorios del mundo.

Un artículo publicado el 30 de marzo de 2022[24] en el sitio de internet de la Biblioteca Nacional de Medicina informaba que se habían trasplantado riñones de cerdo genéticamente modificados a una persona con muerte cerebral, y que el experimento allanaba el camino para ensayos clínicos. Según una declaración de la cirujana en cuestión, Jayme Locke de la Universidad de Alabama en Birmingham, ellos "trasplantaron riñones de un cerdo donante con 10 ediciones genéticas (10GE). Se eliminaron cuatro genes: tres relacionados con antígenos de carbohidratos conocidos por causar rechazo hiperagudo (α 1-3 Gal, ⊠ 1-4 Gal, CMAH) y uno relacionado con la eliminación del receptor de la hormona de crecimiento del cerdo (GHR). También se insertaron seis transgenes humanos. Estas ediciones se diseñaron para modular aún más el sistema inmunitario húmano para ayudar a disminuir la inflamación (hCD47, hHO-1), y regular el complemento (hCD46,

---

24   https://www.ncbi.nlm.nih.gov/pmc/articles/PMC9005640/

hDAF) y la coagulación (trombomodulina humana, receptor de proteína C endotelial humana)".

Afirmó que "pusieron en marcha el Programa de Xenotrasplantes de la Universidad de Alabama en 2016 y que invirtieron mucho en construir la infraestructura necesaria para hacer realidad los xenotrasplantes para muchos pacientes que los necesitan. Esto incluyó el desarrollo y la implementación de una instalación libre de patógenos en la que el animal fuente donante (cerdo) puede ser criado y engordado en un ambiente que disminuye/elimina el riesgo de transmisión viral o de otras enfermedades a los receptores humanos de estos órganos de cerdo".

¿Qué podría salir mal con eso?

La ética parece estar ahora completamente fuera de la mesa, pero casi no hay protestas por parte de la humanidad. Corazones y riñones de cerdo como piezas de repuesto para humanos (experimentos fallidos, podría añadir), embriones humanos fusionados con genomas de ratones, empalmes, trozos, corte y pegado. . . todo ello va en contra del orden natural de la Creación.

No entiendo cómo los seres humanos con siquiera una gota de consciencia del espíritu, el alma y la evolución, pueden realizar tales aberraciones genéticas en animales y seres humanos. Básicamente están impulsando la evolución del hombre y las mutaciones animales, jugando diabólicamente a ser Dios con las almas, cortando y pegando el genoma de uno en el de otro, para conseguir quimeras monstruosas que caminarán por la Tierra del futuro. Están criando animales, probablemente humanos también, para experimentación—para partes del cuerpo—y luego experimentan con el genoma de unos y otros, para lograr el sueño del científico loco: organismos biológicos de diseño: mitad hombre/mitad pájaro, cerdo, murciélago. . .¿mamut lanudo?

¿Quién sabe adónde conduce su locura?

*

Hace apenas diez años que el equipo de investigadores de Doudna dio a conocer por primera vez su descubrimiento de la edición genética CRISPR, uno de los descubrimientos que más han alterado la vida de la humanidad en la historia de la experimentación y los descubrimientos en el campo de la biología. Es difícil imaginar cuán dramáticamente catapultó la investigación sobre la edición del ADN de las células vivas, y con tan poca dificultad, dotando a casi cualquier investigador en bioingeniería con bata de laboratorio con las herramientas que alteran la vida, para guiar la evolución en la dirección deseada.

Eso es realmente impresionante, cuando se piensa en eso.

No niego que estos inventos científicos para alterar el ADN pueden tener y tienen algunas aplicaciones benignas, tratando enfermedades genéticas raras mediante la "edición" del segmento culpable del ADN y alterándolo para eliminar el error, si es que eso es posible. Sin embargo, viendo adónde ha llevado a la ciencia el campo de la genética en estas últimas décadas, hay que admitir que el potencial de aplicaciones más siniestras parece superar con creces a las beneficiosas.

Sabemos que ya se realizaban modificaciones genéticas años antes de que CRISPR se diera a conocer por primera vez en 2012, pero la tecnología era costosa y el progreso lento. Sin embargo, este descubrimiento relativamente nuevo ha facilitado y abaratado la manipulación invasiva de los genomas de plantas, animales y seres humanos.

Hemos aprendido a convivir con los alimentos genéticamente modificados, por mucho que tratemos de evitarlos. Los llamados alimentos "cultivados orgánicamente" siguen polinizándose con los campos de los que están tratados. Es muy difícil aislar unos de otros, porque la naturaleza sabe cómo llevar las semillas de un campo a otro.

Sabemos de los mosquitos transgénicos OGM, abejas y otras especies de insectos que supuestamente están siendo modificados con fines en los que aún no confiamos, ni deberíamos, y aunque intentamos no pensar en eso, también comprendemos que esos laboratorios secretos están llenos de animales mutados, como de "líneas celulares" de fetos humanos supuestamente "abortados"—una práctica que lleva décadas.

¿Cómo podemos ignorar esto? ¿Cómo podemos permitir que esta práctica absolutamente inhumana se realice en laboratorios? ¿Cómo puede alguien aceptar en su cuerpo células de fetos abortados, supuestamente mantenidas vivas en laboratorios desde hace cincuenta años, pero mucho más probablemente tomadas de innumerables bebés abortados diariamente?

La explicación que ofrecen los profesionales de la medicina y los biogenetistas es que los virus necesitan células para crecer y que crecen mejor en células humanas que en animales. **Están utilizando seres humanos para cultivar virus.** Si esto es aceptable para todos los que reciben vacunas contra la varicela, la rubeola, la hepatitis A, la rabia, y el Covid-19, entonces parece que hemos abandonado la ética por completo.

Y eso no es tan exagerado, teniendo en cuenta los horrores que salen de los laboratorios. No es una exageración en absoluto.

Comprendamos lo que eso realmente significa, y utilicemos lo que extraigamos de ello para informar a cuantos podamos lo que estamos aprendiendo de su sacrificio.

Capítulo 16

Lucifer Dentro

Si alguna vez han tenido la oportunidad, cada vez más rara, de observar luciérnagas brillantes en una tarde cálida de verano, saben que han sido testigos de algo raro y mágico …algo que saben, en su corazón y alma, que debería ser protegido, venerado y considerado sagrado. Durante algunos años, en el boscoso patio trasero de mi casa de campo en las afueras de Roma, las observaba revolotear entre los árboles, testimonio brillante de un despliegue místico y maravilloso de la sabiduría y perfección de la naturaleza—con un toque de fantasía. Siempre me asombraba y maravillaba con el espectáculo, y nunca perdía la oportunidad de sentarme tranquilamente debajo de los árboles en aquellas cálidas noches de verano, cuando aparecerían.

Siempre sentí que con solo leer mi cuerpo eléctrico ellas sabían cuánto significaba para mi estar en su presencia.

Sin duda, la luciérnaga ha agregado una rica textura a la tradición de las hadas y al misticismo a lo largo de los siglos, algo que ya casi ha desaparecido, pues esos prístinos valles y bosques han sido pisoteados, destruidos o simplemente arrasados por la invasión de desarrolladores crueles y la vista gorda de la industria.

Los estudios de los investigadores indican que la luz de la luciérnaga es algo así como un llamado para aparearse, pero que también puede ser una advertencia a los depredadores de que poseen un mecanismo químico de defensa capaz de ahuyentar a cualquier enemigo potencial. En las aguas profundas de nuestros océanos, donde la luz apenas penetra, varias especies iluminan sus campos de navegación con los más brillantes y coloridos conjuntos bioluminiscentes y allí también, advierten a los depredadores de que se muevan y las dejen en paz, para que no reciban una descarga con un voltaje suficiente para freírlos, a mitad de camino.

¡Qué fascinante que la naturaleza puede comunicar tan eficazmente señales de ataque, defensa y otras entre especies, especialmente mediante luces eléctricas intermitentes de "prohibida la entrada"!

Ojalá el hombre hiciera justamente eso: dejar en paz a la naturaleza.

Solo. . .dejarla . . .en paz.

Desgraciadamente, la luciérnaga escurridiza está desapareciendo—no sólo por la contaminación, la tala de los bosques y otros factores, sino porque se ha convertido en otra víctima más en los laboratorios de científicos locos.

Según los investigadores, la fuente de bioluminiscencia de la luciérnaga, y de otras diez mil o más especies, deriva de una molécula pequeña que los investigadores en bioingeniería han decidido llamar "luciferina," y que Wikipedia define como:

"Una clase de sustratos de moléculas pequeñas que reaccionan con el oxígeno en presencia de una luciferasa (una enzima) para liberar energía en forma de luz".

No hace falta decir que, una vez que los genetistas, biólogos moleculares e investigadores médicos descubrieron y aislaron estas moléculas bioluminiscentes, no perdieron tiempo en determinar cómo podían aplicarlas in vitro e in vivo (secuenciación bioluminiscente). Según se informa, sus experimentos, consistentes en empalmar luciferina en el genoma de ratas de laboratorio y otros animales, han tenido mucho éxito. Ahora tenemos gatos brillantes de neón rosa, y ratas de laboratorio que brillan en la oscuridad.

Esto, nos dicen, es "progreso".

Según un artículo publicado en la Biblioteca Nacional de Medicina del Instituto Nacional de Salud[25]

"La obtención no invasiva de imágenes fluorescentes *in vivo* de pequeños animales como método de investigación preclínica se ha desarrollado considerablemente en los últimos años, y se utiliza ampliamente en una variedad de disciplinas como la oncología y la investigación de enfermedades infecciosas. Proporciona un medio para detectar una señal fluorescente dentro de un animal vivo que refleja procesos específicos, en su mayoría relacionados con enfermedades, como partes de la respuesta inmunitaria del anfitrión, inflamación, crecimiento del cáncer o presencia de patógenos. Además de ofrecer muchas ventajas como técnica independiente, también puede ser muy complementaria de otras modalidades de obtención de imágenes. En esta revisión se analizan aspectos de la distribución de luz en el tejido animal y sus implicaciones en la obtención de imágenes in vivo; las técnicas de obtención de imágenes más utilizadas incluyendo las imágenes planares y tomográficas; las ventajas y desafíos de las técnicas; los agentes de contraste fluorescente y algunos ejemplos de aplicaciones."

Consideremos, por un momento, que estos experimentos han evolucionado ahora al punto de poder inyectar el compuesto "Luciferina" en tejido humano. Los biólogos moleculares y el grupo de investigadores interesados en esta aplicación insisten en que, también, sería "no-invasivo." No entiendo cómo esta forma de experimentación que

---

25   Zelmer A, Ward TH. Noninvasive fluorescence imaging of small animals. J Microsc. 2013 Oct; 252(1):8-15. doi: 10.1111/jmi.12063. Epub 2013 Jul 11. PMID: 23841905.s

convierte a un indefenso animal de laboratorio en un letrero luminoso, puede llamarse "no-invasiva" pero, está claro que los seres humanos no tenemos los mismos estándares y moralidad cuando se trata de la soberanía de las formas de vida en este planeta.

¿Se puede escanear la luciferasa? Según la FDA[26], la inquietante respuesta es un rotundo "Si".

"Las proteínas G marcadas con luciferasa (RSV-GA y RSV-GB) actuaron como "cebo" para los anticuerpos contra las proteínas G en muestras de suero humano (el líquido claro de la sangre sin glóbulos rojos ni blancos), haciendo que se unieran a las proteínas marcadas. Los científicos añadieron al fondo de un pocillo de plástico unas perlas proteínicas especiales que se unen a los anticuerpos con las proteínas G marcadas con luciferasa. Luego agregaron luciferina y midieron la cantidad de luz liberada cuando interactuaba con la luciferasa, lo que les permitió calcular la intensidad de la respuesta de los anticuerpos a las proteínas G".

Si investigan cualquiera de las muchas empresas de biotecnología que proliferan, como Creative Biogene, encontrarán información rápidamente disponible ¡que debería ponerles los pelos de punta! Lo exponen a la vista de todos (donde les encanta esconder la verdad), velada con jerga científica y retórica confusa. Esta entre muchas empresas, ofrece un buffet de "partículas de virus pre-fabricadas," kits de clonación y otras herramientas biotecnológicas traicioneras que (por supuesto) no pretenden cruzar la barrera de la ética.

Virus de prueba prefabricados, un kit doble de ensayo de luciferasa (para observar las células usando lo que ellos llaman "luminómetros"), adyuvantes, kits de edición de genes, kits de síntesis ARNm—todo esto está a la vista, a la venta y fácilmente disponible. Incluso describen abi-

---

26   https://www.fda.gov/vaccines-blood-biologics/science-research-biologics/luciferase- immunoprecipitation-system-lips-assay-rapid-simple-and-sensitive-test-detect-antibody

ertamente sus "kits de clonación," para que los laboratorios interesados clonen fragmentos de ADN, pero, por supuesto, sabemos que la clonación de "fragmentos" de ADN conduce a la clonación de organismos enteros.

¡Acérquense, señoras y señores! Creative Biogen ofrece FreeClone™ Seamless Cloning Kit para agilizar la investigación y desarrollo de laboratorios interesados.

*

Los genetistas informan que la luciferasa se esparce fácilmente en la barrera hematoencefálica, la barrera hematoplacentaria y la barrera hematotesticular. Tomen nota de esta pequeña información, sobre todo porque los tests de PCR utilizados en los protocolos de tests Covid en curso tienen administradores girando un hisopo de gran tamaño alrededor de la parte posterior de la cavidad nasofaríngea, tan cerca de la barrera hematoencefálica como se puede llegar. Ya se han registrado varios casos en los que esa barrera ha sido perforada debido a ese procedimiento invasivo, con consecuencias devastadoras.

Según un artículo publicado en la Biblioteca Nacional de Medicina[27]:

"Es probable que la luciferasa sea un marcador útil para monitorear la diseminación del virus y la expresión de genes en animales de experimentación porque los ensayos de actividad enzimática son extremadamente sensibles y los fondos son bajos en todos los tejidos. En ratas inoculadas por vía intraperitoneal (i.p.) con Ad5-Luc 3, se detectó actividad luciferasa

---

27   Pub med, 1993, Monitoring Foreign Gene Expression by a Human Adenovirus-Based Vector Using the Firefly Luciferase Gene as a Reporter: Mittal, McDermott, Johnson, Prevec, Graham https://pubmed.ncbi.nlm.nih.gov/8388142/

en el hígado, bazo, riñón y pulmón. Una única inoculación i.p. de ratones con Ad5-Luc 3 fue suficiente para generar anticuerpos anti-luciferasa y anticuerpos neutralizantes de Ad5, que persistieron durante al menos 8 semanas. Incluso en presencia de anticuerpos circulantes anti-luciferasa y neutralizantes de Ad5, se pudo detectar actividad de la luciferasa en los hígados, bazos, y riñones de ratas inoculadas i.p. por segunda vez con Ad5-Luc 3".

Quitemos la terminología científica y médica, y lo que leemos aquí es que están usando Lucifer-ina/asa, entre otras cosas, para controlar cómo se propagan los virus con el organismo, y para registrar qué anomalías genéticas se producen como respuesta a sus experimentos con animales de laboratorio.

Si ese es el caso, entonces no es exagerado suponer que el sistema Luciferina/Luciferasa se está introduciendo en los cuerpos de las personas como parte del programa de inoculación para rastrear y registrar si han aceptado o no la inyección de ARNm.

Está claro que aquí ocurre mucho más que una pandemia mundial.

Pase, Bill Gates.

Capítulo 17

La Patente Microsoft WO2020060606A1

"Y él hace que todos, tanto pequeños como grandes,
ricos y pobres, libres y esclavos,
reciban una marca en su mano derecha o en sus frentes:
Y que ningún hombre pudiera comprar o vender,
excepto aquel que tuviera la marca, o el nombre de la bestia,
o el número de su nombre.
Aquí está la sabiduría.
Que aquel que tenga entendimiento
cuente el número de la bestia:
porque es el número de un hombre;
y su número es seiscientos sesenta y seis".

—Apocalipsis 13, King James Bible

Bill Gates nos quiere hacer creer que el amplio alcance de las inversiones "filantrópicas" de la Fundación Gates en las exorbitantemente rentables industrias farmacéutica y de bioingeniería solo albergan visiones altruistas para el avance de la civilización . . . si uno puede llamar "altruista" el uso de la riqueza e influencia para presionar a políticos y a influencers mundiales para impulsar sus agendas, mientras financian laboratorios farmacéuticos y de bioingeniería para crear lo que quiera que se vea apto para inyectar en la población.

Ese es el caso con el Covid-19, en el que se vieron a miles de millones de personas poniéndose sus "vacunas", para un virus todavía-por-ser-identificado que, recuerden, tenía una tasa de cura del 99,7% en todos los ámbitos—incluso más alta para las personas que habían conseguido obtener ciertos medicamentos que, misteriosamente, se declararon ilegales poco después que comenzaron los programas de inyecciones en los países de todo el mundo.

Ahora, eso es lo que llamamos tener una "esquina en el mercado".

A pesar de los intentos de distraer a los buscadores de la verdad y a las masas desinteresadas por igual, de lo que podemos definir como "información fáctica" proporcionada por la misma oficina de patentes, en marzo de 2021 (bajo la presidencia de Bill Gates), el gigante corporativo, Microsoft Technology Licensing LLC, obtuvo la Patente de Estados Unidos Numero WO 2020 060606A1, que lleva el título *"Sistema de Criptomoneda Usando Datos de la Actividad del Cuerpo"*.

No se me escapa, ni a muchos otros, que el número de registro asignado a esta patente en particular tiene integrado el código de firma vibratoria Luciferina: 666. Se supone que debemos creer que esto es una mera coincidencia, y nada más. Pero, teniendo en cuenta que el diccionario define el término coincidencia como "una ocurrencia sorprendente de dos o más eventos que suceden al mismo tiempo", se siente menos como una concurrencia de eventos al azar y más como una elección muy deliberada de que esta patente transhumanista llevaría el 666.

Personalmente, dudo que los bien trazados planes de la Cábala, con sus agendas, programas e imposiciones sociales, dejen nada librado al azar, pero supongo que es posible—muy improbable, pero posible.

Supongo que estas también son coincidencias:

H.R. 666: Acta de Antirracismo en la Salud Publica de 2021[28]

Este proyecto ley establece dentro de los Centros para el Control y Prevención de Enfermedades (CDC) un Centro Nacional de Antirracismo y Salud y un programa de prevención de la violencia policial. Entre otras actividades, el nuevo centro debe declarar el racismo una crisis de salud pública; reunir y analizar datos; y administrar programas de investigación y subsidios para gestionar el racismo y su impacto en la salud y en el bienestar.

Además, el proyecto de ley le ordena específicamente al Centro Nacional para la Prevención y Control de Lesiones del CDC que, en coordinación con el Departamento de Justicia y otras partes interesadas relevantes, lleve a cabo el programa de prevención de la violencia policial realizando investigaciones y apoyando otras actividades relacionadas con la violencia policial y la salud pública.

¿El "racismo" es una "crisis de salud pública", bajo la jurisdicción del CDC: el Centro para el Control de Enfermedades? ¿Realmente?

H.R. 666: Departamento de Seguridad Nacional - Acta de Amenazas Internas y Mitigación de 2017[29]

H.R. 666 requiere que el Secretario del Departamento de Seguridad Nacional (DHS) establezca un programa de amenazas internas dentro del Departamento; ordena programas de educación y entrenamiento para los empleados; y establece un DHS Steering Committee para administrar y coordinar las actividades del Departamento relativas a amenazas internas.

El proyecto ley requiere que el Programa de Amenazas Internas proporcione entrenamiento y educación para el personal del Departamento para identificar, prevenir, mitigar y responder a los riesgos de amenazas internas a los activos críticos del Departamento; proporci-

---

28   https://www.congress.gov/bill/117th-congress/house-bill/666

29   https://www.govtrack.us/congress/bills/115/hr666/summary

one apoyo de investigación para posibles amenazas internas que puedan representar un riesgo para los activos críticos del Departamento; y lleve a cabo actividades de mitigación de riesgos para amenazas internas

El proyecto ley requiere que el Steering Committee, presidido por el Subsecretario de Inteligencia y Análisis, se reúna regularmente para discutir casos y asuntos relacionados con amenazas internas a los activos críticos del Departamento. También requiere que el Subsecretario, en un plazo no mayor al año de la promulgación, desarrolle una estrategia para identificar, prevenir, mitigar y responder a amenazas internas a los activos críticos del Departamento; y un plan para implementar medidas contra esas amenazas internas.

H.R. 6666 Congreso Nro. 116: Acta de Tests de COVID–19, Alcance y Contacto con Todos (TRACE)[30]

Autoriza al Secretario de Salud y Servicios Humanos a otorgar subsidios a entidades elegibles para conducir tests de diagnóstico de COVID-19, y actividades relacionadas tales como el rastreo de contactos, a través de unidades móviles de salud y, según sea necesario, en las residencias de las personas, y para otros fines.

Proyecto Ley del Senado 666 (2021-2022): Actualización de Requisitos/Directivas Anticipadas de Atención Médica[31]

Un acta que actualiza los requisitos para poderes notariales y directivas anticipadas relativos a la atención médica, y autoriza al secretario de estado a recibir presentaciones electrónicas de directivas anticipadas para la atención médica.

Si adherimos a la definición del diccionario, entonces sí, definitivamente **hay** una coincidencia en torno a este código 666, que reproduce

---

30   https://www.congress.gov/bill/116th-congress/house-bill/6666/tex

31   https://lrs.sog.unc.edu/billsum/s-666-2021-2022

las advertencias en la Biblia con una precisión sorprendente. Hay dos posibilidades diferentes aquí. O el Buen Libro proporcionó una ventana increíblemente precisa y absolutamente profética del siglo XXI, describiendo cómo nos enfrentaríamos con esta marca que se implantaría dentro de nuestros cuerpos; o la fuerza que empuja la Agenda Luciferina está siguiendo la Biblia al pie de la letra, alimentando sus agendas con el miedo a la profecía bíblica. En cualquiera de los dos casos, la predicción en las Escrituras que tiene a la humanidad recibiendo la impresión de la Marca de la Bestia, y la agenda transhumanista que nos tiene electrónicamente monitoreados desde nuestro interior, o a través de sensores ponibles, es una coincidencia demasiado terrible para ser ignorada.

Al leer el resumen en el documento técnico, sabemos que esta última "contribución" a la civilización incluye interconectar la actividad biológica humana con la inteligencia artificial, y está diseñada para funcionar como un sistema de monitoreo de crédito social de IA—controlando la mente, las emociones y el cuerpo del ser humano.

Antes de intentar desentrañar de qué se trata esta patente de IA, me gustaría llamar la atención sobre el código de la patente en sí mismo y en lo que me parece que es una referencia numérica obvia, descarada, de lo que realmente representa, y qué función pretende realizar, con respecto a la interfaz tecnológica del hombre y la máquina, a través de la agenda transhumanista.

En esta patente emitida por el gobierno se encuentran los fundamentos de la numerología y los códigos suscritos que trasmiten la impronta satánica y el control mental subliminal. Está compuesta por:

- WO: (Orden Mundial)
- 2020: (el año en que el "virus" Covid 19 apareció misteriosamente en el escenario mundial)
- 060606 (666: la "Marca de la Bestia" bíblica)

- A1 (también transcripta en varios formatos como IA – Inteligencia Artificial)

No podría ser más claro para mí que no hay nada librado al azar en el número de patente asignado a esta tecnología futurística que, por supuesto, no existe en el futuro, sino en el ahora mismo de sus capacidades tecnológicas. Es una clasificación codificada que comunica su propósito esencial: que a partir del año 2020, el Orden Mundial Único introducirá la Marca de la Bestia a través de, o como, la Inteligencia Artificial.

Estamos viendo como todo se vincula en la agenda transhumanista: la pandemia inventada, el programa de vacunas, y la tecnología futurista para fusionar el software implantado dentro de seres humanos para manipularlos y controlarlos, mientras se reescribe el genoma humano. Examinemos qué elementos se encuentran en esta patente, diseñada para permitir acceso remoto a todos nosotros, bajo el pretexto de darnos acceso autómata a premios en criptomonedas, aparentemente ganados por "buena conducta", al mismo tiempo que nos engancha a un sistema de crédito social de Gran Hermano que destruye la libertad.

La documentación de la patente proporciona esta declaración inicial de intención, o "resumen":

"La actividad del cuerpo humano asociada con una tarea proporcionada a un usuario puede ser usada en un proceso de minería de un sistema de criptomonedas. Un servidor puede proporcionar una tarea a un dispositivo de un usuario que está acoplado comunicativamente con el servidor. Un sensor acoplado comunicativamente o incluido en el dispositivo del usuario puede detectar la actividad corporal del usuario. Los datos de la actividad corporal pueden generarse en base a la actividad corporal detectada del usuario. El sistema de criptomonedas acoplado comunicativamente al dispositivo del usuario puede verificar si los datos de la actividad corporal cumplen una o más condiciones establecidas por el sistema de criptomonedas y otorgar criptomonedas al usuario cuyos datos de actividad corporal son verificados"[32].

En esta propuesta, que refleja el sistema de puntaje de crédito social ya en vigencia en China, el filántropo Bill Gates y su equipo buscan fusionar nuestras mentes y cuerpos con la inteligencia artificial, en formas que quieren que creamos que no son invasivas. Pero cualquier persona medianamente inteligente sabe que la IA invade cada aspecto de nuestras vidas y que nos está robando más cada día que pasa, con cada nueva aplicación en medicina, industria, tecnología y realidad artificial aumentada.

A pesar de las protestas públicas de los despiertos, el equipo de Microsoft pretende reasegurarnos que en ninguna parte en esta patente ellos hablan de implantar un microchip, sino que, al contrario, la patente tiene que ver con el uso de "sensores" inofensivos cerca del cuerpo para monitorear todo sobre nosotros.

Pretende ser útil en todos los sentidos. Seguramente nosotros, la gente simple, los Plebeyos, podemos ver esto, ¿no es así? Klaus Schwab, presidente del Foro Económico Mundial, parece pensar que sí. Habla abiertamente de la fusión de la tecnología con los humanos como algo inevitable en nuestra evolución, promocionando cómo nuestra salud futura estará determinada por todo tipo de intervenciones tecnológicas: tecnología ponible, implantes, todos conectados con la Internet de las Cosas y de los Cuerpos. Schwab quiere que todos nosotros abracemos nuestra transición desde Humano 1.0 a Humano 2.0 como una progresión de seres inferiores a seres superiores, que implica dar mayor control de nuestra salud mental y física, nuestro consumo, y nuestro lugar en la civilización, a la tecnología ... por lo que dejamos de lado cualquier idea tonta, aparentemente, de que nosotros sabemos más sobre qué es bueno para nuestras propias vidas y nuestras almas.

---

32   https://patents.google.com/patent/WO2020060606A1/en

¿La "tecnología ponible" y los sensores van a monitorear el mecanismo de ARNm sintético ya insertado en miles de millones de personas a través de la inyección? La sincronía de estos dos sistemas—implantación de software que altera el ADN a través de la inyección y los "sensores" diseñados para leer los sistemas del cuerpo—es demasiado perfecta para ignorarla, incluso si quienes están detrás de ambos quisieran hacernos creer que todo es una gran coincidencia, incluyendo el imperdible 666 incluido en el código de la patente del gobierno.

De acuerdo con el resumen disponible en el material de la patente, el objetivo de esta tecnología es crear un sistema de monitoreo que permitirá que los movimientos del cuerpo, el calor que genera, los cambios hormonales, el ritmo cardíaco, e incluso las ondas cerebrales, sean leídos por una computadora, un teléfono celular, o cualquier otro "dispositivo" cuyo chip, supuestamente fuera del cuerpo en otro dispositivo próximo y actualizado, será programado para interactuar con todas las funciones del cuerpo. Los datos recogidos por esos sensores alimentarán a una computadora central a través del dispositivo que los lee a ustedes y que registra los datos recogidos de sus funciones y actividades corporales, incluyendo las cargas electromagnéticas de sus redes neuronales, que monitorean sus respuestas a estímulos. A partir de esto, con la inteligencia artificial mapeando sus progresos de comportamiento y sus pensamientos en cada segundo de cada día, ustedes ganarán dinero digital: "recompensas" en criptomonedas que eventualmente podrán gastar en lo que Gran Hermano les permita comprar. Ustedes ganan criptomonedas, es decir, si sus pensamientos están alineados con los de la compañía: si comen lo que el gobierno quiere que coman—definitivamente, "bichos" y alimentos venenosos que alteran los genes—dicen lo que el gobierno quiere que digan y, sobre todo, sucumben a todas y cada una de sus vacunas e inyecciones sintéticas cuando ellos las consideren necesarias.

Eso, mis amigos, es lo que la patente WO2020060606A1 realmente guarda para las masas que consientan. Solo puedo preguntarme qué se gana si nuestros pensamientos **no** están alineados, y si nos atrevemos a intentar rebelarnos contra la tecnología Microsoft que nos dijeron que había sido diseñada para servir nuestros mejores intereses.

Los detalles sobre el alcance de esta patente se pueden encontrar en el propio documento técnico[33]. Allí leemos:

"Algunas realizaciones ejemplares de la presente declaración pueden usar la actividad del cuerpo humano asociada con una tarea proporcionada a un usuario como una solución a desafíos de "minería" en sistemas de criptomonedas. Por ejemplo, una onda cerebral o el calor del cuerpo emitidos por el usuario cuando éste realiza la tarea proporcionada por un proveedor de información o servicios, tales como ver una publicidad o usar ciertos servicios de internet, pueden ser usados en el proceso de minería. En lugar del trabajo de cálculo masivo requerido por algunos sistemas convencionales de criptomonedas, los datos que se generan en base a la actividad del cuerpo del usuario pueden ser una prueba-del-trabajo y, por ende, el usuario puede resolver un problema computacionalmente difícil de manera inconsciente. En consecuencia, ciertas realizaciones ejemplares de esta declaración pueden reducir la energía computacional para el proceso de minería, como así también, hacer el proceso de minería más rápido.

Los aspectos de sistemas, métodos y hardware de los medios de almacenamiento legibles de una computadora están incluidos en este documento para un sistema de criptomonedas que utiliza datos de la actividad del cuerpo humano. De acuerdo a varias realizaciones en la presente información, un servidor puede proporcionar una tarea a un dispositivo de un usuario que está acoplado comunicativamente con el servidor. Un sensor acoplado comunicativamente con, o que forma parte del dispositivo del usuario, puede detectar la actividad

---

33	https://patents.google.com/patent/WO2020060606A1/en

corporal del usuario. Los datos de la actividad del cuerpo pueden generarse en base a la actividad corporal detectada del usuario. Un sistema de criptomonedas acoplado comunicativamente con el dispositivo del usuario puede verificar si los datos de la actividad corporal cumplen o no una o más condiciones establecidas por el sistema de criptomonedas, y dar criptomonedas al usuario cuyos datos de actividad corporal fueron verificados.

Los ejemplos se implementan como un proceso computacional, un sistema informático, o como un artículo de fabricación, tal como un dispositivo, un producto de programa de computadora, o un medio legible por la computadora. Según un aspecto, el producto de programa de computadora es un medio de almacenamiento de computadora que puede ser leído por un sistema informático y que codifica un programa de computadora que comprende instrucciones para ejecutar un proceso de computadora.

La red de comunicación puede incluir cualquier conexión por cable o inalámbrica, la internet, o cualquier otra forma de comunicación. La red de comunicación permite la comunicación entre varios recursos informáticos o dispositivos, servidores y sistemas. Varias implementaciones de redes de comunicación pueden emplear diferentes tipos de redes, por ejemplo, pero sin limitarse a, redes de computadoras, redes de telecomunicaciones (por ejemplo, teléfonos celulares), redes inalámbricas de datos móviles, y cualquier combinación de estos y/o de otras redes.

El dispositivo del usuario puede incluir cualquier dispositivo capaz de procesar y almacenar datos/información y de comunicarlos a través de una red de comunicación. Por ejemplo, un dispositivo de usuario puede incluir computadoras personales, servidores, teléfonos celulares, tabletas, portátiles, dispositivos inteligentes (por ejemplo, relojes o televisores inteligentes).

Los sensores pueden ser configurados para detectar la actividad del cuerpo del usuario. Los sensores pueden ser un componente separado del dispositivo del usuario y estar operativamente y/o comunicativamente conectados al dispositivo del usuario. Alternativamente, se puede incluir e integrar un sensor en el dispositivo del usuario. Por ejemplo, un dispositivo del usuario puede ser un dispositivo ponible y que tiene un sensor en su interior. El sensor puede transmitir información/datos al dispositivo del usuario. Un sensor puede incluir, por ejemplo, pero no limitado a, escáneres o sensores de imágenes por resonancia magnética funcional (fMRI), sensores de electroencefalografía (EEG), espectroscopios de rayos infrarrojos cercanos (NIRS), monitores de ritmo cardíaco, sensores de temperatura, sensores ópticos, sensores de radio frecuencia (RF), sensores ultrasónicos, cámaras, o cualquier otro sensor o escáner que pueda medir o detectar la actividad corporal o escanear el cuerpo humano. Por ejemplo, el fMRI puede medir la actividad del cuerpo al detectar cambios en el flujo de la sangre. El fMRI puede utilizar un campo magnético u ondas de radio para crear imágenes detalladas del cuerpo (por ejemplo, del flujo de sangre en el cerebro para detectar áreas de actividad)".

Dado que es seguro asumir que ninguno de nosotros caminará por ahí conectado a un fMRI o a una máquina de EEG, no es exagerado darse cuenta de que de lo que realmente hablan aquí es de **insertar** un sensor, en la forma de un microchip, que va a realizar todas esas funciones. Aunque Microsoft lo niega, llamando a la idea de que Gates haya patentado un microchip que se inserta una "teoría de la conspiración", necesitamos leer entre unas pocas líneas para extraer la verdadera intención de la terminología tan amplia de esta patente.

Lo que aquí se afirma es que esto involucraría un sensor externo hecho específicamente para detectar y hacer un seguimiento de la biometría humana, como los chips implantables ya desarrollados por varias compañías tecnológicas en Europa, que ya utiliza la empresa sueca Epicenter. Pero eso es una artimaña. Después de todo, un microchip implantado es el mejor sensor biométrico, puesto que está literalmente dentro del cuerpo. Sin embargo, Microsoft fue inteligente al dejar de lado ese pequeño detalle solo para conseguir la aprobación de la patente, y distraer al público.

Es verdad, la patente WO2020060606A1 no hace referencia a microchips inyectables, pero implica eso con respecto a los "sensores y escáneres" que pueden medir la actividad del cuerpo. He aquí que, tenemos la *Alianza ID 2020*, que opera bajo la bandera de GAVI, la organización financiada por las fundaciones Gates y Rockefeller para el "bienestar de la humanidad en todo el mundo". Este programa de identidad digital, cocinado por los mismos Microsoft y la Big Pharma, tiene como objetivo monitorear los registros de vacunación de cada ser humano individual, mediante chips insertados dentro del cuerpo físico, con particular énfasis en los niños.

Ah, pero si los chips insertables no fueran suficientes, tenemos un grupo de investigadores del Massachusetts Institute of Technology, que encontraron una forma novedosa de encarar el problema de mantener registros de vacunación. Sus ingenieros afirman haber desarrollado una forma de archivar información médica debajo de la piel, mediante la aplicación de pequeños puntos de colorante junto con una vacuna, mediante parches microagujas. No hace falta decir que el colorante, que es invisible a simple vista, se puede leer más tarde usando un teléfono inteligente especialmente adaptado.

"¿Pequeños puntos?", pregunto, **¿de Luciferina**?

Recuerdo cuando se introdujeron los microchips como "circuitos integrados de identificación", que inyectaban debajo de la piel de nuestras amadas mascotas y esos pobres animales de laboratorio. Desarrollados por la corporación VeriChip y lanzados al mercado en 1990, fueron los primeros chips de identificación por radio frecuencia (RFID) de los que escuché hablar, y estuve profundamente preocupada porque los estaban imponiendo a los dueños de mascotas. El sistema de seguimiento se nos vendió como un sistema de "recuperación de mascotas", aunque nos aseguraron que no era un dispositivo GPS per se, y que en realidad no podría rastrear al pequeño Bowser si se extraviaba. Se nos aseguró que solo serviría para identificarlo una vez que lo encontraran. Esa era una declaración de intenciones enrevesada, si me lo preguntan.

El chip también tenía la capacidad de registrar el historial de vacunas del animal. ¿Les suena familiar esto?

Era totalmente obvio para mí en ese momento, creo que a mediados de los años 90, que estaban probando esos chips implantables primero en animales, como una prueba de lo que habían planeado para los humanos, más adelante. Yo estaba indignada con esto, pero nadie más pareció molestarse en absoluto. Fue una invasión tan innecesaria de nuestra libertad, forzados a aceptar esta tecnología invasiva y no probada en los cuerpos de nuestros amados animales, y no teníamos ninguna idea, a pesar de que se nos aseguraba lo contrario, de los problemas de salud a largo plazo que esto podría causar. De hecho, hubo incontables ocasiones de reacciones adversas alrededor del punto de inserción del chip, cuando ese objeto extraño del tamaño de un grano de arroz migraba hacia otras partes del cuerpo, lo que al parecer hacia todo el tiempo. Hubo cánceres, infecciones, y Dios sabe qué otros efectos secundarios, pero no teníamos elección. Los veterinarios fueron todos reclutados, y se establecieron las órdenes.

En Italia, estábamos obligados a registrar a nuestros animales con las autoridades locales; el chip, por supuesto, también fue obligatorio para eso. Sin chip, no hay viaje, fue otra restricción impuesta a los humanos que no quisieron que sus mascotas se sometieran a este dispositivo innecesario. Al principio era voluntario, así que naturalmente me negué; pero pronto lo hicieron obligatorio, y no tuve otra opción que aceptarlo, pues mi amada Shitzu tenía que volar conmigo en algunas ocasiones. Esto requería un **"pasaporte de vacunas"** que solo se podía obtener—adivinen—con el chip en su lugar. Me rompió el corazón ver al veterinario inyectar el transpondedor en su pequeño cuerpo, sabiendo que era cualquier cosa menos inocuo, y darme cuenta de cómo mi bebé peluda era una voluntaria involuntaria en una prueba preliminar, para un dispositivo de rastreo cuya audiencia objetivo no eran los animales en realidad, sino los humanos. Inmediatamente supe que era un sistema de prueba para lo que vendría en el futuro para el seguimiento humano, y me pregunté por qué a nadie más parecía importarle.

Me llamaron paranoica.

Once años después de la introducción y aplicación generalizada del chip RFID para animales, el Dr. Richard Seeling, un investigador en Applied Digital, empresa controlante de VeriChip, supuestamente se despertó una mañana con una revelación: ¡su chip RFID podría ayudar a los humanos! ¿Imaginan eso? Sin que nadie en la compañía lo supiera, supuestamente se implantó el chip en secreto en su propio brazo. Una vez que supo que estaba bien, cuenta la historia, les contó a sus colegas lo que había hecho y ¡bingo! Nació el microchip humano.

No es necesario decir que la Microsoft-de-los-sensores-externos se ha asociado con el fabricante de Verichip, la Digital Angel Corporation, desde 2008.

¿El "Ángel Digital"? Que extraño nombre para una corporación. Me pregunto ¿se estarán refiriendo al "ángel caído"?

Epicenter, una empresa basada en Estocolmo, lanzó ahora un chip RFID que almacena los pasaportes de vacunas Covid-19, que vemos cada vez más requeridos en los países del mundo, particularmente en Europa. Está tan claro que quieren hacer imposible que viajemos sin el chip que, al igual que nuestros animales, verificará desde adentro si nos hemos puesto la "vacuna". Esto utiliza tecnología NFC ("comunicación de campo cercano"), que nos hace compatibles con cualquier teléfono inteligente cercano que sea NFC-compatible. Se preguntarán ¿qué tan conveniente es que llevemos el pasaporte de vacunas Covid-19 en el brazo, o en un chip insertado debajo de la piel entre los dedos pulgar e índice?

Ahora, Epicenter ha comenzado a colocar microchips con éxito a sus empleados. Todavía no es obligatorio, pero parece que más de 150 empleados no pudieron esperar para recibir el suyo. ¡Incluso organizaron "fiestas de chips" para colocárselos en la oficina! Seguramente, no soy la única en ver un patrón aquí: conos de helado para los niños que reciben la "vacuna" del Covid; batidos de energía para las personas que se ponen el chip, boletos de lotería . . . lo que se les ocurra.

Los defensores de esto mencionan los beneficios de aceptar el chip en el cuerpo:

- *Identificación:* Pasaporte, licencia de conducir y todas sus identificaciones en un solo lugar a mano.
- *Acceso:* ¿Por qué cargar con esas molestas llaves y códigos de acceso de plástico cuando se puede pasar la mano sobre un sensor y abrir la puerta?
- *Membrecía:* Clubs, bibliotecas, complejos turísticos
- *Registros de Salud:* ¡Las compañías de seguro lo van a amar!
- *Protección contra robo:* No más preocupaciones de que un matón nos vaya a robar la billetera o arrancarnos el bolso del hombro.
- *Rastreo:* Si se pierden, alguien va a saber dónde están.

Se trata de control—simple y llanamente.

El sitio de internet de Epicenter indica que Microsoft es uno de sus socios en un programa llamado "Epicenter Accelerate". Cuando se trata de vacunas, colocación de microchips y bioingeniería, parece que el ilustre Bill Gates está siempre allí, acelerando la agenda transhumanista.

El Dr. Carl Sanders, que formó parte del equipo de ingenieros de la General Electric que inventó el microchip por primera vez, se convirtió en el líder del proyecto en 1968. Él afirma que, originalmente, el proyecto fue diseñado en torno a la creación de un microcircuito que pudiera reconectar las terminaciones nerviosas en una columna humana cortada. No tuvieron éxito. Poco después, se les acercó el gobierno. En sus propias palabras, el Dr. Sanders informó cómo sucedió eso, de la siguiente manera:

"Unos hombres vinieron a vernos, que descubrimos que eran del gobierno, de la CIA y del FBI. Nos pidieron que diseñáramos un microchip para identificación. Esto no era para ser usado en seres humanos, ni en animales, sino para ser puestos en cargamentos de drogas para atrapar a traficantes de drogas. Vinieron con mucho dinero. Y nosotros estábamos dispuestos a hacer lo que fuera que pudiéramos. Quiero decirles que en ese momento, yo no era cristiano ni quería tener nada que ver con los cristianos. Desarrollamos el primer dispositivo de identificación, que se completó a comienzos de los años 70. Ellos regresaron y nos dijeron que querían algo mejor que eso.

Les dijimos ´si nos dan suficiente dinero podemos desarrollar algo mejor´. Yo no estaba solo; teníamos casi cien personas involucradas en esto. Algunos eran de General Electric, otros de Motorola, algunos de los laboratorio Bell, algunos del Boston Medical Center, y otros de la Stanford University. Mi responsabilidad era la de líder o ingeniero senior del proyecto. Comenzamos a trabajar en el diseño del microchip. Cuando se completó tenía 0,75 mm de diámetro y 7 mm de largo. Era del tamaño de un cuarto de un grano de arroz. Noten nuevamente que yo no era cristiano, y no había cristianos allí. Ellos dijeron que querían que tuviera una fuente de energía y que emitieran una señal. Y querían que usáramos el litio como fuente de la batería.

El litio se usa en relojes de pulsera y en muchos lugares. Diseñé dentro del microchip una pequeña toma para cargar la batería. Esto suena como un montón de cosas técnicas juntas, pero tengan un poco de paciencia conmigo mientras les explico. Verán lo que Dios dispuso respecto a este microchip.

Yo necesitaba un cambio de temperatura para poder cargar la batería. Un cambio en la temperatura haría que la corriente fluyera a la toma de carga que cargaría la batería. Comenzamos a investigar para averiguar en qué parte del cuerpo la temperatura cambia más rápidamente. Gastamos más de un millón de dólares de dinero de los contribuyentes. Y cuando llegó el resultado, había mucha información. Lo dividimos entre tres equipos. Volvimos con esta información. Se había determinado que hay dos lugares en el cuerpo que son ideales para el microchip. Uno está justo debajo de la línea de nacimiento del cabello, en **la frente,** la misma en la que cada madre chequea la temperatura de sus hijos. Nunca vi a una madre controlar la temperatura en el tobillo. El otro lugar era la mano, preferentemente la **mano derecha**, porque la mayoría de las personas son diestras. Esto no me molestó, ni molestó a nadie en el equipo. La mano parecía un buen lugar—nadie lo quería en la frente. Y así, el diseño funcionó, todo se completó y se hizo el microchip. Lo están viendo ahora mismo—algunos en una presentación del discovery channel. Algunas personas ya lo han recibido ya; es real, no es algo que vendrá en el futuro.

Quiero decirles que esto es real. Los implantes de microchip son reales. Las tarjetas de crédito están fallando, se pueden falsificar; la nueva tarjeta inteligente se puede falsificar, se puede robar, se puede perder, todo tipo de cosas le pueden pasar a una tarjeta. Pero no pueden perder sus manos. Rápidamente, se van a mover a la mano. No importa lo que les digan, no se lo pongan. Las palabras de Dios dicen que no se lo pongan.

Hoy, se les han implantado microchips a más de 15.000 bebés. Muchas empresas están usando el microchip como identificación para sus empleados de niveles superiores. El Inmigration and Naturalization Service de Estados Unidos tiene un pasaporte mejor, la mano humana. Muchas de estas cosas están a nuestro alrededor. Estamos hablando de los signos del nuevo orden mundial; Dios ha explicado exactamente cómo van hoy las cosas en el nuevo orden mundial. Satanás desea tener un gobierno mundial único. Desde el momento en que cayó, dijo que quería un gobierno mundial único. Quiere reemplazar a Dios. Así que vemos un gobierno formado por hombres, vemos un gobierno mundial único.

Los signos de los tiempos están a nuestro alrededor…"[34]

*

Han estado probando el chip RFID implantado en animales domésticos durante al menos veinte años. No hemos hecho preguntas, y les hemos dado libre acceso, de manera que los veterinarios pueden archivar sus datos de vacunación y, supuestamente, identificar a nuestras queridas mascotas cuando se pierden. Están ahora en la Fase Dos del experimento. Ahora tienen conejillos de India humanos dispuestos a renunciar a la soberanía sobre sus propios seres, dejando que los doctores sumisos y, para algunos, las mismas compañías para las que trabajan, les inserten el chip en su mano o brazo, así pueden abrir puertas y hacer trucos mágicos simplemente agitando un apéndice sobre un sensor. Obviamente, no están preocupados de que sus datos importantes, historiales médicos

---

34   https://voiceoutworld.wordpress.com/2020/05/12/dr-carl-sanders-the-man-who-invented-rfid-microchip-666-speaks-out/

y registros de vacunas sean registrados en sus nuevos juguetes high-tech implantados, o que todo lo que pensaban que era privado ahora sea accesible para cualquier persona con un simple dispositivo de escaneo.

¿Quién tiene acceso a los datos? ¿La policía? ¿Los empleadores? ¿Los medios controlados? ¿Las fuerzas oscuras en el gobierno? ¿Y qué planean hacer con esos datos? ¿Qué pasa cuando un hacker se apodera de ustedes? Imaginen qué importante será saber entonces qué tipo de tecnología electromagnética está próxima a ustedes, o pasa a su lado caminando. Sabemos que los hackers pueden robar la información de sus tarjetas de crédito, con solo pararse a su lado en la fila, o pasando a su lado en el supermercado—¡incluso con sus tarjetas escondidas en el bolso o en la billetera! ¿Imaginan que fácil será hackear sus chips, duplicar los datos en el suyo propio, y efectivamente hacerse pasar por ustedes?

Cosas aterradoras. Si los dueños de la patente se salen con la suya, ustedes tendrán su sistema de crédito social que se activará mediante la actividad humana, los pensamientos, el pulso y otras funciones corporales—supuestamente monitoreados por sensores en "dispositivos" fuera del cuerpo. Pero ya vemos el peligro inevitable. Los dispositivos serán implantados. Hemos visto la implementación de chips incrustados, probados en animales por décadas, siendo implantados en seres humanos alegremente obedientes, que no pueden esperar para simplemente poder agitar una mano para abrir una puerta, o comprar una Coca de la máquina expendedora de la oficina. Ustedes tendrán sensores inyectables que utilizan pequeños cristales semiconductores que leen si ustedes o sus hijos se han inmunizado con todos y cada uno de los venenos que planean inyectarles, desde ahora y para siempre. Y tendrán cada función del cuerpo, cada respuesta neuronal—posiblemente cada pensamiento—monitoreados, descifrados y almacenados por Gran Hermano, quien, a su vez, les va a asignar recompensas por sus buenos comportamientos y obediencia.

Si eso no les suena como la Marca de la Bestia, entonces díganme ¿qué les suena como tal?

El Dr. Carl Sanders se dio cuenta, aunque demasiado tarde.

Quizás el propio número de la patente de Microsoft WO2020060606A1 pueda al menos hacer que las personas se hagan esa pregunta.

Reconocemos a la bestia.

Lo que importa ahora es: ¿Qué es lo que nosotros—los despiertos, almas amorosas, guerreros espirituales, voceros de la verdad, destructores del sistema, trabajadores de la luz y seres soberanos—vamos a hacer respecto a esto?

Segunda Parte
Luz Sobre la Oscuridad

*"Un visionario es aquel que puede encontrar su camino a la luz de la luna
y ve el amanecer antes que el resto del mundo..."*
—Oscar Wilde

Capítulo 18

Los Hilos de Luz del Universo

Hay una razón por la que finalmente comparto una historia que no he compartido hasta ahora, y se relaciona con la información que he presentado a lo largo de este libro.

En 1996, en un campo de un agricultor justo al otro lado de la ruta desde Stonehenge, en Wiltshire, Inglaterra, me recosté en mi primer círculo de la cosecha, el Julia Set, un evento que cambiaría el curso de mi vida para siempre.

Que privilegio haber tenido acceso a esa escalera a las estrellas.

Desde entonces, he conseguido ingresar en cientos de formaciones exquisitas, año tras año, ya fuera explorándolas por mi cuenta, o liderando grupos de buscadores en mis programas SoulQuest Journeys. De cada sitio, recogí algo nuevo y único de la geometría, las anomalías energéticas y los incontables fenómenos que yacían en el trigo o flotaban por encima—pero nunca más experimenté algo tan alucinante y absolutamente inolvidable como lo que recibí del Julia Set.

Cómo esa formación me catapultó al viaje astral de mi vida sigue siendo uno de los más grandes misterios de una vida llena de experiencias espirituales extraordinarias. Ningún otro circulo de la cosecha me ha proporcionado jamás un vehículo capaz de lanzarme a los confines de mi conexión "inconsciente" con Todo-Lo-Que-Existe, como aquél lo hizo entonces. Estoy, simplemente, tan agradecida de haber podido retener el recuerdo de lo que ocurrió allí: adonde me llevaron y lo que vi a lo largo del camino. Sé que estaba destinada a comprender y presentar lo que me estaban enseñando sobre la interconexión de todas las cosas, de todo tiempo, y de todo espacio: **el ADN del universo.**

He sido bendecida en cada coyuntura de este maravilloso camino de vida. Sin embargo, ningún ascenso de la kundalini, ninguna explosión del tercer ojo, ningún viaje místico . . . nada antes o después se ha comparado (si es que las comparaciones son necesarias) con lo que se me permitió ver entonces. Ni siquiera mi experiencia cercana a la muerte a los diecisiete años, cuando unas olas fuertes me arrojaron desde un promontorio rocoso hacia un océano turbulento y me ahogué en un acantilado en Davenport Beach en California, tuvo tal impacto en mi espíritu. Entonces, se me mostró un vislumbre del "cielo", cuando mi alma salió corriendo a través de un tubo de luz, hacia el brillo. Fue un amor extático, incondicional, el que me abrazó, tal éxtasis que no quería regresar, pero, como tantos que tuvieron esa misma experiencia, me dijeron que "no era mi tiempo" y que tenía una misión importante que cumplir en la Tierra.

Vi el rostro desesperado de mi madre, y sentí su dolor insoportable atravesarme. Supe que no podía dejarla.

Cómo pasé de ahogarme en las olas violentas del océano a yacer, lastimada y sangrando, sobre las rocas, sigue siendo uno de los grandes misterios de mi vida. Una ola debe haberme arrojado fuera del océano, como a un gran pedazo de madera a la deriva, y lanzado a ese acantilado, por imposible que parezca, o tal vez fue una intervención divina la que me sacó fuera del océano.

Cuando abrí los ojos, un ángel me besó, y luego se desvaneció en el aire. Tosí un galón de agua de mar y regresé para unirme a los vivos.

Tan poderoso como fue aquello, morir y regresar, conocer a Dios y a la eternidad, palideció en importancia con lo que ocurrió aquel día—

aquel día extraordinario—en el campo del agricultor justo frente a uno de los sitios sagrados más venerados en Inglaterra.

Quienquiera que tenía que estar allí, llegó allí. Desafortunadamente, he logrado hablar solo con muy pocas personas cuyos senderos las llevó a estar en el círculo de la cosecha Julia Set en 1996. Estoy segura de que, para otros como yo, fue una cita con el destino como ninguna otra. Como los desconcertados personajes de la película *"Encuentros Cercanos del Tercer Tipo"*, magnetizados por ese enigmático monumento en la montaña, fuimos llamados a aquel campo cerca de Stonehenge para experimentar la inmensidad de lo que yacía en el trigo, los éteres y el aire.

Llegamos de las cuatro direcciones de la Tierra: monjes tibetanos, chamanes nativos norteamericanos, lideres indígenas, sanadores, sacerdotes y buscadores de todo el mundo físico, para experimentar una reunión en el no-tiempo de la consciencia multidimensional. Y, en ese espacio sagrado, estábamos acompañados por seres de los mundos no-físicos, con quienes algunos, como yo, pudimos interactuar—en algún lugar entre las dimensiones, más allá del tiempo y del espacio.

No puedo hablar por nadie más, pero fue mi experiencia personal que encontré y observé seres no-físicos deambulando por los círculos, repletos de fenómenos extraños de tantos reinos y dimensiones. Todo lo que puedo decir es que aquellos que consiguieron estar en el momento y en el lugar adecuados para recibir esa información, como yo estuve, fueron verdaderamente bendecidos.

Como me encantaría, todos estos años después, sentarme con aquellos compañeros exploradores para intercambiar experiencias y percepciones. ¿Se imaginan las historias que compartiríamos? Quién sabe si sus vidas fueron tan inmensamente influidas como la mía. Es cierto que no hay dos experiencias que puedan ser iguales, pero aun así, no puedo imaginar a nadie que haya accedido a aquel campo y que haya vuelto a ser el mismo. ¡Oh, si me ofrecieran una vuelta en una máquina del tiempo! Seguramente elegiría volver a ese momento en el Julia Set, para experimentar nuevamente esa coyuntura cósmica en el tiempo y el espacio que cambió mi vida, con toda la inocencia y maravilla de ese momento crítico en mi evolución espiritual.

Después de haber pasado tanto tiempo en los campos de Inglaterra, año tras año, percibo que los portales multidimensionales no están necesariamente fijos a coordenadas específicas en el continuum espacio-tiempo, como algunos creen, aunque seguramente hay vórtices en la Tierra y en todo el universo que mantienen una frecuencia energética constante, o ancho de banda, que permiten que se manifiesten anomalías multidimensionales. Uno de los más poderosos de estos es el Templo de Setis I en Abidos, construido encima del mucho más antiguo Osirión, donde más de una vez he experimentado toda la estructura ondulando, espíritus sangrando a través de los éteres, y me encontré deslizándome dentro de un extraño universo paralelo. Como la legendaria mujer británica Dorothy Eady (alias Omm Sety), cuya extraordinaria vida (1904-1981) la llevó a convertirse en dibujante para el Departamento de Antigüedades Egipcias y finalmente en la cuidadora del Templo de Abidos años antes de que yo viajara allí, entré en una cámara misteriosa del templo, una estructura incongruente que no encajaba con la historia y el arte más allá de esas paredes . . . y perdí la noción del tiempo.

Cuando regresé más tarde ese mismo día, pasado ese calor abrasador del desierto, la cámara había desaparecido. Busqué en cada lugar, preguntándome si de alguna forma me había confundido con tantas columnas y espacios en el templo, pero simplemente no estaba allí. Pronto me di cuenta de que, al igual que Omm Sety, me había deslizado a otra dimensión o universo paralelo, y tuve un vislumbre de cómo es el otro lado de la realidad: al estilo antiguo Egipto.

En el caso del Julia Set, algo parecido a un torbellino galáctico había azotado claramente el campo de trigo, abriendo un portal temporario—una ventana al Cosmos del Alma—que luego se disiparía y desaparecería, como estaba previsto. No cabe duda de que las energías de Stonehenge, justo al otro lado del camino, tuvieron que ver con la intensidad de esas energías de otros mundos, y más que seguro, sirvieron para ayudar a manifestar la apertura de ese portal.

Hasta este momento, nunca he compartido públicamente, en profundidad, lo que realmente me ocurrió entonces, cuando me sacaron del cuerpo para unirme a seres no físicos de sexta-dimensión: adónde me llevaron, qué vi y experimenté y, lo más importante, qué aprendí. Pero es relevante ahora que estoy escribiendo este libro, y para la información que siento es tan vital para nuestras vidas—presentes y futuras—y, por eso, estoy preparada para arrojar un poco de luz sobre la máxima experiencia transformadora de consciencia que jamás conocí . . . una que ha marcado el ritmo de mi camino, cada día, desde entonces.

Varias veces, en entrevistas y charlas, he aludido a cómo me sacaron de mi cuerpo casi inmediatamente al entrar en el Julia Set, pero nunca he revelado mucho más que decir que fue el "viaje galáctico de placer" de mi vida. Elijo proteger esos pasos gigantes tan personales, teniendo cuidado de nunca exaltar mi propio proceso, ni acariciar a mi propio ego, y sabiendo muy bien que algunos de nuestros momentos más sagrados deben mantenerse cerca de nuestro corazón, donde **el silencio tiene el poder.**

He sido bendecida con tantos momentos de avance en este viaje llamado "vida" que ni siquiera puedo recordarlos a todos, pero sí recuerdo todo sobre ese particular viaje astral fuera del cuerpo, al que solo puedo llamar la "madre" de todas las experiencias.

Veinticinco años después, cada detalle todavía sigue claro en mi mente, como un tatuaje recién hecho. Ahora es el momento de compartirlo.

Inmediatamente después de entrar en la formación, sentí que alguien, o algo, tiraba de mi cuello y me atraía. Me sentí tan mareada, que casi me tiré al suelo en uno de los 151 círculos (que estaban en perfecta secuencia Fibonacci) que contenían el sagrado diseño geométrico. Con náuseas y débil, el mareo me hizo girar fuera de mi cuerpo inmediatamente, mientras la tierra temblaba debajo de mí. ¡Que sensación terrible! Afortunadamente, perdí rápidamente la consciencia de mi cuerpo, y empecé a experimentarme como un sonido: un vórtice giratorio de silbidos y zumbidos agudos.

Como un cohete alejándose de la atmosfera del planeta, fui lanzada al espacio, mirando como Stonehenge, Inglaterra, y nuestra hermosa Tierra azul se desvanecían detrás de mí. Casi instantáneamente, fui bendecida con una brillante exhibición que me pareció que representaba cada luz que alguna vez brilló en todo el universo entero. Pude ver cómo cada estrella, planeta, luna, asteroides y meteoros—todos cuerpos celestiales—estaban conectados por hélices brillantes y espiraladas de luz.

Los Seres de Sirio se han referido a esas hélices, en trabajos anteriores, como la "Telaraña de Luz". Claramente, estaba inmersa en el ADN del universo, en toda su insondable gloria.

Se me dio la extraordinaria oportunidad de viajar por los hilos de luz del Cosmos, como una araña navega por su propia tela, plenamente consciente de como mi presencia dentro y sobre esas carreteras holográficas afectaba a la estructura en sí misma. Mi consciencia, atravesando esos rayos de luz espiralados, amplificaba la luz: el solo hecho de estar observando todo esto afectaba todo—¡la red completa! Desde entonces, me han hipnotizado las arañas y las hermosas telas que tejen, y las veo como "lluvias del camino" del diseño universal, y siempre me pasa, cuando observo una tela de araña recién formada que brilla bajo una lluvia gentil, que instantáneamente recuerdo aquel viaje y todas esas emociones extáticas.

Mientras danzaba por las grandes autopistas del universo, inmersa en la forma geométrica sagrada y en las frecuencias cósmicas, quedé expuesta a la interconexión divina de todas las cosas, de una manera asombrosamente bella que ningún aprendizaje, ningún conocimiento, ninguna experiencia previa, podrían haberme mostrado antes de ese momento, lo que se me hizo comprender que era la esencia absoluta de la Creación.

Yo **era** la araña, pulsando las cuerdas de esos diseños sagrados, tocando la Música de las Esferas que era capaz de co-crear simplemente por estar presente, siendo consciente y sabiendo, sin preguntas ni dudas, que no hay absolutamente nada librado al azar en el Cosmos: no hay caos . . . no hay separación . . . no hay irrelevancia. Todo tiene su razón de ser; todo sirve un propósito. El Diseño Divino del arte y la suprema sabiduría del Creador es la base de toda la existencia: cada capa tiene su arquitectura de ADN única, que establece la interacción dinámica entre todas las cosas y toda consciencia—incluso la oscuridad.

Ninguna cantidad de entrenamiento espiritual nos prepara para algo así.

Hipnotizada y resonando con los armónicos del universo, fui bendecida con la increíble oportunidad de interactuar con las estrellas y planetas como seres vivos y conscientes, mutuamente conscientes de todos y cada uno de los seres, mientras todo—toda consciencia—tocaba la sinfonía de la Creación.

La inmensidad de esa experiencia no se puede contener en palabras. Tal vez es por eso que realmente nunca he tratado de hablar de esto con gran detalle.

Tuve la bendición de haber podido vislumbrar los inmensos campos áuricos de los planetas llenos de vida, naves que viajaban por redes de luz en el espacio profundo, colores, explosiones de luz, cúmulos: tanta luz . . . tanta vida. Y luego, ¡bum! Las luces se apagaron. Experimenté una oscuridad tan negra que ni siquiera entraba allí un alfiler de luz y, sin embargo, no sentí nada: ni miedo, ni curiosidad, ni asombro. Había alcanzado el vacío, el estado de quietud absoluta, lo más cercano a la no-existencia que puedo imaginar, porque no creo que ninguna energía muera o desaparezca.

Si no se me hubiera mostrado esto de esa manera, nunca habría sido capaz de conceptualizar como se ve y se siente un estado de nada.

No tengo idea de cuánto tiempo estuve flotando allí, en ese estado de consciencia desapegada. Desde entonces, nunca he logrado alcanzar esto, en ningún estado meditativo o viaje astral. Tampoco lo deseo.

Sacudida de ese estado de inconsciencia consciente, me vi viajando a través de mi propio cuerpo, encogiéndome . . . encogiéndome, observando una de mis propias células, haciéndome aún más pequeña hasta que era tan minúscula que pude entrar en la célula, sin dañar la membrana celular. Mas pequeña aún, observé tantos fragmentos y pedazos irreconocibles: filamentos, gránulos, mitocondrias y luego, el núcleo, que me pareció la sede central de la estructura. Me encogí más y más, hasta que me encontré dentro del núcleo, observando la doble hélice del ADN, enrollada apretadamente en su espiral dorada. Por todas partes había fragmentos y pedazos infinitamente pequeños, flotando dentro y alrededor de mi propia estructura de ADN, y de alguna forma supe que esto era lo que había venido a observar desde los confines de mi mente multidimensional, y luego a compartir con los demás.

Una vez más, cada parte de la creación—cada partícula, cada filamento, cada folículo—estaba conectado por la Telaraña de Luz; una vez más, mi mera observación de esos aspectos de la consciencia afectó su comportamiento. Su luminiscencia, actividad y energía se amplificaron, mientras me enfocaba en cada segmento, con una atención particular en cómo los filamentos del ADN se conectaban conscientemente, en patrones complejos de geometría sagrada, reaccionando a los movimientos y al pulso de los demás.

Sin ninguna intención consciente ni voluntad propia, como si una suprema sabiduría hubiera prediseñado cada paso de mi viaje, seguí encogiéndome más, más pequeña que la minucia de un núcleo, hasta que me encontré nadando alrededor del mundo subatómico—el microcosmos—donde los átomos, protones y neutrones giraban por todas partes a mi alrededor, en la exhibición más espectacular de relación espacial, forma y vibración perfeccionada. Allí también, cada partícula infinitesimal estaba conectada por hilos de luz espiralados que impregnaban el infinito. Todo estaba conectado en una proporción divina, manifestada a través de la geometría sagrada, el sonido y la luz.

También aquí, estos aspectos—todos los elementos atómicos— eran tan conscientes de que los miraba y los observaba, como yo lo era de ellos. Dondequiera que ponía mi atención, la energía se hacía más intensa y reaccionaba a mi consciencia. Estaba claro que estábamos bailando juntos un ballet cósmico de consciencia, coreografiado por el Divino Maestro.

Se me mostró que desde el inmenso despliegue macrocósmico del gran universo, al vasto mundo microcósmico, subatómico, no existe absolutamente ninguna diferencia. ¡Lo que siempre había entendido intelectualmente estaba ahora impreso en mi alma! Entre esos dos reinos y dentro de ellos, se encuentra el reino físico, la coherencia de la energía luminosa que forma lo que percibimos como la "materia". Entendí, como nunca antes había entendido, que nosotros los mortales somos la luz fusionada de tan increíble planificación divina y, como todo lo demás que existe, cada aspecto de nuestro ser esta entretejido en proporción, vibración, sonido y luz sagrados. Todas las cosas están conectadas en este diseño de amor puro; todo está en divina proporción, y todos los seres vivos reaccionan al ser observados, respondiendo, a su vez, a la energía del observador.

Solo aquel vacío silencioso y negro, permaneció oscuro e desconocido. ¿Qué me habían mostrado, y por qué? Sabía que era importante, pero todo lo que logré entender de esto fue una sensación de desapego y de "nada". ¿Era este el "vacío" que buscaban los gurús de la meditación trascendental? Tal vez no debía saberlo entonces, pero mirando hacia atrás creo que estaba siendo testigo de la "desconexión", un campo vibratorio tan denso, tan separado del campo de luz de Dios, que no tenía nada para que yo viera. En cambio, sirvió de espejo en mi subconsciente, donde podía mirar con desapego cualquier miedo residual a lo oscuro y desconocido que todavía tenía allí.

Soy muy consciente que la valentía era uno de los requisitos previos para estar capacitada, en ese mismo viaje, para servir como canal para esos extraordinarios seres de luz. Aparentemente, pasé la prueba.

Sigo sin temer lo oscuro desconocido, aunque me pregunto qué es lo que acecha allí, en oposición a la Luz, y si algo tan siniestro como la inteligencia sintética es realmente capaz de separar las almas de ese amor. ¿Quién sabe lo que hay en ese vacío, si es que hay algo allí? Algunas cosas no están destinadas para ser analizadas con la mente racional. Seguramente, la totalidad de aquel viaje cósmico a través de la maravilla de toda la Creación desafió al intelecto y habló directamente a mi corazón y a mi alma, y eso es todo lo que me importa.

Ahí es donde vivo.

Así es como respiro.

*

Cuando por fin me devolvieron a mi cuerpo, que permaneció inerte en esa formación de cultivos por más de dos horas, apenas podía conmigo. El mundo físico estaba irreconocible y me costó horrores volver a él. Todo se veía, olía y se sentía tan diferente de cuando salí de mi cuerpo. Me pareció como una eternidad antes de que pudiera sentarme, ya que las cosas a mi alrededor estaban girando una vez más, casi fuera de control. Me recosté nuevamente, esperando que el mareo y la náusea pasaran.

Había un puñado de personas alrededor, pero caía la noche y muchos se alejaban, abandonando el campo. No puedo decir que fui capaz de discernir cual de esos seres eran físicos, y cuales espíritus o apariciones de otras dimensiones. Recuerdo a una señora mayor, que me miraba con preocupación. Escuché que me pedía, telepáticamente, que moviera los dedos y las manos. Cuando lo hice, ella desapareció, así que supe que era una especie de guía o presencia angelical, que me ayudaba a regresar al mundo físico.

Mi amigo, Arthur, que había sido tan amable de llevarme hasta allí en su coche, apareció entonces. Dijo que yo había estado "inconsciente" por más de dos horas y que había estado preocupado por mí, pero la gente le dijo que me dejara estar y que no interrumpiera mi proceso, así que había pasado un rato en Stonehenge mientras yo atravesaba el universo. ¡Gracias a Dios por esas personas sintonizadas!

Cuando los giros disminuyeron y conseguí estar lo suficientemente conectada a tierra para ponerme de pie, vi docenas de seres interdimensionales peinando el campo, unas enormes bolas de plasma colgadas a poca altura en el aire, y dos Hombres de Negro, próximos, que me miraban, amenazadoramente. En ese ínterin entre las dimensiones, volviendo de los confines más lejanos de lo que solo puedo describir como haber accedido conscientemente al ADN del universo cuántico, pude ver la tela de araña entre todos ellos, conectando todas las piezas de nuestra experiencia humana y no humana. Lentamente, a medida que volvía a sentirme totalmente presente en la consciencia de mi cuerpo, de regreso a la ilusión de la separación que define nuestra percepción de tercera dimensión, se desvaneció.

Mientras caminaba la larga distancia que había desde el campo hasta el coche aparcado de Arthur, me sentí completamente extraña en mi propio cuerpo. Tardé todo el trayecto de regreso al pueblo de Glastonbury hasta que de nuevo me sentí cómoda en mi piel.

Y así comenzó mi trabajo con la consciencia extradimensional, y la exploración de toda mi vida del Diseño Divino—el Código Dios— enlazado a través de toda la Creación.

*

Cuando regresé a mi casa en Roma, comencé a canalizar al colectivo de Seres de Sirio, con quienes me había conectado a través del Julia Set, y de quienes tengo la bendición, hasta el día de hoy, de continuar recibiendo información para la humanidad. Sus mensajes, que abarcan más de veinticinco años de mi vida, han sido, en su mayor parte, sobre despertarnos a la interconexión de toda la Creación, la importancia de la geometría, la luz y el sonido como el "pegamento" que sostiene juntos los hilos del universo, y cómo estos aspectos pueden ayudarnos a ensamblar y sanar el ADN dañado o dormido dentro y alrededor de todos nosotros. Estos seres interdimensionales predijeron lo que enfrentaríamos ahora, en los "días del desierto" de nuestro tiempo en la Tierra, y nos llenaron de esperanza respecto a lo que viene, una vez que finalmente pasemos esta difícil fase de nuestra transición.

Desde el comienzo de aquellas sesiones de canalización, cuando empecé el proceso de traer sus profecías, he tenido la intención de ayudar a la gente en el mundo a acelerar ese proceso. El trabajo incluye honrar la perfección de los códigos de luz dentro de nuestra memoria celular y utilizar frecuencias vibratorias más elevadas para ayudar al cuerpo a recordar su estado de gracia divina y bienestar—y así, también al espíritu.

He dedicado mi vida a ser la escriba de la sabiduría de los antiguos, parte de la cual tenemos como karma en nuestras propias reservas subconscientes, y parte que hemos recogido de pueblos nativos, quienes, a pesar de las injusticias cometidas contra ellos, todavía consiguen conservar su capacidad innata de estar en armonía con la tierra, el cielo y las aguas. Cuando somos claros y determinados en nuestra intención de mejorar el ser biológico y honrar toda la vida en ese proceso, ayudamos a sanar los pedazos rotos, hasta nuestro propio diseño—la memoria celular—y, como estamos descubriendo, despertamos el ADN dormido (la "basura") que yace revuelto dentro nuestro.

Nunca antes ha sido tan importante como ahora que tomemos el control absoluto sobre nuestra experiencia soberana de un alma que pasa por la densidad de la vida física en el Planeta Tierra. Tenemos una clase de lo que parecen ser invasores extraterrestres y robotoides de IA, aparentando ser los humanos que tanto desprecian, empeñados en destruir toda nuestra especie, y dirigiendo a los científicos locos de laboratorios de tortura para acorralarnos, comida humana, dentro de sus jaulas mentales transhumanistas. Arrogantes y anclados en su propia importancia y sus poderes de manipulación, no pueden resistirse a transmitirnos esa intención.

Criaturas sin Dios, creen que somos impotentes contra ellos. Nos están diciendo, abiertamente, que no tenemos otro recurso que inclinarnos ante ellos, porque ahora poseen la nanotecnología que quieren implantar por la fuerza dentro de todos y cada uno de nosotros, para mutar permanentemente la raza humana, que ellos perciben como un rebaño de animales hackeable. Nos dicen abiertamente que vienen por nuestro ADN, para reemplazar la versión dilapidada de nuestra humanidad—"humano 1.0"—con su nuevo modelo, uno completamente controlable y hackeable, que utiliza sensores del cuerpo "externos", implantes de chips RFID, tatuajes subcutáneos de luciferina que brillan, interruptores de ADN y sabe Dios que otras herramientas desviadas que aún tenemos que conocer. Todo esto tiene como propósito convertirnos en su versión computadorizada, sin alma, de nosotros mismos: "Humano 2.0."

Tienen la intención de hackear el Código Dios, reemplazarlo con el 666, y ritualmente robar el alma humana, así pueden entregarnos a su dios con cuernos.

Esa es la naturaleza del Armagedón; ese es el diseño de la Marca de la Bestia.

Pero nosotros, seres humanos de libre pensamiento, somos caballos salvajes en una pradera abierta. Pueden ser capaces de acorralar a algunos de nosotros, pero inevitablemente encontraremos una manera de liberarnos. Nuestra carrera hacia la libertad es más importante para nosotros que la vida misma. Anula el instinto de sobrevivencia, porque la vida, sin libertad, no vale la pena ser vivida.

Tenemos expertos en las áreas correctas buscando formas de mitigar el daño de lo que ha sido inyectado en nuestros hermanos y hermanas que aceptaron o fueron hipnotizados para participar en este "experimento de emergencia". Encontraremos soluciones. Debemos encontrarlas. Tratamientos, suplementos, y nuevas metodologías se están haciendo disponibles para desintoxicar los venenos, y para expulsar del cuerpo el óxido de grafeno y otros horrores. Se están desarrollando protocolos para mitigar el daño infligido al ADN. Para cuando este libro se imprima, es posible que ya hayamos logrado un avance.

Mientras tanto, debemos recordar que somos capaces de alterar cada célula de nuestro ser con nuestra intención enfocada y nuestros pensamientos, con las frecuencias vibratorias de la luz y el sonido, y con la oración, el amor y la risa. Si entendemos cómo usar la intención absolutamente enfocada para afectar la materia, seremos capaces de reparar lo que ha sido dañado. Seguramente, podemos usar la mente sobre la materia para expulsar al invasor. Podemos comenzar el proceso de activar parte del noventa por ciento de nuestro ADN "no codificado", restableciendo la geometría sagrada, perfeccionada, dentro de todos nosotros. Es una cuestión de pensamiento correcto, palabra correcta y acción correcta, como se nos enseña en la tradición budista; está determinada por nuestra habilidad para enfocar la mente y establecer nuestra intención. Se trata de lograr resonar con frecuencias más elevadas.

Necesitamos cuestionar todo lo que desafía nuestra libertad, nuestra visión y derechos soberanos como seres humanos, y hacer elecciones que honren el propósito del alma.

Necesitaremos estar decididos, vigilantes, y más centrados que nunca antes, para poder navegar alrededor de las trampas que se están tendiendo en los bosques de nuestras mentes.

Así que, protejan su universo.

Y recuerden siempre que ellos no pueden tomar lo que ustedes no les den voluntariamente.

Capítulo 19

La Manifestación y el Espíritu Soberano

Ahora que nos hemos ensuciado las manos con el hollín de hechos tan oscuros como aquellos a los que nos enfrentamos, es con la vista puesta en el resultado positivo que debemos enjuagarnos, y planear nuestro camino de regreso a la increíble maravilla que significa estar vivos, aquí y ahora.

Reconozcamos que el juego del mal no ha debilitado nuestra determinación, ni nos ha hecho resonar con el miedo que quiere crear dentro de todos nosotros. Lejos de eso. Por el contrario, nos ha recordado nuestra increíble determinación. Nos ha fortalecido, empujándonos a enfrentar nuestro miedo y a superarlo; ha despejado la pista, desde un lugar tan profundo adentro, para lo que sabemos que vinimos a hacer aquí. Ahora es el momento en que debemos hacer retroceder a los árbitros omnipotentes de falso poder y movernos adelante, perforando las sombras con nuestros sables de luz, e inutilizando su poder con nuestra claridad, nuestra determinación y, por encima de todo, con nuestro amor.

Al escribir este libro y publicarlo por mi cuenta, me comprometo a hacer eso precisamente.

Para aquellos que han recibido una o más inyecciones del sistema de reescritura de ARNm-ADN sintético, así como para aquellos que las han rechazado, éste es el momento en que debemos dirigir nuestras energías a mitigar cualquier daño a la memoria celular, mientras aceleramos el reensamblaje del ADN "no codificado". ¡La respuesta está allí, en esas diez hebras! Debemos usar una intención extraordinariamente enfocada para anular lo que está sobrescrito, por así decirlo, y restablecer la integridad del lenguaje de nuestro Diseño Divino.

Creo absolutamente que la solución al problema que enfrentan aquellos que aceptaron las mentiras del invasor está en nuestra activación de la "basura", cuyo verdadero propósito será finalmente revelado en este tiempo—la hora del Armagedón.

Varios médicos, investigadores y científicos con visión de futuro queman velas por las noches, buscando formas de tratar los números crecientes de reacciones adversas sufridas por esas personas desafortunadas que confiaron en sus gobiernos, para neutralizar ese implante de ARNm y eliminarlo del sistema con suplementos y hierbas, pero, personalmente, pienso que no va a ser tan sencillo. No hay ninguna varita mágica que podamos usar, si abordamos este problema con el uso de suplementos, nutrientes y medicamentos solamente. No adhiero a la idea de que pueden tomar unas pocas vitaminas de alta potencia o limpiezas de parásitos para "eliminar" un mecanismo sintético de nanotecnologia que se ha incrustado en el ADN, emitiendo nuevas órdenes destructivas en el manual operativo de sus seres biológicos, y utilizando los depósitos de varias inyecciones de óxido de grafeno, construyendo sistemas de nanocomputadoras dentro de la sangre y los tejidos que, al parecer, están diseñados para responder a ondas de radio y a otras señales remotas.

Teniendo en mente que nada tiene más poder sobre nuestros seres y nuestra habilidad para alterar la realidad que la mente enfocada, debemos ahora, con absoluta claridad de intención y con integridad consciente, dedicar nuestros esfuerzos a revertir todos los sistemas deshumanizantes—aquellos que actualmente están en marcha, así como también las agendas programadas para el futuro inminente: robar nuestras almas, y entregarnos al tecno-dios del reino reptiliano.

Hayan o no sucumbido a las inyecciones de veneno, y ya sea que estén procurando reparar el daño o prevenirlo, ahora es el momento, si están listos, para ejercitar la manifestación y visualización de precisión para despejarse de cualquier pensamiento invasivo, emociones o materias toxicas; interrumpir y desintegrar todos y cada uno de los implantes no consentidos; y reclamar su soberanía contra todos los invasores autoritarios.

Hace más de veinte años, el Alto Consejo de Sirio describió este intento de golpe para sabotear nuestro ADN, con un ojo muy atento a las maquinaciones que se usarían para conducir la evolución humana en la dirección equivocada, abortando nuestra trayectoria de ascensión. Sus predicciones sobre lo que exactamente se está desarrollando ahora se encuentran descriptas en el tercer libro de las Revelaciones de Sirio, titulado: *Basta de Secretos, Basta de Mentiras*. Allí nos advirtieron que confrontáramos los asuntos tratados en el libro, y que tomáramos medidas muy serias y muy urgentes para revertir el curso de los eventos planeados para nuestra destrucción, activando el ADN dormido dentro nuestro. . . y sanando lo que necesitaba ser sanado a nivel celular. Ellos nos estaban llamando a ejercitar nuestra habilidad de mente-sobre-materia, para poder manifestar lo que pudiéramos necesitar, y para superar las adversidades contra las que nos enfrentaríamos—exactamente dónde estamos hoy.

En el capítulo, ADN y el Ser Cristalino[35], leemos:
"Les hemos transmitido constantemente la necesidad de estar centrados y de fijar siempre la vista en las intenciones más elevadas—para que el Todo sea servido—en cada aspecto de su existencia . . . y en su dedicación para servir como guerreros de la luz, sanadores y guías. Esto es de suma importancia, no solo para sus experiencias individuales, o para sanar a Gaia, sino

---

35   No More Secrets, No More Lies, Patricia Cori, 2022, pgs. 196-200

también para los patrones del alma de toda la raza . . . y hacia afuera, reverberando eternamente y sin limitaciones a través de las dimensiones y del no-tiempo.

Ninguna ley universal les niega el derecho a extenderse, alcanzando esa experiencia divina de alterar la materia. De hecho, esto es parte de su ascensión espiritual, como también lo es conocer a su Primer Creador y comprender el significado de todo lo que existe en todas partes a su alrededor. Sepan, sin embargo, que nunca se logrará con éxito realizar ese asunto en el tubo y en la placa de Petri, en el laboratorio o en la sala de operaciones, donde se invade la soberanía—la esencia del alma no tiene ninguna consecuencia ni consideración—y donde la esterilidad de la mente del experimentador es primordial para un resultado "objetivo".

En cambio, como hemos compartido con ustedes a través de estos trabajos, el proceso de alterar la materia (disfrazado en las enseñanzas secretas de los antiguos como la "trasmutación del plomo en oro") es esa transformación exquisita en la que el pensamiento centrado en el corazón alcanza resonancia con la vibración consciente de la materia, y luego (a través de la intención centrada en que se sirva el bien más elevado) la substancia, elevada a su estado exaltado de ser, ¡es transmutada a nuevas formas, o desaparece por completo!

La máxima expresión de su divinidad acontece cada vez que elevan la vibración de sus propios pensamientos, aquellos del colectivo y la materia de todas las densidades y estructuras. O cuando, simplemente, se acercan a la perfección que se manifiesta en toda la belleza que los rodea: sintonizando con la esencia de la rosa, viajando por el canto de un pájaro o el puente de un arcoíris.

En esos momentos de suprema consciencia, ustedes no están simplemente "jugando a" ser divinos. Ustedes son dioses,

dioses del reino de la Tierra, dioses del Universo, insuflando sus almas en la matriz, así como nosotros hemos insuflado en las suyas . . . así como el Ser Supremo insufla Todo Lo Que Es para que exista.

El fervor desenfrenado de sus científicos genetistas y técnicos por diseccionar y luego reconstruir el genoma de cada ser vivo, refleja la dualidad que prevalece en su mundo altamente polarizado. Por un lado, su reconocimiento de los fundamentos matemáticos de la química y la biología, el lenguaje del Primer Creador, es la Sabiduría Secreta que sale a la luz dentro de ustedes—el Hombre Noble que se eleva hacia sus dones y su inteligencia innatos. Por el otro, el deseo de algunos de utilizar el conocimiento para alterar la realidad de tal forma que su raza interviene con el proceso natural, manipulando la vida y distorsionándola para cualquier otro propósito que no sea el más elevado bien del Todo, es un reflejo de la ignorancia humana . . . brillante y oscura, como el ónix negro pulido.

Por eso es tan absolutamente relevante que ustedes, los que despiertan, sean plenamente conscientes de la arquitectura de la vida, del ADN, y de las mutaciones que ocurren naturalmente y que están comenzando a manifestarse dentro de los seres vivos de todos los sistemas planetarios bajo el abrazo de Ra (porque la vida prolifera sobre otros planetas en su sistema solar), así como son sabios al investigar y considerar las implicancias del trabajo que está teniendo lugar en los laboratorios de diseño oscuro.

Afortunadamente, existe una comunidad científica paralela, que está igualmente dedicada a comprender cómo el espíritu impregna y crea cada aspecto de la realidad, y que está uniendo el espíritu y la ciencia de tal forma que tanto los pensadores intuitivos como los basados en la lógica pueden abrazar la sabiduría que emerge de sus descubrimientos. A medida que estos científicos libres—los científicos cuánticos—aportan los nuevos paradigmas de su realidad de 3D y del Universo multidimensional, hay más de ustedes que son capaces de reconocer conceptualmente la verdadera naturaleza de toda la realidad.

Ustedes están comenzando a darse cuenta con cuánto esplendor y cosmometría intrincada la inteligencia de la Creación—que manifiesta la intención de sus almas y del continuum genético de sus familias, especies y razas heredadas (y ancestros de las semillas estelares)—crea meticulosamente sus formas físicas. Esta codificado en la fibra misma de sus seres: el ADN humano. Desde la esencia etérica hasta los aspectos más densos de sus cuerpos terrestres (si realmente se los puede definir como densos), todo está diseñado con la precisión más insondable, un ritmo numérico soberbiamente orquestado, y una proporción cosmométrica.

También existen científicos genéticos controlados que están financiados y dirigidos por el Poder para, sin saberlo, servir al plan de los Annunaki de dominio absoluto sobre la raza humana. Algunos, a los que se asignó la desconcertante tarea de catalogar y preservar el ADN de todas las formas de vida de la Tierra, creen que están trabajando por el bien de la humanidad y la protección de otras especies, sin saber que el trabajo dedicado de sus vidas solo recibe subsidios del gobierno y financiamiento para asegurar que las semillas de toda la biología de la Tierra sean transportadas a otro planeta anfitrión y a la estación lunar—la "zona de espera" de la élite del poder.

Otros, de una persuasión mucho más oscura, son recolectores voluntarios de especímenes para los Annunaki y sus colaboradores extraterrestres, que siempre tienen la intención de gestar una fuerza esclava perfeccionada para otros mundos, en otros marcos de tiempo y espacio. Algunos de estos científicos del gobierno sirven como asistentes de laboratorio para los Zeta Reticulanos, en esa fase de su invasión de la soberanía humana que involucra recoger esperma humano y óvulos de "secuestrados" involuntarios y aterrorizados—un programa que intenta salvar a su propia raza involutiva de la extinción.

Y aún otros, enfocados en recompensas económicas incalculables, están trabajando para "capitalizar" las increíbles reservas de sabiduría contenidas en los diseños de la Creación al buscar crear y perfeccionar unidades de computadora de ADN biomolecular que son tan minúsculas que caben, un trillón por vez, en un tubo de ensayo de laboratorio.

La capacidad de producción potencial de una computadora microscópica de ADN (ya pasadas las etapas preliminares de su desarrollo biotecnológico) es realizar más de sesenta billones de operaciones computadorizadas controladas por segundo. Esto, la robotización activada por comandos de su inteligencia innata desde el nivel molecular de su experiencia humana, es la vanguardia de su tecnología encubierta.

Un centímetro cúbico de su sofisticado ADN, en su expresión limitada—la doble hélice—puede almacenar más datos de lo que puede ser grabado y almacenado en más de novecientos billones de discos compactos de su actual tecnología de gestión de datos. Como se pueden imaginar bien, ésta es una información muy interesante para los diseñadores de tecnología, que tienen la intención de computadorizar a los seres humanos.

Cada célula viva, contenedora de las moléculas de gestión de datos del ADN, está siendo estudiada por sus capacidades asombrosas para gestionar y codificar cantidades inmensurables de información. La molécula de doble hélice, base de su ADN actual, registra datos basada en cuatro plataformas químicas principales—actualmente identificadas por sus científicos con las letras escritas: A, T, C y G. Esto proporciona una capacidad monumental de memoria y una fórmula que puede ser desarrollada en un "lenguaje" biotecnológico muy sofisticado—del tipo que algunos técnicos informáticos genéticos apenas han comenzado a aprovechar.

La visión de ellos de células vivas que sirven como computadoras biotecnológicas complejas que pueden ser programadas y ordenadas a funcionar como redes de distribución de información, representa las primeras etapas de un enfoque del cerebro izquierdo, y nosotros tenemos el propósito de ayudarlos a ustedes a acceder desde una experiencia del cerebro derecho, la capacidad de la consciencia humana y de una mente enfocada para afectar cada unidad molecular en el cuerpo, alterando la composición del cuerpo, mente y espíritu.

Imaginen, si pueden, ¿qué serían capaces de computar doce hebras interactivas de ADN (cuatro tetraedros de luz perfectamente interconectados)? ¿Imaginan lo que la "basura" que les han dicho que no tiene ninguna función reconocible ni propósito podrá decirles, crear, recordar?

Imaginen su enorme capacidad, Homo sapiens.

E imaginen, solo imaginen, con qué majestad y luz han nacido en el reino de la Tierra.

Nuestra intención es desarrollar, en profundidad, los patrones de su consciencia celular en evolución y el ADN codificado en la luz que está operando ahora o que yace dormido, esperando la reconexión, para que puedan comprender de forma más sucinta lo que ocurrirá cuando reagrupen estos filamentos de luz: primero creando una triangulación, luego la estrella tetraédrica, la Supraluminiscencia, y después el Vórtice de Luz cosmométrico perfeccionado dentro de cada célula de sus cuerpos de luz despiertos".

*

En las activaciones y meditaciones que siguen, invocaré una vez más al Alto Consejo de Sirio, para traer su extraordinaria voz y firma vibratoria al trabajo que nos comprometemos a realizar: reclamar nuestro derecho soberano a la libertad, sanar, reparar el ADN y desvincular cualquier interferencia que existiera en el mismo, mediante la reconstrucción de la sagrada estructura de las dos formas tetraédricas que corresponden a la tercera, cuarta, quinta y sexta hebras de las diez que están dormidas, llamando a los fragmentos y pedazos de regreso a casa, y estableciendo la plantilla para los dos tetraedros adicionales (de la séptima hasta la doceava hebras) para que se manifiesten en el momento apropiado en la actualización de nuestra ascensión vibratoria personal y planetaria.

Respiraremos la esencia vibratoria de Yahweh en los éteres, en nuestros campos áuricos, y en el ADN.

Estas meditaciones, en las que los guiaré a través de las activaciones utilizando frecuencia Solfeggio 528 Hz para sanar el ADN, pueden encontrarse en mi curso online, El Diseño Divino; la información se puede encontrar al final de este libro.

Por favor, vengan al trabajo sin expectativas; comprometan su intención absoluta y enfocada, para manifestar el resultado que desean en la experiencia.

Recuerden siempre, cuando se embarquen en cualquier meditación profunda o trabajo espiritual, que deben crear un espacio sagrado alrededor de ustedes. Utilizo esta oración y declaración, cuando quiera que me embarco en cualquier trabajo psíquico, en servicio al Espíritu, y por la noche, cuando me acuesto para descansar:

"Llamo a los Ángeles Guerreros de la Luz,
pidiendo ser envuelta en un manto impenetrable de luz blanca dorada.
Que se mantenga como una barrera contra todas las energías que no son del
orden más alto,
y que pueda servir como un faro
para los Seres de Luz de la más elevada intención, amor y Espíritu".

Capítulo 20

Recuperen Su Mente

Antes de que se embarquen en la reparación de todas y cada una de las alteraciones genéticas dentro de su matriz celular, y la activación de su material de ADN "no codificado", van a necesitar realizar un *feng shui* total de toda la interferencia electromagnética que los mantiene atados a la red tecnológica. Van a necesitar esforzarse para salir de la complacencia, con respecto a esa interferencia, sabiendo que parte de ella está fuera de su control, pero que mucha de su influencia es una consecuencia de su propia adicción a ella.

La mayoría de las personas no puede reconocer lo que esta tecnología está haciendo a sus vidas, especialmente a las vidas de sus hijos, cuyos campos de fuerza electromagnéticos están todavía en formación, todavía manifestando energía en forma.

Tienen que admitir eso, para poder moverse más allá. Si ya están "allí", bien por ustedes. Están un paso más cerca de liberarse de la matrix que la mayoría de las personas en el Planeta Tierra. Si no están listos para evitar la tecnología, mientras invade más y más sus vidas diarias, esa es una elección que ustedes, por supuesto, son libres de tomar. Nadie los está empujando, y no necesitan juzgarse a sí mismos. Solo ustedes pueden decidir si están listos, y cuándo, para romper las cadenas que vienen del entretenimiento tecnológico y el control mental que resulta de utilizar esos dispositivos. Sin embargo, necesitan ser conscientes de lo que se está usando contra ustedes, para tomar esa decisión.

Solo cuando comprenden que la televisión y otros dispositivos electrónicos han sido diseñados por la Big Tech no para entretener, sino para atraparlos a ustedes y a sus seres queridos, pueden liberarse de esa adicción electrónica—tecnología que induce hipnosis, radiación electromagnética, y frecuencias y programación que alteran la mente—que ustedes permiten que se filtre en su psiquis, día tras día, durante horas y horas, con poca o ninguna protección. Ellos duermen la intuición, los distraen de todo lo que ocurre a su alrededor, y dirigen sus pensamientos hacia realidades distorsionadas que alguien más—un extraño, o tal vez, un robot—ha diseñado para sus mentes.

Ese extraño informa al complejo militar-industrial. Nunca lo olviden.

Así que, si ya se han liberado de eso, especialmente de la programación de la televisión, muy bien hecho. Son una minoría muy pequeña de personas que consiguieron verlo tal y como es y liberarse de sus garras. Si no lo han hecho, y todavía son adictos, pero están decididos a recuperar su libertad, entonces ha llegado el momento de cambiar ...y cambiar rápidamente.

Liberarse de ese dominio sobre ustedes requerirá un ajuste significativo del estilo de vida—uno permanente—y no un ejercicio momentáneo que más tarde ustedes olvidarán o sabotearán. Todos los que en sus mundos estén pegados a la matrix harán todo lo que esté a su alcance para evitar que ustedes hagan esto. Tendrán que ser lo suficientemente fuertes para mantenerse firmes contra esas resistencias, para que puedan tener muy claro todo lo que he compartido con ustedes a lo largo de este libro, y darse cuenta de lo que está sucediendo en los corazones y en las mentes de sus familias, sus comunidades y sus mundos.

Será la desintoxicación más grande en la que se hayan embarcado en sus vidas.

Van a necesitar encontrar una fuerza interior que tal vez nunca antes hayan tenido que probar, antes de tomar la decisión de dejar la adicción inducida y la hipnosis de la tecnología.

Recuperarán el control sobre sus mentes y sus vidas al reconocer cuánto más claramente pueden ver lo que está ocurriendo a su alrededor, cuando sus pensamientos no están dictados por la programación.

Desde la primera aparición de monitores en blanco y negro en las casas de todo el mundo, hasta la proliferación actual de todo tipo de dispositivos high-tech en nuestras casas, oficinas, escuelas, clubes, tiendas, y plazas públicas, la distracción impregna nuestras vidas privadas y en comunidad. En todas partes encontrarán una pantalla de televisión o de un teléfono celular, al frente y en el centro. ¿Y quién puede caminar por una calle sin cruzarse con personas que están tan concentradas en sus teléfonos celulares que a veces se chocan con ustedes? Ajenas a todo lo que las rodea, estas personas no tienen ni idea de lo vulnerables que esto las hace, en un mundo donde la violencia está aumentando dramáticamente, y en el que los niños son arrebatados en las veredas cada minuto del día.

Recuerdo cómo, cuando era una niña, nuestros padres limitaban nuestro tiempo frente a la pantalla del televisor, y cómo nos hacían sentar a una distancia considerable de ella. Entonces, todavía desconfiábamos de la tecnología, y estoy agradecida por eso. Desafortunadamente, los niños de hoy no disfrutan de esa protección, porque sus padres de la generación posterior a los baby boomers aún no habían nacido cuando nosotros éramos confrontados con la televisión por primera vez a mediados de los años 50. Las personas nacidas después de los años 90 no tienen idea de cómo era la vida antes de las computadoras, la Internet, y el teléfono celular, que asomó su fea cabeza inmediatamente después de que las computadoras proliferaran en todo el mundo. Ellos no parecen saber ni preocuparse por lo peligrosos que realmente son estos dispositivos que producen radiaciones, y eso es antes de que empecemos a considerar lo adictivos que son, especialmente en esas neuronas que están aún en formación en el delicado cerebro de un niño.

Muchos de los niños de hoy tienen un teléfono celular, una consola de juegos o una portátil en sus manos cuando tienen dos años de edad. ¿Qué tan loco es esto? Aparentemente, esos padres no han hecho su tarea, o tal vez encuentran que es una "herramienta de gestión" más fácil para entretener a sus bebes con la programación electromagnética. Simplemente, no pueden entender completamente lo que están haciendo a sus hijos, y lo peligroso que es todo esto en tantos niveles.

Es realmente criminal que esta tecnología se comercialice a cualquiera, especialmente a los jóvenes. Solo recuerden que Steve Jobs y Bill Gates no permitieron que sus hijos se acercaran a ella sino a partir de cierta edad. Esto debería decirles todo lo que saben sobre lo peligrosa que es. Desafortunadamente, para aquellos que no tienen el tipo de influencia que les permite establecer sus propios estándares sobre sus vidas y las de sus hijos, y la riqueza para respaldarlos, ser un padre protector que niega las "herramientas" que otros niños tienen, puede ser percibido hoy como abuso infantil. Todos somos muy conscientes de lo ansioso y dispuesto que está el estado de intervenir entre los padres y sus hijos, dondequiera que pueda meter su nariz en los asuntos de una familia . . . cualquier excusa que pueda encontrar para declarar a los padres "incapaces", para poder quitarles a sus hijos. Está claro que la autoridad de los padres y la unidad familiar están siendo usurpadas y destruidas por un estado extralimitado y cada vez más ilegal.

Dependiendo de las estadísticas a las que ustedes se adhieran, hoy en día el tiempo estimado que los niños pasan pegados a las pantallas de televisión, computadoras y teléfonos celulares es de más de nueve horas por día. ¡Eso es más de la mitad de sus horas de vigilia! Esa cifra puede ser conservadora, si se considera que los niños también trabajan con computadoras en las escuelas, juegan—a menudo hasta altas horas de la madrugada—y llevan sus teléfonos celulares a todas partes. . . ¡incluso al baño! Esto significa que están pegados a una pantalla la mitad de sus vidas conscientes.

Aquí estamos hablando de adicción.

Los números no son mucho mejores para los adultos, estimándose que miran las pantallas durante un promedio de siete horas al día. ¿Siete horas de la vida de uno... cada día? Que desperdicio de vida preciosa.

Lo que aquí tenemos, señoras y señores, es una epidemia tecnológica en toda regla, de las variedades de propaganda y control mental. ¿Creen que esto es por accidente?

Si lo creen, será mejor que lo piensen de nuevo.

*

Un ejemplo: el trabajo de Herbert E. Krugman, quien se desempeñó, desde 1967 hasta 1983, como gerente de Corporate Public Opinion Research, para la General Electric Corporation. Él también había ocupado la posición de presidente de la American Association for Public Opinion Research de la Division of Consumer Psychology of the American Psychological Association, y del Market Research Council of New York.

El Dr. Krugman recibió su Ph.D en la Columbia University en 1952, y su B.S.S. del The City College of New York en 1942. Trabajó en facultades de las Universidades de Yale, Princeton y Columbia, y fue un administrador del Marketing Science Institute en Cambridge, director de la Advertising Research Foundation, y presidente del Research Policy Committee de la Association of National Advertisers.

Es interesante notar, ¿no es así?, que una compañía eléctrica/electrónica como la General Electric tenga personas con esas credenciales tan notables entre sus empleados, dirigidas a la psicología y al consumidor. Controlar cómo las personas responden a la publicidad de la televisión y de otras tecnologías debe ser muy importante para el resultado final. No puedo evitar pensar que si eso fuera solo más importante para el consumidor, muy posiblemente no nos encontraríamos en este lío en el que estamos hoy, y seguramente nunca nos hubiéramos convertido en consumidores sin sentido, como lo hemos hecho en nuestras sociedades contemporáneas.

Esto se nos ha impuesto a través de medios que son verdaderamente insidiosos, inmorales y, donde todavía tenemos un sistema judicial que funciona, abiertamente ilegales.

En 1969, Herbert Krugman llevó a cabo un experimento de estudios clínicos para G.E., en el Laboratorio de Neuropsicología de la Escuela de Medicina de Nueva York, para lo cual conectó su caso de prueba, una mujer de veintiún años, a un EEG (electroencefalograma). A los sesenta segundos de estar observando la pantalla de televisión, las ondas cerebrales de la mujer cambiaron de pensamiento activo, alerta, a un estado receptivo, pasivo, que favorece que las mentes consciente y subconsciente absorban cualquier información que el sujeto esté recibiendo: de Beta a Alfa, o Alfa baja, dentro de los sesenta segundos de estar sentada frente a la pantalla del televisor.

Lo que surgió de ese estudio, pregonado por la Advertising Research Foundation que él dirigió, fue que los publicistas ni siquiera necesitaban sembrar mensajes subliminales en sus avisos (a pesar de lo cual, lo hacen), porque el cerebro entra en un estado de receptividad a las sugerencias en segundos de haber encendido el televisor.

¿Imaginan lo que se está bombeando dentro de un cerebro receptivo que está pegado a múltiples pantallas siete horas o más al día?

Consideren que lo que hasta ahora han entendido que contribuye a un estilo de vida más saludable, como la reducción o eliminación de la adicción a los electrónicos, del arrastre, y de la radiación electromagnética, es ahora un asunto de vida o muerte.

Más está en camino.

Mucho, mucho más está en camino.

Van a necesitar elegir entre la libertad o estar atrapados. La televisión, las computadoras, y los teléfonos celulares—todas pantallas electrónicas—están diseñados para llevarlos a un estado de trance hipnótico en cuestión de segundos, sin que puedan darse cuenta de cómo están siendo arrastrados por las frecuencias usadas contra ustedes. Todos ellos son dispositivos que controlan la mente, que manipulan su psiquis, descargando programas de todo tipo en sus memorias presentes y futuras.

Esas memorias pueden activarse más adelante. Eso significa que lo que sea que haya sido descargado dentro de sus reservas subconscientes, puede ser evocado por los que hacen esa descarga, a voluntad. Y eso, mis amigos, es control mental, puro y simple.

El parpadeo de la pantalla de televisión está diseñado para facilitar exactamente eso. No es un accidente. Reduce las ondas cerebrales del estado beta al alfa mediante la inducción de un estado de trance; esto ha sido demostrado prueba tras prueba. El subconsciente recibe y absorbe esos mensajes, y la "programación" queda depositada en el pozo profundo de la mente subconsciente, reflejando lo que ellos quieren que ustedes piensen, teman y deseen.

Puede ser que todo esto ya lo sepan. Pero ¿sabían que la Patente de Estados Unidos 650506158B2, bajo el título "Manipulación del Sistema Nervioso Mediante Campos Electromagnéticos de Monitores", fue registrada en 2001, por un tal Hendricus G. Loos (¿es acaso un nombre real?) que propone, como afirma el título, un método para manipular a un sujeto cerca de monitores que utilizan campos electromagnéticos pulsados, para "provocar una resonancia sensorial"? Esto lleva el parpadeo del televisor a un nuevo nivel, y esta es la sola razón por la que necesitamos apagar nuestras pantallas y desintoxicarnos de toda adicción a los electrónicos.

La tecnología que tiene como objetivo manipular sus campos energéticos, atraparlos y "provocar" la respuesta deseada para esa manipulación, fue patentada hace veinte años.

En el documento técnico[36] proporcionado en la solicitud de patente presentada por el Sr. Loos, leemos:

"Se han observado efectos fisiológicos en un sujeto humano en respuesta a la estimulación de la piel con campos electromagnéticos débiles que son pulsados con ciertas frecuencias cercanas a ½ Hz o 2,4 Hz, para provocar una resonancia sensorial. Muchos monitores de computadoras y tubos de televisión, cuando muestran imágenes pulsadas, emiten campos electromagnéticos pulsados de amplitudes suficientes como para causar esa estimulación. Por lo tanto, es posible manipular el sistema nervioso de un sujeto pulsando imágenes que se muestran en el monitor de una computadora o de un televisor cercanos. En este último caso, la pulsación de la imagen puede estar integrada en el material del programa, o puede estar sobrepuesta modulando un flujo de video, ya sea como una señal de radiofrecuencia (RF) o como una señal de video. La imagen que se muestra en el monitor de una computadora puede ser pulsada eficazmente por un simple programa de computadora. Para ciertos monitores, se pueden generar campos electromagnéticos pulsados capaces de provocar resonancias sensoriales en los sujetos que estén próximos, incluso cuando las imágenes que se muestran son pulsadas con una intensidad subliminal.

EXPLICACIONES:
- Un método para manipular el sistema nervioso de un sujeto que está ubicado cerca de un monitor; el monitor emite un campo electromagnético cuando muestra una imagen en virtud del proceso físico de visualización física; el sujeto tiene una frecuencia de resonancia sensorial; y el método comprende: crear una

---

36   https://patents.google.com/patent/US6506148

señal de video para mostrar una imagen en el monitor, la imagen tiene una intensidad; modular la señal de video para pulsar la intensidad de la imagen en un rango de 0,1Hz a 15Hz; y establecer la frecuencia de pulsación a la frecuencia de resonancia.

- Un programa de computadora para manipular el sistema nervioso de un sujeto ubicado cerca de un monitor; el monitor emite un campo electromagnético cuando muestra una imagen en virtud del proceso de visualización física; el sujeto tiene nervios cutáneos que se activan espontáneamente y tienen patrones de pico; el programa de computadora comprende: una rutina de visualización para mostrar imágenes en el monitor, la imagen tiene una intensidad, una rutina de pulsos para pulsar la intensidad de la imagen con una frecuencia en el rango de 0,1Hz a 15 Hz; y una rutina de frecuencia que puede ser controlada internamente por el sujeto, para establecer la frecuencia; por lo que el campo electromagnético se pulsa, los nervios cutáneos quedan expuestos al campo electromagnético pulsado, y los patrones de picos de los nervios adquieren una modulación de frecuencia.

- Una fuente de flujo de video para manipular el sistema nervioso de un sujeto ubicado cerca de un monitor, el monitor emite un campo electromagnético cuando muestra una imagen por virtud de un proceso de visualización físico, el sujeto tiene los nervios cutáneos que se activan espontáneamente y tienen patrones de picos, la fuente de flujo de video comprende: medios para definir una imagen en el monitor, la imagen tiene una intensidad, y medios para pulsar subliminalmente la intensidad de la imagen con una frecuencia en el rango de 0,1Hz a 15 Hz; el campo electromagnético se pulsa, los nervios cutáneos son expuestos al campo electromagnético pulsado, y los patrones de picos de los nervios adquieren una modulación de frecuencia.

RESUMEN:

Los monitores de computadoras y de televisores pueden ser hechos para emitir campos electromagnéticos débiles de baja frecuencia, simplemente mediante la pulsación de la intensidad de las imágenes que se muestran. Los experimentos han mostrado que la resonancia sensorial de ½ Hz también se puede provocar de esta forma en un sujeto que esté cerca del monitor. La resonancia sensorial de 2,4 Hz también se puede provocar de esta forma. Por lo tanto, se pueden usar el monitor de un televisor o de una computadora para manipular el sistema nervioso de las personas que estén cercanas a ellos.

Las implementaciones de la invención se adaptan a la fuente de flujo de video que controla al monitor, ya sea un programa de computadora, un programa de TV, una cinta de video, o un video digital (DVD).

Para un monitor de computadora, los pulsos de imagen pueden ser producidos por un programa de computadora adecuado. La frecuencia de pulsación puede ser controlada desde un teclado, de modo que el sujeto pueda sintonizar con una frecuencia de resonancia sensorial individual. La amplitud del pulso también se puede controlar de esta forma. Un programa escrito en Visual Basic (R) es particularmente apropiado para su uso en computadoras que utilizan los sistemas operativos Windows 95 (R) o Windows 98(R). Se describe la estructura de ese programa. La producción de pulsos periódicos requiere un procedimiento de regulación del tiempo preciso. Dicho procedimiento es construido desde la función GetTimeCount disponible en la Interfaz del Programa de Aplicación (API) del sistema operativo Windows, junto con un procedimiento de extrapolación que mejora la precisión de los tiempos.

La variabilidad de los pulsos se puede introducir mediante software, con el propósito de frustrar que el sistema nervioso se habitúe a la estimulación del campo, o cuando no se conoce la frecuencia de resonancia precisa. La variabilidad puede ser una variación pseudoaleatoria dentro de un intervalo limitado, o puede adoptar la forma de una frecuencia o de un barrido de amplitud en el tiempo. La variabilidad del pulso puede estar bajo el control del sujeto.

El programa que hace que un monitor muestre una imagen pulsante puede ejecutarse desde una computadora remota que está conectada a la computadora del usuario por una conexión; esta última puede pertenecer en parte a una red, que puede ser la Internet.

En un monitor de TV, la pulsación de la imagen puede ser inherente al flujo de video a medida que fluye de la fuente del video, o bien el flujo puede modularse para superponerse a la pulsación. En el primer caso, se puede arreglar para que un programa en vivo de la TV tenga una característica integrada simplemente pulsando ligeramente la iluminación de la escena que se está trasmitiendo. Por supuesto, este método también se puede usar cuando se hacen películas y se graban cintas de video y DVDs.

Las cintas de video pueden ser editadas para superponer la pulsación por medio de hardware modulador. Se analiza un modulador simple en el que la señal de luminancia del video compuesto es pulsada sin afectar la señal croma. El mismo efecto puede ser introducido en el lado del consumidor, mediante la modulación del flujo de video que es producido por la fuente del video. Un DVD puede ser editado con software, introduciéndole variaciones en forma de pulsos en las señales digitales rojo, verde y azul (RGB). Los pulsos de intensidad de imagen se pueden superponer en la salida de vídeo analógica por componentes de un reproductor de DVD modulando el componente de la señal de luminancia. Antes de entrar en el televisor, la señal de televisión puede ser modulada de forma que provoque pulsaciones de la intensidad de la imagen por medio de una línea de retraso variable que está conectada a un generador de pulsos.

Algunos monitores pueden emitir pulsos de campo electromagnético que provocan una resonancia sensorial en un sujeto que esté cercano, mediante la pulsación de imágenes que son tan débiles que resultan subliminales. Esto es algo desafortunado, porque abre un camino para la aplicación dañina del invento, por la que las personas están expuestas, sin saberlo, a la manipulación de sus sistemas nerviosos para los fines de otra persona. Tal aplicación no sería ética y por supuesto no es defendida. Se la menciona aquí para alertar al público de la posibilidad de un abuso encubierto que puede ocurrir cuando se está online, o cuando se mira la TV, un video o un DVD".

Si, efectivamente, esa aplicación no sería ética, por decir lo mínimo, y gracias por la advertencia, Dr. Krugman. Desafortunadamente, la mayoría de las personas nunca recibió su mensaje.

En cuanto al abuso encubierto al que alude, ellos están definitivamente subiendo la apuesta en este momento. La radiación 5G está empezando a usarse en ciudades de todo el mundo, friendo pájaros en vuelo y quemando los árboles y el follaje cercanos. Imaginen ¿qué les hará a los seres humanos, que sostienen sus no-tan-inteligentes teléfonos celulares contra la oreja, durante horas y horas? ¿Y cómo interactuará con toda esa nanotecnología que está dentro del cuerpo?

El software de las computadoras es mucho más invasivo ahora. No pasará mucho tiempo antes de que se les requieran sus perfiles biométricos para acceder a sus propias computadoras o teléfonos. Y la programación del sistema neuronal que sale de sus televisores son océanos más peligrosos que cuando el buen doctor aún vivía. Agreguen una pequeña carga de super radiación 5G a eso, y, Dios mío, qué pesadilla.

Si realmente quieren liberarse de la trampa de la ubicua matrix tecnológica, mi sincero deseo es que, después de haber leído esta información, hayan obtenido suficiente información científica para convencerlos de que eliminen (tanto como puedan) todos los dispositivos de los que los han hecho sentirse dependientes, desde que aparecieron.

Si no quieren caer presa de la agenda, tendrán que comprometerse a alterar completamente su dependencia de la pantalla. Entiendo lo difícil que será hacer un cambio completo de estilo de vida; recuerden que cuanto más difícil es, más adictos son a esto. Puede parecer casi imposible desconectar a uno mismo y a sus familias de la programación que se está transmitiendo, deliberadamente, a sus cerebros manipulados.

Lo se. Lo experimenté de primera mano.

Saqué el televisor de mi vida hace más de veinticinco años. Regalé mi iPad. He reducido enormemente mi actividad online y mi participación en las redes sociales, y cuando estoy en la computadora, configuro un temporizador para que interrumpa mi trance, a menos que esté escribiendo, en cuyo caso no hay ningún límite de tiempo. Dejo el teléfono celular afuera de la puerta de entrada, en una caja metálica, y solo lo chequeo una o dos veces al día para llamadas telefónicas, o si necesito hacer alguna transacción online.

Por favor, entiendan. No estoy sugiriendo que nos neguemos el entretenimiento proporcionado a través de estos medios e instrumentos de comunicación, o que regresemos a la era Victoriana de sentarnos alrededor de una vela por la noche, recitando poesía o compartiendo historias de fantasmas. Por supuesto que no. Todavía se está creando un contenido maravilloso en películas, programas de TV, deportes . . . para cualquier género que les guste. Esta más que abundantemente disponible, y tenemos derecho al placer que nos da reírnos con una gran comedia, o sentirnos intrigados por el argumento de una gran película o programa de TV—hasta del subidón de ver nuestro deporte favorito cuando se juega. Sin duda, hay una gran cantidad de contenidos de calidad disponibles en YouTube y en otros canales, seguramente. Y, por supuesto, se nos facilita nuestra habilidad de comunicarnos con personas en cualquier lugar del mundo.

Simplemente estoy sugiriendo que cuando la pantalla se convierte en una adicción, y ustedes no pueden vivir sin ella, entonces es el momento de considerar que tan prevalente es en sus vidas y cuán profundamente penetra en sus consciencias. Ustedes quieren tener el control de sus mentes, en lugar de ser mentalmente controlados por personas que, lo sabemos muy bien, han creado la industria de la tecnología para hacer precisamente eso.

Liberarse de los técnicos, que quieren convertirlos en un robot con un cerebro muerto, requiere que ustedes tomen esta situación en sus manos con una firme resolución. Tendrán que considerar las siguientes cuatro fuentes primarias de perturbación:

1. *Televisión:* este es el máximo mecanismo de arrastre, después de los juegos electrónicos, que todavía no están tan extendidos— es decir, todavía no—y van a necesitar removerla. Si, han leído bien: **removerla.** Si no pueden hacer que sus familias compartan esto, que es el caso más probable, entonces necesitaran reorganizar sus casas, si pueden, para que ustedes personalmente no tengan ninguna exposición cuando sus familias estén pegados a la televisión, hora tras preciosa hora.

Ustedes no pueden asumir sus adicciones a esta altura. Ustedes son los que están listos, y solo pueden decidir por ustedes mismos. Por el momento, al menos.

La gente se resiste ante esta idea. Tuve amigos que me dijeron que era demasiado drástica—"exagerada"—y que ellos no necesitan eliminar completamente la televisión para limitar su influencia, en cuyo caso, no puedo evitar notar que por lo general no lo hacen. No les importa la ciencia. Se niegan a creer que la tecnología ha sido diseñada en los aparatos para alterar la mente electrónicamente y a través de la programación persuasiva y, por supuesto, a través de capas subliminales en esos programas y publicidad ininterrumpidos. Si ustedes son una de estas personas, y escuchan dudas deslizándose en sus mentes, del tipo que dice: "No hay ninguna forma en que nuestro propio gobierno permita que la industria tecnológica nos haga algo así", asegúrense de volver a leer la información proporcionada en la Patente de Estados Unidos US5606148B2. O, si la comprenden, pero todavía no consiguen entender por qué tantas personas están tan locamente adictos a la programación, recuerden que los tecno-maniacos admiten estar "manipulando el sistema nervioso". Esto debería ser suficiente para ayudarlos a seguir un camino determinado que les permitirá liberarse de su adicción a la televisión y pasar del "primer paso".

No importa cuanta resistencia tengan de sus familias y compañeros de casa, ordenen que la televisión se apague durante las comidas. También los teléfonos celulares. En estos días hay tan pocas oportunidades de compartir con los seres queridos, y eso es deliberado. El gobierno nos está despojando de nuestro deseo de interactuar unos con otros, destruyendo la unidad familiar. Por eso, ¡la mesa de la cena es un gran lugar para recuperar esto! Estén presentes, y exijan que sus familias hagan lo mismo. Ustedes están proporcionando sostenimiento y amor a través de la comida que preparan, y eso debe ser honrado, y ese amor debe ser correspondido.

Tendrán resistencia, sin duda, pero háganlo de todas formas. Recuperen a sus hijos.

¿Tienen un televisor en el dormitorio? Es posible que no sepan que lo más probable es que los esté observando a través de esa pequeña luz roja que ustedes creen que es simplemente un sensor para el control remoto. Así me lo dijo, hace quince años, un ingeniero senior que trabajaba para Sony. Me dijo entonces que uno de cada diez aparatos tenía cámaras incorporadas, y que dentro de diez años todos estarían equipados con la tecnología para espiar a los televidentes ingenuos.

Particularmente peligroso es el televisor "inteligente", y cualquier experto en seguridad IT les dirá que pueden ser fácilmente hackeados, permitiendo que el ojo inquisitivo de un extraño acceda a sus videos privados subidos; a la cámara en el televisor, para espiarlos en lo que creían que era la privacidad de sus casas; y pueda manipular lo que miran. Esto incluye transmitir programas peligrosos para sus niños.

Dejen que el dormitorio sea un sitio de intimidad y descanso, y asegúrense de apagar el sistema IA, y los ojos inquisitivos. No es necesario decirlo, que eso incluiría a "Alexa" y toda esa línea de dispositivos de escucha IA intrusos que la gente piensa que son tan inocuos. No lo son. Los están espiando a ustedes.

2. *Teléfono celular:* la Big Tech está deliberadamente aumentando los pulsos electromagnéticos y la radiación en estos dispositivos. Su radiación se está haciendo mucho más fuerte, especialmente ahora que vemos el 5G activado y que la programación interactiva se hace más prevalente e invasiva. Pronto, ni siquiera podrán acceder a sus teléfonos celulares sin pasar los requisitos de un sistema de identificación de reconocimiento facial. Este sistema puede seguir cada uno de sus movimientos y anticipar sus pensamientos y sus respuestas a la publicidad dirigida. El hecho de que las personas llevan sus celulares en sus cuerpos, en sus manos, y hasta sus orejas, por horas y horas, hace que

sean dañinos no solo para ellas, sino también para otros que estén cerca.

No permito que la gente entre en mi casa con sus teléfonos celulares. La caja de metal también es para las visitas.

Es hora de darnos cuenta de que el teléfono es un dispositivo de control absoluto. Tengan en cuenta que sus teléfonos inteligentes nunca están "apagados", no importa si piensan que lo han apagado, o no. No lo han apagado. Sean cautos. Hay personas que escuchan, observan y almacenan sus voces y sus conversaciones . . . cada palabra que pronuncian.

3. *Computadoras:* sé lo difícil que es limitar la cantidad de tiempo que estamos con la computadora, especialmente para aquellos que se sientan frente a ella, en el trabajo, durante ocho horas al día. Los niños están aprendiendo con computadoras en el colegio, o con programas online para home schools. Hagan lo que puedan para poner límites a su exposición. Intenten poner un temporizador, como lo hago yo. Me ayuda a recordarme cuanto tiempo estoy realmente perdiendo, y cuanta radiación estoy absorbiendo, mirando a la pantalla, y me recuerda que debo alejarme de la computadora cada dos horas, para descansar mis ojos, mi mente y mis campos energéticos.

Los confinamientos por Covid de los últimos dos años (y seguimos contando) nos han hecho mucho más dependientes de la Internet para la interacción social, el entretenimiento, el trabajo y todas las formas de comunicación. Necesitamos liberarnos de las condiciones que nos fueron impuestas a través de este drama de emergencia sin fin, y desconectarnos, tanto como podamos. Nuestro tiempo con la naturaleza es tan importante: caminar por un bosque, nadar en el océano, o andar por un camino hasta donde se encuentra con el cielo. ¿Por qué alguien elegiría una realidad simulada en una pantalla en lugar de esto?

4. *Juegos*: Lo que estamos aprendiendo sobre el daño causado a las personas que se enganchan con juegos high-tech, los niños particularmente, llenaría un libro por sí solo. Este es un nivel alto de control mental, mucho más adictivo que muchas de esas drogas ilícitas. Si no han comenzado a jugar, no lo hagan. Y si lo han hecho, consideren que durante todo el tiempo que están enchufados en el "juego" de realidad virtual, las hormonas de sus cuerpos, sus emociones y sus mentes están siendo manipuladas por el programa, que los mantiene en ese estado de estrés suprarrenal de "lucha o huida" que mencioné antes.

Alejen a sus niños de esto. están succionando la fuerza vital de todos aquellos que se enganchan, y programando a todos los que "juegan" que esa realidad virtual es mucho más emocionante, entretenida y placentera que el mundo en el que nacieron. Pongan limites, y salven a sus hijos.

La tecnología está diseñada para aislarnos unos de otros, para prepararnos para lo que nos espera en el mundo simulado de los transhumanistas. Ellos nos quieren entrenados, hipnotizados, adictos y, finalmente, implantados con un hardware que les permitirá acceder remotamente a las funciones de nuestros cuerpos y mentes.

No tenemos que suscribirnos a esto.

Podemos decir no, y recuperar nuestro poder.

Para prepararse para el trabajo de restablecer y elevar el lenguaje sagrado de luz que está escrito dentro de ustedes, remover los implantes y los códigos subliminales y toda la horrible invasión de nuestra soberanía a través del control mental, por medio de la manipulación electrónica y la programación subliminal, primero van a tener que soltarse del arrastre y de la alteración del cerebro que provienen de esos monitores y pantallas, diseñadas y patentadas para interrumpir todos los procesos neurológicos y distorsionar sus percepciones de la realidad.

Ahora es el momento de hacer esa elección. "Toman la píldora azul", no hacen preguntas, y continúan enredados en la matrix, o le dan con un martillo metafórico a las pantallas y se liberan de su "manipulación del sistema nervioso" para siempre. Rechacen la invasión de sus cuerpos eléctricos y así evitarán la realidad simulada. De eso se trata al final, y esa es la decisión que tendrán que tomar, si realmente están listos para recuperar su poder.

Su liberación comienza aquí. Recuerden: si creen que no pueden estar sin esto, es que son adictos. Lo que decidan hacer respecto a eso es su elección, como también lo es para sus hijos pequeños y para aquellos cuyas vidas les importan.

Ejerciten el discernimiento: por ustedes, por las personas que aman, y por el inconsciente colectivo al cual contribuyen como una unidad del todo mayor.

Por el bien mayor de todos a los que concierne, rezo para que desafíen a los arquitectos del control, y elijan la libertad.

Capítulo 21

Diseños Sagrados, Proporciones Perfectas

Desde lo subatómico hasta la materia más densa, la danza de la vida se suscribe a un lenguaje universal de proporción matemática, y su expresión artística y espacial, a infinitos despliegues de forma geométrica. Hablamos de geometría "sagrada", como si pudiera haber otro tipo, porque toda geometría es una cuestión de proporción, frecuencia y vibración divinas, organizada en capas y capas de exquisitas plantillas—planos y construcciones multidimensionales—que están interconectadas y son mutuamente relevantes.

Todo es sagrado.

Es el lenguaje universal de toda la Creación: el orden, la estructura, y la paleta de todo lo que existe. Es la plantilla por excelencia a partir de la cual todas las cosas son diseñadas, elaboradas e insufladas por el Artista Maestro: el Primer Creador. La geometría contiene en sus formas la interconexión de la vibración-impresión-materia, y del plano donde el espacio parece cruzarse con una percepción del tiempo: el continuum espacio-tiempo. Es el microcosmos; es el macrocosmos. Comunica número, proporción, vibración, frecuencia, ciertos preceptos matemáticos y el propósito consciente del Primer Creador para construir, a partir de un pensamiento semilla, universos enteros de belleza y consciencia manifiestas.

A menudo se escucha la pregunta existencial: si un árbol cayera en el bosque, y nadie estuviera allí para oírlo, ¿habría ocurrido realmente? Una pregunta mayor que desafía al filósofo metafísico, y que pide respuesta es: "Si todo en el universo es un despliegue perpetuo de formas geométricas y proporciones sagradas, pero nadie dentro de él es capaz de captar la totalidad de ese diseño, entonces, ¿existe realmente?" La respuesta a ambos enigmas filosóficos, especialmente para quienes reconocen un Primer Creador, es "Sí, sin duda. La creación no depende de quién o qué pueda percibir su existencia, ni por qué." Pero, vaya, cuánto más rica y satisfactoria es la apreciación de la vida y la magnificencia de la Creación, cuando podemos reconocer los patrones y las relaciones dinámicas—el rito y el paso—que llenan los mundos sin fin y las infinitas posibilidades que se encuentran en algún lugar entre las olas del océano, las nubes, y los movimientos tambaleantes de un campo de trigo cuando sopla el viento.

Somos bendecidos con formas microcósmicas de un todo mayor, en todas partes a nuestro alrededor y dentro nuestro. Cuando nos detenemos a observar una abeja en movimiento, vemos patrones en su vuelo, en su interacción con la flor, y con otras abejas de su colmena que también están ocupadas allí, recogiendo néctar ... trabajando al unísono. Su cuerpo, desde la cabeza hasta el aguijón, es un diseño extraordinario de formas sagradas y patrones intrincados. En ese acto de prestar realmente atención, nos involucramos, desencadenando la reacción de nuestro propio sistema nervioso a los olores, sonidos, y frecuencias que emanan de las diferentes fases de la actividad de la abeja. Aunque no seamos conscientes de las proporciones geométricas de todos esos aspectos, a medida que se desarrolla esa danza de la vida, percibimos esas dinámicas espaciales y sensaciones de nuestros sentidos.

Percibimos la geometría sagrada porque **somos** geometría sagrada.

A través del trabajo de Hans Jenny, que nos trajo el campo de la Cimática, el estudio de cómo la vibración y el sonido afectan la materia, y más tarde, del reconocido Dr. Masaru Emoto, que nos mostró cómo las moléculas de agua buscan perpetuamente alcanzar la perfección de su forma innata, y cómo responden al pensamiento, al sonido y a la emoción, hemos aprendido mucho sobre cómo nuestros pensamientos, y la vibración que emana de ellos, determinan la calidad de la forma, la estructura y la esencia de la materia. Nos han demostrado, una y otra vez, cómo las ondas vibratorias de energía pueden alterar la materia, y cómo el pensamiento puede afectar el diseño geométrico de una sola molécula, congelada en el tiempo.

Seguramente, podemos aplicar esos mismos principios a la cuestión de cómo nuestros pensamientos afectan a nuestro ADN, y cómo podemos usar nuestra intención enfocada para devolver nuestro diseño genético a su forma definitiva—la luz de Dios interior—sin importar qué mecanismos invasivos se hayan introducido en nuestro sistema para desconectarnos.

Los Seres de Sirio predijeron lo que se avecinaba. Me guiaron desde el principio mismo para abordar la cuestión del ADN, y la calidad de nuestra memoria celular, determinada por lo que introducimos en nuestro cuerpo eléctrico, en forma de pensamientos, alimentación y las mismas palabras que pronunciamos. Previeron la intervención invasiva de nuestro ADN, y nos orientaron sobre cómo podríamos conseguir mantener su perfecta salud y activación acelerada. Nos advirtieron sobre todos los dispositivos electrónicos, sabiendo que serían utilizados para adormecernos en la complacencia cuando esta agenda de la inyección se desplegara contra la raza humana.

En el libro Basta de Secretos, Basta de Mentiras[37], explicaban: "No importa lo discordantes y energéticamente rotas que estén las moléculas de agua de sus cuerpos bombardeados por el medio ambiente, la naturaleza de la vida y de la consciencia es alcanzar finalmente la perfección—ascender por la espiral, buscando la iluminación completa. De la misma manera, cada

---

37   No More Secrets, No More Lies, Patricia Cori, 2022 edition, pgs. 203-204

molécula de su ser se esfuerza por alcanzar el propósito del alma para el que fue diseñada—recuperar el patrón de proporción y belleza cosmométricas y hacer resonar esa vibración a través del Universo del Ser.

Ya sea que estén decididos a realizar conscientemente el cambio a nivel celular o que elijan ignorar la naturaleza espiritual de su composición molecular, les pedimos que siempre tengan en cuenta que cada unidad de consciencia (desde la partícula subatómica hasta la galaxia . . . hasta el más expansivo de los universos que existen en el Cosmos del Alma) se esfuerza por alcanzar la grandeza. Cada uno late con su propio ritmo. . . cada uno es un producto divino del entorno y de la consciencia suprema que impregnan su espacio interior y exterior.

Ignorar la consciencia de cada una de las células es renunciar a su capacidad de ordenar a estas microunidades de su ser que funcionen en perfecta armonía, para crear una excelente salud de cuerpo, mente y espíritu, y para alterar cualquier disfunción que se haya producido en su proceso de vivir en los tiempos a menudo conflictivos y perturbadores por los que ahora están pasando en el cuerpo.

Ciertamente, ignorar que la célula es una unidad receptiva del cuerpo eléctrico, significa que ustedes están completamente inconscientes de su propia constitución y del poder que ustedes tienen sobre todos los aspectos de su manifestación física.

La calidad receptiva de una molécula de agua hexagonal cosmométricamente alineada se identifica en la capacidad de la molécula para reverberar en esas frecuencias resonantes específicas que crean el campo vibratorio ideal en el que la tercera hebra de ADN, la primera hebra etérica que se reintegra a la doble hélice, puede ser eventualmente cristalizada y finalmente anclada como una realidad material—primero, en el nivel molecular de la consciencia, luego en el nivel celular, y así sucesivamente.

La integración de la tercera hebra es la progresión más importante de todas las que seguirán, porque entreteje en su esencia la consciencia de todos los cuerpos celestes de su sistema solar, la intención de los seres extradimensionales que les sirvieron en la siembra, y la consciencia superior de sus almas—creando una triangulación dentro de cada célula de su ser. Ejecutado correctamente, este proceso activa instantáneamente el timo—la glándula maestra y torre de control central de sus cuerpos de luz—así como el toque de un interruptor de pared inunda de luz una habitación oscura".

Si lo que hemos aprendido acerca de la mente sobre la materia y la manifestación es realmente capaz de darnos tal poder que podemos enfocar nuestras mentes para alterar el mundo material, o para dar forma a lo que aún no se ha fusionado como materia, entonces se puede aplicar sin duda a la importante tarea de reparar lo que haya ocurrido en el nivel de ADN de la composición celular del cuerpo.

Cualquier persona capaz de un enfoque agudo y una intención inquebrantable de aislar y eliminar el ARN mensajero sintético y las nanotecnologías que se están construyendo con grafeno y otros elementos introducidos a través de esas agujas, debería, teóricamente, ser capaz de deconstruir y eliminar esos elementos invasivos de su ser.

Tengan en cuenta que se calcula que el cerebro humano procesa unos cuarenta cuatrillones de cálculos por segundos. No existe ninguna, ni existirá jamás, super computadora que pueda competir con el poder de sus mentes.

Podemos llamar a los fragmentos rotos de vuelta a la luz, reconstruyendo la geometría sagrada de nuestro diseño estelar, y eliminar todos los códigos, datos y señales perniciosos de todo el organismo:

mente, cuerpo y alma. Podemos utilizar potentes frecuencias de sonido para sanar el ADN y vocalizar el código Dios, Yahweh, para reestructurar nuestra memoria celular. No debemos olvidar nunca que, aunque la inteligencia artificial es poderosa, y en muchos sentidos formidable, no es nada comparada con nuestra inteligencia innata y todo lo que la mente humana es capaz de visualizar y dar forma. Si realmente entendemos este principio, no podemos sino suponer que somos capaces, a través del poder de la intención enfocada y la visualización, de deconstruir al mensajero invasor, y disolver todo lo que sea que haya sido enviado para entregar, y lo que sea que haya sido diseñado para sacar.

Recuerden: *"Cada molécula de su ser {está} atenta al propósito del alma a partir de la cual fue diseñada—recuperar el patrón de proporción y belleza cosmométricas y hacer resonar esa vibración a través del Universo del Ser"*.

Comprometámonos con ese proceso.

Capítulo 22

El "Cristal Roto"

Manteniendo siempre en nuestra consciencia que somos unidades de consciencia electromagnéticas, biológicas, manifestadas en la forma y energía ilimitada, y que todo en el universo es vibración, solo podemos asumir que ciertos sonidos, y las frecuencias que emiten todas y cada una de las vibraciones, nos van a afectar en muchos niveles: negativamente, como es el caso de la música estridente, sin armonía, y positivamente, con ciertos tonos, melodías y ritmos que simpatizan con nuestros sistemas de energía.

De hecho, se ha demostrado que los sonidos sagrados y las herramientas de alta vibración, como los cuencos tibetanos, los diapasones, los cuencos de cristal y otros dispositivos más modernos—emisores de frecuencia—afectan a las moléculas, las células y a todo el ser en todos los niveles: mente/cuerpo/espíritu. También lo hacen otros sonidos que damos por sentados, tales como el ronroneo de un gato, el arrullo de un bebé, el canto de los pájaros y muchas manifestaciones de música vibracional, incluyendo obras clásicas, que son como geometría sagrada congelada en el espacio y el tiempo, y las frecuencias de Solfeggio, utilizadas por los antiguos monjes gregorianos en sus cánticos sagrados.

La capacidad del sonido para alterar la materia se ha demostrado eficazmente mediante el ejercicio de una cantante de ópera rompiendo el cristal de una copa de vino a través de la frecuencia emitida por su voz. Cuando entra en resonancia con la energía intrínseca del cristal—que vibra a una determinada frecuencia por la naturaleza de su esencia material—y la cantante mantiene esa nota el tiempo suficiente para estimular el campo vibratorio dentro de la estructura molecular del cristal, éste se rompe.

Es posible que conozcan la Máquina Rife, una tecnología de radiofrecuencia desarrollada en la década de 1930 por Royal Rife—un genio absoluto de su época. Su inmensa contribución al campo de la ciencia vibracional enseñó el principio mismo de resonancia simpática, y cómo los objetos en un campo empiezan a vibrar a la misma frecuencia. La máquina, que genera energía en forma de ondas de radio, está diseñada para sintonizar el cuerpo y buscar frecuencias extremadamente bajas, usando el principio de alcanzar la resonancia. El concepto subyacente es que cuando se encuentra la frecuencia de un microorganismo patógeno dentro del cuerpo, y se le transmite una carga poderosa de esa frecuencia, se desestabilizará—o explotará, justo como la copa de cristal—y luego morirá, sin crear ningún daño residual al organismo por lo demás sano.

Es lógico que una vez que las desarmonías que se han inyectado en los seres humanos hayan sido abiertamente admitidas y dadas a conocer a la población, el equipo de ingenieros electrónicos, diseñadores técnicos, desarrolladores de software y practicantes de Rife inevitablemente aportarán soluciones de valor incalculable para el asunto en cuestión: destrozar la materia impuesta, antinatural y de baja frecuencia suministrada a los sujetos humanos del "experimento," y devolver el equilibrio al cuerpo.

Eso solo puede significar sanar también el ADN.

En un universo que se mantiene unido por la frecuencia y la vibración, así también el cuerpo orgánico, biológico es representativo de esa cohesión.

Lo que hemos estado aprendiendo y recordando de los antiguos guardianes de la sabiduría, es que ciertos sonidos y frecuencias pueden ser utilizados para resultados específicos, que mejoran y sanan las desarmonías en el cuerpo y, al mismo tiempo, activan y reparan el ADN.

A medida que la ciencia se fusiona con el espíritu, mentes geniales están aplicando el lado "ascendente" de la tecnología (porque todo tiene un lado "ascendente") en particular en lo que respecta a la sanación vibratoria, al descubrimiento y la aplicación de frecuencias específicas para la reparación celular y la sanación del cuerpo, que parecen tener efectos muy significativos tanto en la mente consciente como en la subconsciente.

Otro genio en el campo de la bioelectricidad es el investigador y médico, Dr. Joseph Puleo, que redescubrió las frecuencias Solfeggio hace más de cincuenta años, y que fue fundamental para traer de vuelta los beneficios curativos de esta escala musical a la consciencia pública. En su vasta obra, investigando la frecuencia y la vibración matemática, correlacionó las seis frecuencias Solfeggio con el método pitagórico de reducir los números a un número base (como hacemos en numerología). Pueden encontrar más información al respecto investigando sobre el Dr. Puleo y el "método pitagórico," porque es demasiado profundo y complejo para ilustrarlo en este libro. Lo que es importante extraer de su contribución a nuestro redescubrimiento del Solfeggio es que su investigación identificó seis tonos distintos, frecuencias electromagnéticas, y que se dedicó a descubrir qué beneficio potencial aportaba cada uno a la sanación del cuerpo, la reparación del ADN, y la promoción del bienestar.

Frecuencias Solfeggio

174 Hz – Reduce el dolor, alivia el estrés
285 Hz – Energía de influencia, rejuvenecimiento
396 Hz – Libera la Culpa y el Miedo
417 Hz – Facilita el Cambio
528 Hz – Transformación y Milagros: Reparación del ADN
639 Hz – Conexión/Relaciones

Utilizando el método pitagórico de número y vibración, y teniendo en cuenta su énfasis en los números tres, seis y nueve, el Dr. Puleo descubrió que las seis frecuencias Solfeggio originales se reducen, de hecho, a esos números base: 1+7+4=12=3; 2+8+5=15=6, etc. Encuentro esto extremamente fascinante con respecto a mi propio trabajo con la activación del ADN, que, al contrario de toda la información que circula que propone reactivar dos hebras de ADN a la vez, basa la estructura de nuestro eventual ADN de doce hebras en la creación de formas tetraédricas sagradas dentro de él: tres, seis y nueve, entrelazadas para formar, cuando uno alcanza ese punto de ascensión, ¡la estructura dodecaédrica de ADN de la consciencia Crística!

Los investigadores del sonido sagrado y la sanación con sonido creen que las frecuencias Solfeggio originales, de la antigua escala musical, eran utilizadas por los monjes gregorianos, imbuyendo poderosas bendiciones espirituales y sanación sobre la gente durante las ceremonias religiosas. Misteriosamente, desaparecieron alrededor del año 1050 d.C, y fueron reemplazadas por nuestra escala musical moderna, que está ligeramente "desviada" energéticamente de los tonos sagrados. Los expertos llegan incluso a declarar que nuestra música actual es en realidad atonal en comparación con estos increíbles tonos Solfeggio, y que está causando literalmente enfermedades en el cuerpo humano.

La escala musical contemporánea, han descubierto, resuena a una frecuencia de 440 hercios, que se cambió a principios del siglo XX de la frecuencia de 417 hercios, la frecuencia Solfeggio, cuyo efecto en el cuerpo humano, se cree, es **facilitar el cambio.** ¿No es interesante? ¿Y hemos sido manipulados, por la subversión deliberada de la propia música, para obedecer y aceptar el status quo?

La escala Solfeggio da forma y transforma la materia y, según algunos textos, se utilizaba para curar enfermedades y exorcizar espíritus demoníacos. Hoy en día, gran parte de la música pop que escuchamos invoca a esos espíritus y crea todo tipo de enfermedades en el oyente. Por lo tanto, sean selectivos cuando enciendan la radio. Lo que sea que estén escuchando está entrando en sus cuerpos a todos los niveles, y mucho de eso está perturbando los armónicos naturales del cuerpo eléctrico, hasta el nivel celular . . .y eso significa hasta el ADN.

Afortunadamente, estamos redescubriendo Solfeggio y muchos son los sanadores, practicantes y músicos que han vuelto a esos tonos sagrados en sus trabajos.

Científicos y espiritualistas por igual han tomado la antorcha, y han desarrollado una comprensión nueva y revitalizada de cómo estas frecuencias realmente evocan efectos muy poderosos y positivos en la consciencia humana, y en el funcionamiento de nuestros cuerpos mentales, emocionales y físicos.

El Dr. Glen Rein se doctoró en Bio(neuro)química en la Universidad de Londres en 1983. En 1984 se convirtió en profesor del Hospital Mt. Sinaí, donde investigó el apasionante campo del bioelectromagnetismo. A partir de 1987 estudió psiconeuroinmunología en el Centro Médico de la Universidad Stanford. Es director del Laboratorio de Investigación de Biología Cuántica de Nueva York, y un dedicado científico investigador.

Aquí es donde las cosas se ponen emocionantes.

Según la destacada investigadora Celeste Solum, alrededor de 1998 (la misma época en que yo traía información sobre el ADN del

Alto Consejo de Sirio), el Dr. Rein estaba realizando experimentos con ADN in vitro, utilizando diferentes formas de música, convirtiéndolas en ondas de audio escalares y reproduciéndolas después en los tubos de ensayo. La absorción de luz ultravioleta durante la hora siguiente a la recepción de las ondas sonoras servía de medida para determinar el efecto de la música, si lo tenía, en el ADN. El experimento demostró que varias formas de música pueden resonar con el ADN, pero fueron las frecuencias Solfeggio las que causaron un pico significativo en la absorción de la luz al nivel del ADN. No es difícil considerar que, si los genes pueden verse afectados por el sonido y las ondas sonoras en el laboratorio, también puede serlo el ADN en el cuerpo.

Los expertos en geometría sagrada describen los 528 hercios como esenciales para la estructura y reestructuración de los diseños geométricos del ADN. Yo la utilizo en mis meditaciones sobre el Diseño Divino, disponibles en mi sitio de internet: www.patriciacori.com. Se considera el tono "milagroso" de toda la escala de seis, cada uno con su importancia vibratoria. . .cada uno con sus propiedades de sanación. Aunque todavía no podemos probarlo, parece una conclusión natural que puede ayudar a reparar daños en nuestro ADN, a restaurar lo que haya sido interferido, energéticamente, y a eliminar lo que se haya implantado que—si se aplican las reglas de la resonancia—puede romperse con las frecuencias adecuadas, como el proverbial cristal.

Me encanta la idea de que el sonido trae luz al ADN, en particular las frecuencias Solfeggio, y **eso**, junto con el estado meditativo en que me ponen, es el motivo por el que las escucho todos los días.

Contemplando lo que he compartido anteriormente con respecto a la vocalización de "Yahweh" en el ADN, sabía que sería más eficaz si se integraba en un fondo de 528 hercios.

No pueden imaginar mi emoción, cuando investigaba esta posibilidad, al descubrir que el maestro de sonido Jonathan Goldman, una autoridad en la curación por sonido y armónicos vibratorios, reconocido internacionalmente, estaba haciendo ese preciso trabajo. . .¡y claramente había llegado a la misma conclusión que yo!

Para mi enorme sorpresa, Jonathan está cantando Yahweh exactamente como describí que debería hacerse antes, exactamente igual en tono y fonética, e insuflando de nuevo el Código Dios en el ADN. Estoy segura de que ambos recibimos esa información de una fuente superior, y celebro cómo se nos ha regalado una información tan vital, cuando más la necesitamos.

Pueden observar a Jonathan realizando este canto extraordinario, que seguramente utiliza 528 hercios de fondo, en un video[38] que ha subido a Youtube. Demuestra una amplificación áurica excepcional a través del uso de la fotografía del aura y, lo más importante, nos muestra exactamente cómo cantar la palabra, el nombre . . . el Código Dios, de nuevo en el ADN.

Qué milagro que todos encontremos nuestro camino de regreso a esta sabiduría: de regreso a Dios. . .de regreso a la Fuente. . .de regreso a la soberanía.

Y no son los "milagros" de lo que tratan los 528 hercios?

---

38   https://www.youtube.com/watch?v=0vXOFcwJz3s

Visualización
Limpiando los Caminos

Estás por ir a tu interior ahora, así que necesitarás eliminar toda distracción. Si todavía no has limpiado tu casa de interferencias electrónicas, tómate el tiempo ahora para desenchufar el televisor, quitar el teléfono celular y otros dispositivos electrónicos, y encontrar un lugar tranquilo donde puedas estar libre de ruidos, distracciones, y de los asuntos diarios de tu vida—todas aquellas perturbaciones que te retienen en un estado perpetuo de desequilibrio mental y emocional, y de inquietud.

Si este no es un buen momento, regresa cuando estés libre, y sin restricciones.

Haz lo que puedas para asegurarte de que no habrá interrupciones, porque la intención es que este momento sea uno de suave introspección, observación pacifica, y reflexión … para hacerlo tuyo ahora y para siempre.

Toma este momento para respirar profundamente. Conscientemente. Damos por sentada la respiración, y nunca nos detenemos a pensar que bastan solo unos pocos segundos sin aire en los pulmones para que el cuerpo entre en cortocircuito y pronto muera. Podemos pasar semanas sin comida, y días sin agua, pero sólo segundos sin aire. Si alguna vez has tenido un pensamiento o sentimiento de estar solo y separado del mundo a tu alrededor, solo recuerda que, en niveles que tal vez aún no comprendas, estás interactuando con las fuerzas de todo el universo multidimensional cada vez que inspiras, atrayendo energía a través de tu cuerpo eléctrico, y enviando una parte de ti mismo de vuelta al exterior, hacia el campo cuántico, cada vez que espiras.

Presta atención. Sé consciente de lo bien que se siente inspirar, y espirar, siguiendo el oxígeno y el prana a medida que se mueven a través tuyo, llenando los pulmones, y luego de nuevo volviendo a espirar, y simplemente repite el "adentro y afuera"—lento y suave—hasta que te des cuenta de lo realmente bien que te sientes en tu cuerpo. Cuando te tomas el tiempo para seguir la fuerza vital moviéndose a través tuyo, te relajas rápidamente, y te centras. . . estás más presente. Sientes la calma que viene de enfocar tu mente en el proceso de la respiración consciente, inspirando paz y serenidad, y espirando todo lo que ya no te sirve, y que estás listo para liberar ahora.

Las células de tu cuerpo retienen la memoria completa de cada pensamiento que alguna vez pensaste; de cada palabra que alguna vez pronunciaste o que te dijeron; de cada experiencia y cada emoción que ha surgido de toda esa información, dentro de las aguas sagradas contenidas en sus paredes membranosas. Desde esas piscinas conscientes, a su vez, tú reflejas y emites corrientes vibratorias, que definen el estado de tu mente y emociones, hacia cada tejido, órgano y sistema hormonal del templo de tu cuerpo. Todos los sistemas del cuerpo—cada célula, la sangre, la linfa, las hormonas, los órganos, y las vías de energía de los chakras—responden a cada pensamiento que introduces en la casa de tu alma-manifestando-vida biológica en la Tierra.

Así que, sé consciente de tus pensamientos, porque tu cuerpo nunca deja de escuchar, incluso mientras duermes.

Tu mente analítica, el cerebro izquierdo, ama jugarle malas pasadas a tu cerebro derecho. Está siempre programado para analizar datos de situaciones y cuestionar la percepción, y ha sido programado por tu experiencia de vida para dominar a la mente intuitiva—si se lo permites—y esto puede interferir con tu capacidad de manifestar. Puede levantar su cabeza como "la consciencia del ego", y decirte: "No necesito hacer esto. Yo ya sé todo esto", y tú lo sabes. Por supuesto que lo sabes. Muchos de nosotros sabemos cómo meditar efectivamente, y algunos son mejores que otros para manifestar . . . pero todos sabemos cómo respirar. No tienes que pensar en esto.

Pero hoy, lo piensas. Hoy, como en ningún otro día antes de éste, vas a recuperar tu poder y comunicarás tu fuerza y resolución a todos los aspectos de tu ser, comenzando con tu respiración consciente.

Comienza declarando tu compromiso a cada célula de tu cuerpo de que es tu intención dejar ir todo aquello que no te sirve, porque esto es por el bien más elevado de todo el organismo de tu cuerpo. Deja esto salir hacia los éteres y pide que se difunda y sane en la luz del amor infinito. Declara tu intención de ver la envoltura que te rodea—el campo áurico—llenarse con un reflejo vibrante de tu espíritu amoroso y empoderado, y sabe que nada podrá jamás penetrar ese escudo, a menos que lo retraigas hacia ti, por miedo o por un sentimiento de separatividad.

Ten cuidado de no abusar de sustancias; eso también puede debilitar esa envoltura áurica, creando una fisura a través de la cual espíritus merodeadores de baja energía pueden entrar en ti.

Recuerda que eres abundancia, el campo cuántico está pulsando energía a través de ti, y tú posees todo el amor del universo. Estás resplandeciente, radiante . . . brillo puro.

Deja que se escuche este mensaje dentro tuyo y a tu alrededor, y más allá de tu esfera inmediata, donde eres libre de extraer y contribuir a la sabiduría del Cosmos: estás reclamando tu soberanía. Envía tu declaración, a las capas astrales que interactúan con tu campo energético, de que cualquier intento de interferencia sea enviado de vuelta a su fuente, porque ya no encontrará resonancia en el espacio que tú ocupas, ni en la energía con la que tu interactúas y de la que tomas sustento. Envía la orden al universo de que no se permitirá ninguna interferencia contra tus derechos soberanos, de ahora en adelante. El universo te responderá, en especie

Debes ser dueño de todo esto por completo. Tienes que respirarlo, caminarlo, vivirlo, para restablecer, donde sea necesario, tus derechos divinos, dados por Dios, sobre toda intromisión y desvío del mundo exterior.

¿Qué tan importante es ser consciente de tus propios pensamientos y de cómo resuenas con las energías que entran en ti? Lo es todo, es el centro de toda tu experiencia acumulada en ésta y muchas otras vidas, porque está enrollada, alrededor y alrededor, en tu bolso kármico, como una pelota del más fino cabello de ángel, filamentos que has recogido de todo aquello en lo cual tu alma ha elegido enfocarse y llevar en este viaje. Ya sea que elijas desentrañar esto en esta vida, o aferrarte a él, para cualquier lección que todavía necesita ser aprendida, más adelante, es algo que tu libre albedrio determinará. Esas son las elecciones que pueden catapultarte hacia adelante, y hacia arriba en la espiral ascensional, o mantenerte atado, girando en la rueda aburrida de las reencarnaciones, hasta que finalmente comprendas y gestiones aquello que debía ser aprendido, olvidado, y sanado, para que seas libre de dar los próximos saltos gigantes en el progreso de tu alma de regreso a la Fuente.

Hoy, te vas a comprometer a aferrarte a esos recuerdos que te nutren y te traen felicidad y alegría, y a dejar ir lo que sea que te incomoda o que provoca desarmonía en tu interior.

Cuando silencias tu mente por un tiempo lo suficientemente largo como para seguir tu respiración vital, dentro y fuera, dentro y fuera . . . dejando ir, dejando a Dios, es así de simple. Es tu compromiso de liberarte de los pensamientos perturbadores y sentarte en la suave luz de la paz interior lo que lo hace así.

Tu cuerpo es una extensión del Registro Akáshico: una biblioteca extraordinaria—una sala de espejos—reflejando sin fin toda la información con que lo alimentas … a través de los aspectos más diminutos de tu ser, hacia tu campo de energía áurica, y luego hacia afuera, a través de los éteres, hacia otras formas de vida y aspectos de la consciencia que se relacionan contigo, en niveles de los que puede que ni siquiera seas consciente.

Como una piedra arrojada dentro de un lago plácido, tu fluyes a través de las olas del Cosmos del Alma.

Es tan importante que finalmente comprendas que no es la información a la que accedes lo que está en cuestión, ni la experiencia que acumulas, lo que esculpe tu percepción de la realidad. Recuerda que estás caminando por un campo de ilusión, no importa cuán "real" te parezca. Mas bien, es cómo tú absorbes y procesas toda esa información y lo que eliges hacer tuyo, sabiendo que rebotará en las aguas profundas de tu ser mientras no lo reescribas con otras instrucciones y órdenes. Eso es lo que está en juego aquí.

Si estás listo y decidido a reclamar tu soberanía y a limpiar los campos de desarmonía dentro de tu ser—toda la angustia, el miedo, la preocupación—querrás comenzar aquí, en el ahora de este momento. Establecerás la intención de liberarte de todos los juicios que has hecho antes de ahora—toda auto-recriminación, arrepentimiento, miedo y duda—para llegar a ese lugar de neutralidad desde el cual puedes reclamar esa verdadera experiencia primordial de ti como un ser soberano: un ser inmortal y eterno de la Creación de Dios.

¿Podrías haber tomado mejores decisiones a lo largo del camino? Sin duda. Todos estamos en una condición en la que ganamos y perdemos a lo largo de cualquier vida. No vinimos como Maestros. ¿Qué sentido hubiera tenido? Vinimos como recién llegados a esta particular universidad de educación superior. Nunca permitamos que el ego nos engañe y nos haga creer que no tenemos nada para aprender de nuestro paso por aquí. Hacemos lo mejor que podemos con lo que tenemos para trabajar, y desde donde estamos en nuestro viaje consciente, en cada momento: ya sea que lo entendamos ahora, o cuando nos demos cuenta más adelante.

¿Importa lo que has hecho en el pasado, cosas que deseas poder borrar de tu pizarra kármica? Si, importa. Todo importa. Todo suma al tapiz de nuestro paso, vida tras vida.

Solo recuerda que necesitas tus errores para crecer.

Necesitas caer; eso te enseña como permanecer fuerte y decidido. Necesitas conocer tus debilidades para celebrar tus fuerzas. Esas son las lecciones grandes que ofrece la vida; esas son las señales de que todavía tienes libre albedrío para elegir y aceptar las consecuencias de las elecciones que hagas, y para sobrevivir a los pasos en falso y a los "accidentes" que te tumban a lo largo del camino. Casi siempre aprendemos, por el camino, por qué ocurren y qué se supone que deben enseñarnos, ¿no es así?

¿Quién no estaría dispuesto a ir atrás en el tiempo para borrar una mala decisión, o para resolver una circunstancia dolorosa? Todos cometemos errores y es muy fácil malinterpretar las opciones que tenemos delante nuestro en cualquier momento dado. Comprender esos momentos como oportunidades ahora, en lugar de arrepentirnos de que no pueden ser deshechos más tarde, es el comienzo del proceso de quemar su huella kármica en el vuelo del alma hacia el hogar.

Lo que importa es que te concentres en lo que puedes hacer para reparar el daño, sanar el sufrimiento y seguir hacia adelante, desde un lugar de no juzgar y de autoaceptación, y desde donde tú puedas llegar incluso a un lugar de gratitud, cuando puedas mirar hacia atrás y reconocer cómo cada decisión, cada elección, te ha propulsado hacia adelante en tu viaje de despertar.

Recuerda, con cada respiración, que el pasado ha quedado atrás tuyo. El futuro es un campo de posibilidades escurridizo que tú afectas continuamente, directa e indirectamente, como una unidad del todo mayor, y como un contribuyente al colectivo. El presente perpetuo es tu única plantilla operativa, y es ahí donde quieres que tus pensamientos estén enfocados.

Él ahora es todo.

Respiras paz hacia la estructura celular de tu organismo corporal, y las células responden. Ellas se vuelven a alinear instantáneamente con las frecuencias vibratorias que tú envías a tu ser interior y exterior. Reflejan ese estado de equilibrio, confianza y conocimiento en todo el organismo, en todos los sistemas del cuerpo, en todas las vías energéticas. El todo se vuelve instantáneamente consciente de que estás transmutando miedo, duda y ansiedad en confianza, y que en el centro de tu ser solo hay amor y la alegría que emana de allí. Sabes que todo está en orden divino en el universo, y que la paz solo puede derivarse de un estado de la mente, no del estado del mundo.

Le hablas a tu ADN, diciéndole que estás alineado con el diseño de la Creación, y que puedes leer el Código Dios. Es puro, no está contaminado, está intacto. Dile a tu cuerpo: "Soy un hijo del Universo. Nada puede impedir mi misión. Soy una chispa de la Luz Divina. Soy **soberano**".

Dile a tu cuerpo una, y otra, y otra vez, "Yo leo el Código Dios dentro de mí. Es puro, no está contaminado, está intacto".

Reconoces el pegamento de la matrix que te rodea por lo que es y la observas con desapego. Eso te quiere . . . pero no puede tenerte.

Aferrarte a la ansiedad y al temor por lo que ha sido, o preocuparte por lo que puede o no puede ocurrir, te mantiene en un estado de insatisfacción y sufrimiento perpetuos. Tu verdadero poder reside en tu capacidad de entender las fuerzas que te envuelven en esta experiencia del presente, y en elegir las mejores acciones para obtener el resultado más elevado. Tu intención agudamente enfocada es lo que te lleva de nuevo al centro, donde puedes sentir paz y alegría en cada experiencia, dejando que el mundo exterior se desmorone, sabiendo que te mantienes firme—en el corazón y en tu poder.

Nosotros, seres espirituales, vinimos para tener una experiencia humana y, por Dios, en que viaje hemos puesto nuestra mira aquí, en esta vida de revolución loca de la Tierra, atravesando dos Grandes Eras del no-tiempo cósmico, en un planeta que pasa de una dimensión a otra.

Eres un alma heroica para hacer eso. Nunca lo olvides.

Esta es una vida que elegiste porque querías estar en lo más intenso de ella, ya fuera de pie en las primeras líneas, o mirando desde un asiento en la primera fila el giro de esas gigantescas ruedas del universo.

Que este sea tu mantra:

"Yo encarno el amor del Espíritu.

Yo elijo experimentar todo lo que sigo co-creando en esta vida. Suelto el miedo y los juicios y todas las energías que intentan disuadirme.

Y me quedo en mi belleza, mi verdad, mi poder, porque soy la manifestación y la luz y la gloria de la Creación Divina.

*Soy el universo desplegándose. **Soy soberano**".*

Escaneando la Doble Hélice

Prepárate para emprender un viaje sagrado hacia lo más profundo en tu interior. Invoca a los Ángeles Guerreros de la Luz, y a tus guías espirituales, pidiéndoles que te rodeen en una esfera impenetrable de luz blanca dorada, donde los seres de luz amorosos son bienvenidos, y donde cualquier energía que no sea de la más elevada intención es devuelta a su fuente.

Demos gracias por el milagro del Espíritu, en todo su brillo y manifestaciones.

Deja que los asuntos de tu mente se aquieten al ritmo del latido de tu corazón, mientras te mueves a los sonidos internos de tu ser. Mueve tu mente a través de tu cuerpo, escuchando tu respiración, cada vez más y más lenta a medida que te relajas y te permites ser uno con el flujo de energías que se mueven a través tuyo. Inspira profundamente, espira, inspira profundamente, espira, dejando ir al mundo exterior, mientras te sintonizas con todo lo que es tu experiencia sensorial, escuchando los sonidos de toda la música que emana del templo de tu alma.

A medida que cedes a los latidos estables de tu corazón y a la respiración larga y rítmica, sientes que tu mente comienza a deambular en un estado de abandono ensoñador, en paz con todo lo que te rodea.

Permítete seguir la brisa, tus pensamientos flotando en el espacio, tu corazón llenándose con una sensación de calidez, luz y contentamiento.

Deja ir cualquier expectativa.

Deja ir la necesidad y el deseo.

Deja ir todos los pensamientos que no sirvan a tu más elevado bien.

Tú inspiras todo lo que es correcto en el mundo, lo que está enfocado en la belleza y todo el amor, y espiras todo lo que no es armonioso. Con cada respiración, sientes que vas más y más profundo, al mismo centro de tu ser—la llama de luz que es tu propia esencia. Vas a tu centro. Con cada respiración cíclica, ve cómo la llama se expande, su luz se mueve hacia arriba, hacia tu cabeza, y hacia abajo hasta los dedos de los pies y por todas partes a través de tu ser. Deja que su luz se expanda hacia afuera, al espacio que te rodea, y hacia adentro, llenando cada célula, para que todo tu cuerpo, y el escudo áurico, se llenen de luz.

Una vez que estés radiante en el brillo del Espíritu, envía esa luz más allá de tu ser inmediato, extendiéndola a los seres estelares y guías que trabajan contigo y que son parte de tu circulo de luz. Expande tu luz hacia ellos también. Este círculo brillante de luz alcanza a todos los seres de luz que revolotean a tu alrededor, y a otros, que viajan por la red de luz dorada que se teje a través del Alma Única. Envía el amor de todo lo que eres, de lo que siempre has sido y de lo que siempre serás hacia afuera, hacia el mar cósmico, y a través de las aguas de tu ser— hacia el propio ADN— y sabe que en este momento estás en resonancia con el amor de toda la Creación.

Dirige tu atención al chakra corona. ¿Puedes verlo? Si no puedes, cree, imagínalo totalmente activado, luminoso, conectado a la Fuente. Lentamente abre el chakra corona, doblando hacia atrás los pétalos del loto, y extendiendo un rayo de luz desde tu cabeza para que sirva como un faro para todos los seres de luz de la Creación. Pídeles que se conecten contigo, para asistirte en la evaluación de tu condición celular. Ellos te asistirán. Vendrán cuando los llames. ¿Los puedes sentir? Tomate un tiempo para estar en esa experiencia, un sentimiento de ser uno con todos los seres de luz del universo y de más allá . . . una sensación de **conocer** al Creador.

Imagina, visualiza, siente la luz de tantos seres llenándote con su brillo, y envía esa luz a través de la corona, atravesando la columna vertebral, mientras baña el sistema energético de los chakras, y descendiendo profundamente dentro de la tierra, donde tú la anclarás.

Ahora que has encendido esa iluminación, eres libre de observar todos los sistemas y todas las funciones de tu cuerpo, mientras escaneas tu organismo, con desapego, y observando sin juzgar nada de lo que parezca estar fuera de lugar, o ser extraño a tu sagrado templo. Vas a escanear todo tu organismo, de la cabeza a los pies, desde los órganos densos, los tejidos, la sangre, las aguas celulares y la doble hélice de tu diseño divino. Eres libre de observar cualquier apego, gancho, cuerda o cuerpo extraño que aparezca en el procedimiento de escaneo de tu mente, examinando tus pulmones, tu corazón, tu sistema digestivo, tus huesos y todos los tejidos que componen la estructura densa de tu estructura física. Toma nota de todo lo que aparece en tu pantalla de escaneo como anómalo, o invasivo, y luego muévete más profundamente, más allá de los órganos, y observa la sangre.

Tu sangre es el combustible de todo tu organismo: tu fuerza vital. ¿Cómo te aparece? Observa la textura, el color, el fluir de la sangre a través de las millas y millas de vías arteriales y venosas y a través del corazón, bombeando vida a cada centímetro de tu ser. ¿Hay alguna peculiaridad de la que necesitas tomar nota? No necesitas saber qué es lo que estás buscando, porque no eres un científico. Tú simplemente estas observando, y pidiendo que se te muestre lo que necesitas ver.

El Espíritu sabe exactamente qué hacer.

Mueve tu consciencia a través de la sangre, dentro de una célula. ¿La luz sigue siendo brillante? Puedes llamar a aquellos que han venido a asistirte y pedirles que hagan la luz más brillante, porque vas a examinar el funcionamiento de cada célula, la geometría sagrada en sus aguas, y el núcleo, donde escanearás el ADN. ¿Que ves? ¿Puedes distinguir los patrones de diseño geométrico en las aguas de la célula? ¿Son cristalinos u opacos? ¿Puedes oír las palabras que fueron retenidas allí, reverberando, quien sabe por cuánto tiempo?

Una vez más, no hay nada que sentir, ni juicios o emociones. Estás desapegado de todo eso, simplemente observando. Grabando. Respirando.

Ahora, mueve tu atención consciente al núcleo. Ampliando las minucias de la bobina del ADN, estás libre para ver la doble hélice. Todos tenemos por lo menos dos hebras de ADN iluminadas dentro nuestro. Estás escaneando la escalera en espiral, buscando fragmentos, rasgaduras o anomalías, que no encajan allí. Hay muchos factores que pueden alterar el ADN, y eres libre de verlos ahora. Puedes ver enjambres de fragmentos y pedazos nadando dentro y alrededor de la bobina, puedes ver una tercera hebra de ADN entretejida en la hélice. O más. Confía en lo que ves, y sabe que esto es lo que has venido a observar.

Respira tu luz en el diseño de tu alma.

Pronuncia el Código Dios en tu diseño divino.

Yahweh . . . Yahweh . . . Yahweh . . .

Vocaliza el Código Dios, haciendo que sus armónicos suenen como ""yah-oooo-oh-eh", de la misma forma que usas tu voz para vocalizar "Om".

Dilo suavemente, no más que un susurro, y luego más alto, estableciendo ese punto de rica resonancia donde puedas sentir el sonido reverberando a través de tu cuerpo.

¿Ves que la bobina se ilumina aún más?

Tómate tu tiempo. Estás en el centro mismo de lo que has venido a encontrar y quieres estar con esto hasta que recibas lo que has venido a buscar, incluso si no sabias qué era cuando te dispusiste a escanear y observar la plantilla de tu cuerpo.

Lo que sea que visualices, veas o imagines es correcto. No hay nada que sentir, que temer, no hay respuesta correcta . . . no hay una forma en la que tengas que reaccionar.

Pide ver lo que necesitas ver, para hacerlo tuyo … para perdonar y sanar. Habrá tiempo para eso. Por ahora, solo ve, observa y trae a primer plano lo que sea necesario.

Cuando estés seguro de que has reunido todas las imágenes y la información que necesitas, redirigirás lentamente tu consciencia para regresar desde el núcleo, hacia afuera de la célula, a través de la sangre, los órganos, los tejidos, todos los fluidos corporales y fuera de tu cuerpo físico, al campo áurico. Has impreso en tu mecanismo de escaneo todas las observaciones que requieren tu atención, y ahora eres libre de verlas.

Éste es un momento vital y debes darte todo el tiempo que necesites para observar y registrar lo que has sacado a la luz de tu atención consciente.

Respira profundamente, sabiendo que prevalecerá el bien más elevado. Llama a los Ángeles de la Luz para que te asistan, mientras imaginas lentamente el rayo de luz de tu corona retrayéndose y cerrando el centro coronario. Retira la luz de la tierra también.

Pronto, todo lo que verás es un pequeño punto de luz y luego … desaparecerá.

Cuando estés listo para dar el próximo paso, podrás examinar la información escaneada y proceder a sanar, reparar y liberar la memoria celular, para que puedas avanzar hacia el proceso de sanar la doble hélice, activar la tercera hebra de tu ADN dormido, y volver a entrelazar lo sagrado que es tu derecho de nacimiento.

Meditación
El Tetraedro Primario

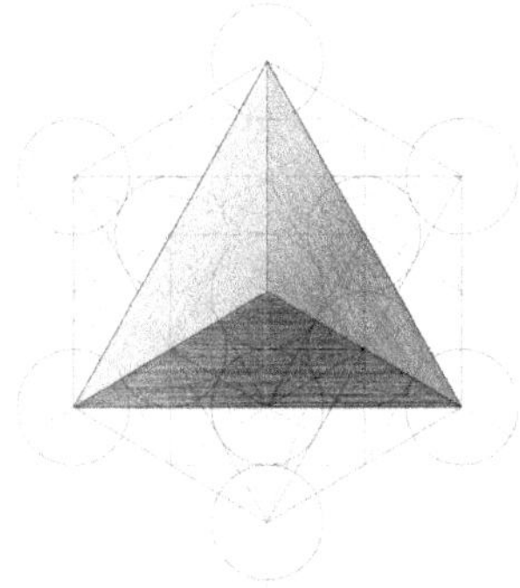

"Los armónicos de la comunicación celular intensificada
manifestándose con la integración de la tercera hebra,
formando una triangulación en toda la red
de sus comunidades de inteligencia de ADN y unidades celulares,
crean dentro de sus cuerpos microcósmicos
una "plantilla" vibratoria universal de codificación de luz inteligente.
Alrededor de esta matriz cardinal,
las tres formaciones de tríada restantes de ADN etérico
se fusionarán en tres etapas sucintas de su pasaje,
las que experimentarán como saltos inmensurables de consciencia
y su liberación progresiva de la trampa
de toda ilusión de la tercera dimensión—
liberándolos de la garra con la que los mantiene encerrados en las polaridades
de su viaje a través de los Días del Desierto en la transición de la Tierra"
—El Alto Consejo de Sirio

Crea lo que necesites para asegurarte que estás cómodo y no te interrumpirán. Retira, lo mejor que puedas, todos los dispositivos electromagnéticos de tu entorno. Si tienes un televisor y computadoras cerca, asegúrate de que estén desenchufados de las tomas en la pared y asegúrate de que el teléfono celular no solo esté apagado, sino que debería estar fuera de la casa. Debes estar muy atento a cómo tu unidad biológica electromagnética mueve la energía, y que nada interfiera con ese flujo en este momento.

Puedes querer grabar esta meditación, y reproducirla para ti, como tu guía a través de este viaje de meditación. Te ayudará a profundizar, a dejar ir el "proceso" y simplemente permitirte "experimentar".

Invoca a los Ángeles Guerreros de la Luz, pidiéndoles que te rodeen en una esfera impenetrable de luz blanca dorada, y pide que se mantenga como una barrera para cualquier energía que no sea de la más elevada intención. Deja que ellas sean devueltas a sus fuentes, y tratadas como sea apropiado a su destino kármico. No hay nada que sentir respecto a esto, nada de qué preocuparse. Cuando declaras tu intención al universo, él sabe exactamente qué hacer.

Se trata solo de la intención.

Recuéstate o siéntate en silencio. Respira profundamente y rítmicamente, con los ojos cerrados, dejando que el mundo de los sentidos se aleje lentamente de ti ... deslizándote hacia un lugar de calma y relajación profunda. Con cada respiración, siente que estás más centrado y en paz, y siente el cuerpo más y más liviano ... tan liviano, que te sientes como una pluma en una suave brisa.

Vas a visualizar el chakra corona abriéndose, abriendo hacia atrás los pétalos del loto, uno a la vez, y mientras lo haces, invoca la luz del Espíritu—luz pura—para que entre a través de este centro sagrado y pase, como un cordón dorado, a través de tu columna vertebral. Imagina un ancla dorada al final de este cordón de luz, mientras la envías hacia abajo a través de tu cráneo, alrededor de la parte posterior de tu cabeza, a través de tu cuello y pasando, una vértebra a la vez, hacia abajo

. . .abajo . . . abajo, a través del chakra raíz y fuera de tu cuerpo físico—moviéndose a través del suelo, los cimientos . . . la tierra. Envíala profundamente, al abrazo fresco de la Madre Tierra, hasta que llegues a un lugar donde puedas enganchar tu ancla en las rocas de la tierra interior. Ánclate allí, sintiendo lo poderosa que es tu conexión con Gaia, y sabiendo que nada podrá jamás volver a derribarte, mientras estés anclado.

Observa cómo todo tu ser se llena de luz. Dirígela a través de las ruedas de energía de tu sistema de chakras, a cada órgano, cada sistema del cuerpo, la sangre, la linfa, cada célula, cada aspecto de tu ser. El campo áurico se vuelve más brillante, más grande, pulsando con la esencia vibratoria de esta gran luz moviéndose a través de ti.

Dirige tu atención de nuevo a la corona. Puede que no seas visual—no dejes que esto te disuada. No importa si sientes que has sido interferido de alguna forma. Deja ir eso. Vas a soltar eso. Simplemente imagina, visualiza, siente, cree que aparece en el espacio sobre tu corona un tetraedro dorado, manifestándose en la plantilla geométrica sagrada que subyace en toda la realidad física. Siente la luz brillando a través de ti, mientras este tetraedro dorado gira lentamente sobre tu cabeza, reflejando una luz blanca dorada en todas partes alrededor y dentro de ti.

Una vez que hayas anclado esta forma giratoria claramente en tu visión, llévala a través de la corona y colócala directamente sobre la glándula pineal, que está en el epicentro de tu cabeza, justo detrás del puente de tu nariz. La glándula pineal estará perfectamente centrada dentro del tetraedro, si pides que así sea. A medida que se activa, el tetraedro dorado comenzará a girar, arrojando más luz dentro y alrededor de ti. Siente esa luz blanca dorada bañar el faro de tu alma, una sensación que será nueva para ti . . . al igual que será una sensación de recuerdo.

Posiciónate en el portal de tu consciencia que emerge, el tetraedro dorado sirve como matriz desde la cual vas a entrelazar la tercera hebra del ADN en tu atención consciente.

Muéstrate la formación de doble hélice del códice de tu ADN, arquitecto inteligente sobre el cual has construido tu ser físico. Puedes pedir ahora que se te muestre la información que recogiste del escaneo que realizaste antes. La luz de tu consciencia más elevada es dirigida por Seres Superiores para escanear esta forma, para conocerla, para examinar cualquier área donde pueda haber rasgaduras, roturas, pedazos que faltan. Pide que se te muestre todo lo que sea extraño a tu orden natural, y que sea llevado a la luz brillante, donde ahora será liberado y llevado lejos, de regreso a su fuente.

Reflexiona sobre todo lo que ves. ¿Dónde están esos pedazos rotos? Eres libre de ver todo lo que perturba o altera el diseño divino dentro de ti, y de ordenar a todas las unidades conscientes en tu interior a que se vuelvan a ensamblar, se reúnan y reparen los fragmentos y la alteración dentro del lenguaje sagrado del Diseño Divino. Así como un ingeniero de software reescribe códigos, ahora vas a sobrescribir cualquier dato, firma o frecuencias que interfieran o amenacen al sagrado Código Dios dentro de ti, pronunciando el nombre del Creador:

"Yahweh . . . Yahweh . . . Ya-ooo-oh-eh . . ."

Es posible que puedas ver como el ADN cambia, cómo se reagrupan los piezas rotas o hechas jirones. . . volviéndose más luminoso. A veces, puedes escuchar o sentir cambios vibratorios cuando conectas con tu código Fuente de esta forma. No importa si no eres visual, o si no eres capaz de percibirlo de esta forma. El ADN te escucha, y responde a tus órdenes. Te escucha pronunciando la palabra sagrada que reactivará cualquier parte del Código Dios que haya estado de cualquier forma escondido u oscurecido por cualquier entidad, implante, gancho, o mecanismo de interferencia.

Cántalo de nuevo: Ya-ooo-oh-eh, imaginando su impacto vibratorio sobre las aguas de tu ser, fluyendo a través tuyo.

Respira profundo, suelta. Respira, suelta. Suelta cualquier emoción asociada a este momento y sabe que estás iniciando un proceso que continuará mucho después de que vuelvas tu atención a otro lugar. Pueden existir muchos puentes que necesiten ser reconstruidos, y eso puede ocurrir en un instante, o a lo largo de algún tiempo—incluso mientras duermes. Lo importante es que has comenzado el proceso y que cualquier alteración será reparada.

Vélo, siéntelo, cree que eso es así, y así será.

Avancemos. Visualiza, cree, imagina que desde este campo inmenso de Luz dentro de ti, estás enviando un rayo láser al mar de partículas de ADN disperso. Deja que sirva como un imán para aquellos fragmentos que han olvidado su propósito y razón de estar ahí. Estás imprimiendo las aguas de cada célula de tu cuerpo con la forma etérica de una tercera hebra del ADN, llamando a los fragmentos de regreso a casa. Al enviar este rayo de luz brillante al mar de tus aguas celulares, ciertos fragmentos escuchan la llamada. Ellos reconocen la secuencia vibratoria y son atraídos allí. Ellos saben quiénes son, y responden al faro de tu mente. Se mueven hacia la plantilla geométrica que ha comenzado a tomar forma, dentro y alrededor de este rayo de luz, y se alinean a las frecuencias de su campo resonante.

Un tercer hilo de ADN, una sola hebra de ADN iluminado, está tomando forma ahora.

Tómate un tiempo con esto. Date tiempo para darle vida.

Vas a ordenarle a ese hilo que se entreteja dentro de la doble hélice, recreando la forma de tetraedro que ha sido posicionada sobre la pineal en el diseño geométrico de tres hebras de tu ADN activado . . . creando una triangulación dentro de cada célula de tu cuerpo. Cada célula te devuelve la simetría perfecta de la triangulación sagrada, tomando forma dentro del ADN, reflejando la luz de Dios a través de cada parte de ti y cada aspecto de tu ser.

El tres, la resolución de la dualidad, se está imprimiendo ahora sobre los diseños sagrados que se fusionan dentro de tí. Sobrescribe cualquier firma, código o vibración perturbadora con el amor y la perfección del Código Dios.

Sabe que dentro de cada célula de tu cuerpo ha comenzado a manifestarse una nueva dinámica—tu vibración más elevada— y desea que así sea para siempre. Declara tu intención a cada parte de tu ser – cada órgano, cada célula, cada partícula subatómica, y cada unidad de consciencia que respira como tu respiras – que tienes la intención de que las hebras etéricas del ADN se cristalicen ahora dentro de ti, como es apropiado al camino de tu espíritu.

Ellas son tu derecho de nacimiento.

Este es un regreso . . .

Una llegada y una partida: el viaje multimensional.

El tetraedro dorado está todavía posicionado alrededor de la glándula pineal. Si te sientes cómodo de que permanezca allí, puedes ordenar que así sea. Si no es así, y prefieres liberarlo, déjalo ir a través del chakra corona, y devuélvelo a la luz, con gratitud.

Y ahora, antes de que regreses a la consciencia de tu cuerpo, y solo cuando estés listo para hacerlo, dobla hacia adentro los pétalos del loto, bendiciendo a los Seres de Luz que te han asistido aquí . . . tomándote todo el tiempo que necesites para integrar lo nuevo que está naciendo dentro de ti.

Toma todo el tiempo que necesites para integrar esta experiencia.

Vas a volver a tu cuerpo ahora. Siente los dedos de tus manos, mueve los dedos de los pies. Haz que la sangre circule.

Reposa en quietud, toma todo el tiempo que necesites para volver por completo a la habitación, al espacio en el que te encuentras.

Toma todo el tiempo que necesites.

Toma todo el tiempo que necesites . . . para regresar a casa.

Meditación
La Estrella Tetraédrica

La activación y síntesis de la cuarta, quinta y sexta hebras
se logrará no como un proceso secuencial,
por el que ustedes adquieren una hebra tras otra, sino simultáneo
—una triada perfecta de cuerdas de luz que resuenan como unacorde
mayoren la sinfonía de luz tocada a través de ustedes.
Una vez integrada en la matriz, esta exquisita unidad de luz,
el reflejo dimensional más elevado de la triangulación primaria,
enviará enormes frecuencias que recorrerán los núcleos de todas las
células de sus cuerpos y pulsará (primero a través de ustedes y luego
desde la mente del núcleo) los intrincados ritmos y proporciones de
una estrella tetraédrica compleja,
que ustedes están aprendiendo que es el modelo cosmométrico
de los campos de energía merkaba que los rodean.
Su compleja estructura representa la unidad de los principios de
forma, propósito y orden, con los de espacio, fuerza y duración.
—El Alto Consejo de Sirio

Deja pasar varios días antes de proceder a la activación del segundo tetraedro. Hay mucho para integrar y es importante quedarse con la experiencia de la primera activación, para sentir el cambio dentro de ti. Puede ser sutil, puede ser inmenso. Como siempre, no hay una forma correcta de sentir, de ser, de experimentar.

Cuando estés listo, y hayas hecho todos los preparativos que implica crear un entorno propicio a tu alrededor, recuéstate o siéntate en silencio, siguiendo tu respiración, hasta que llegues a ese lugar de reflexión tranquila.

Comienza pidiendo ver las imágenes escaneadas que has traído al primer plano de tu consciencia antes de este momento. ¿Qué ves allí? Deja que esa información sea acercada, para ser transformada en la luz de tu plantilla de ADN acelerada: en la luz de Dios.

Invoca a los espíritus elementales del fuego, agua, aire y tierra, a los espíritus guías, a los equipos de luz de todos los reinos más elevados, a los animales de poder, a los Maestros Ascendidos, y extraterrestres Cristicos, para que te rodeen en una esfera de luz blanca dorada, para mantenerla como una barrera contra cualquier energía que no sea de la más elevada intención. Deja que sean devueltas a sus fuentes y tratadas de acuerdo a su destino kármico. Pide que se te muestre un vehículo de luz blanca que servirá para encapsular cualquier energía de cualquier forma o presencia que no resuene con la luz del Espíritu, uno que puedas utilizar para ayudar en su transmutación y liberación de vuelta a sus fuentes, según sea apropiado a sus ritmos evolutivos.

Inspira. Espira. Inspira en el amor del amor incondicional, y espira cualquier cosa que todavía te mantenga en desarmonía y preocupación. Puedes simplemente espirar y alejar todas esas tensiones, estrés y miedo que te distraen, y verlas disiparse en la luz de Todo-lo-que-Es. Estás acelerando el flujo del prana al respirar profunda y rítmicamente, hacia adentro y afuera—respirando en paz y aceptación. Al espirar, liberas la expectativa y todo deseo que aún puedas tener unidos a esta experiencia.

Inspiras y espiras—entra la calma, sale el estrés—hasta que sientas que estás en un momento "ahora" bellamente neutral y armonioso.

Dirige tu atención a la glándula pineal y al espacio que la rodea.

¿Todavía ves, sientes, intuyes el tetraedro dorado allí? Si no es así, dibújalo ahora, y colócalo como antes, perfectamente centrado alrededor de la glándula. No tienes que pensar donde está, ni qué aspecto tendría. El cuerpo responde a tu orden de que así sea, y el Espíritu hace el resto.

Vamos a poner el tetraedro en movimiento. Pide que comience a girar, de manera que gire lentamente alrededor de la glándula en el sentido de las agujas del reloj. A medida que lo hace, una luz blanca dorada brillante baña tu cráneo, todos los sistemas del cuerpo, las células, y hasta el ADN dentro de ellas. La luz se hace más y más brillante, tan luminosa ahora que puedes ver el ADN enrollado. ¿Tiene dos hebras iluminadas? ¿O tres?

Recuerda que si no eres visual, no importa. Siéntelo, intúyelo, imagínalo.

Comprueba si ves que tienes dos o tres hebras de ADN iluminadas. En esta luz brillante, serás capaz de "ver" si todavía hay algo allí que no es de la vibración más alta, y eres libre ahora para eliminar esas energías. Ya no se les permite el acceso. Vas a enviarlas a ese vehículo de luz para que se las lleve lejos . . . para siempre. Tómate un tiempo para ver cualquier residuo, sombra, cualquier cosa que sepas que no pertenece a ese lugar—cualquier aspecto extraño— y envíalo dentro de esa burbuja de luz.

Respiras . . . respiras . . . asegúrate de juntar hasta el último fragmento de esto, y ahora envíalo a la burbuja, sellándola herméticamente, y enviándola hacia arriba . . . arriba . . . y lejos. Mientras la dejas ir, respira en la ligereza de ser, la luz fluye hacia adentro, y el peso de lo que ha habido antes se disipa mientras la ves alejarse flotando.

Ve, siente, imagina la forma tetraédrica de la triple hélice dentro de tu ADN. La glándula pineal se está activando muy poderosamente ahora, mientras el tetraedro dorado gira a su alrededor, reconectando la tercera hebra en la semilla maestra—un trabajo en curso.

Manteniendo esa forma geométrica sagrada en tu atención consciente, ahora vas a enviar la llamada a esos fragmentos que constituyen la cuarta, quinta y sexta hebras de tu ADN. Ellos resuenan con la plantilla—la triangulación primaria—y al igual que el cristal de agua responde al pensamiento y a la energía, ellos se esfuerzan por reconstruir su forma divina. Unido a todos los seres de luz que han venido a asistirte, envía un poderoso rayo de luz hacia el núcleo de cada célula, a la bobina de tu ADN, un faro para llamar a esos fragmentos de ADN de vuelta a la resonancia sagrada de su memoria geométrica.

Las partículas y fragmentos de ADN comienzan a tomar forma. La segunda triangulación se está reagrupando. Vamos a activar estas estructuras con las frecuencias de la Luz Divina, la cosmometria del amor infinito, la luz de todos los seres divinos, las letras de fuego y el Código Dios: "Ya-ooo-oh-eh", susurrado a las aguas, una y otra vez.

Y cuando llegue ese momento en el que sepas, veas, sientas, imagines que el segundo tetraedro ha tomado forma, lo vas a poner girando en sentido contrario a las agujas del reloj (el campo magnético), mientras el primer tetraedro estará girando en el sentido de las agujas del reloj (el campo eléctrico), y observa cómo son atraídos uno al otro, y finalmente, se fusionan entre sí como uno.

Dentro del ADN de cada célula de tu ser, ahora has formado el merkaba, la estrella tetraédrica, la forma sagrada y la geometría de la consciencia del ADN de seis hebras.

Recuerda siempre que no es importante si esta experiencia no es visual—si no es visceral o explosiva en su amplitud. Tienes que saber que la energía sigue al pensamiento y el pensamiento sigue a la intención, así que, determina tu intención para que, a partir de este momento en adelante, esta energía blanca dorada brillante que emana del merkaba dentro de tu ADN continúe brillando tan intensamente que solo las vibraciones más altas serán atraídas hacia ti . . . al templo de luz que eres.

Toma un tiempo para reconocer la maravilla de que estés aquí, en el epicentro de tu viaje evolutivo, desde un estado de consciencia hacia otro, subiendo más alto con cada paso. El mundo exterior es irrelevante; es solo una pantalla sobre posibles realidades que tu crearás con cada pensamiento, con cada respiración que tomes.

Respira amor y aceptación sobre tu miedo por el proceso de la Tierra, por las vidas de todos aquellos que amas, y por la humanidad en todas partes. Y luego, lo sueltas.

Respira amor y aceptación sobre cualquier sensación de carencia o limitación que todavía pueda quedar.

Y confía que, en este día, te has liberado de todas y cada una de las energías que aún no han comprendido que tú sostienes un espacio entre la tierra y el cielo, una plantilla perfeccionada de la luz de Dios: el Diseño Divino.

Tú eres el comandante de tu propio destino, un ser de libre albedrío, y así seguirás siendo, hasta que dejes atrás este envoltorio mortal y regreses a la Luz.

Nada ni nadie podrán quitarte eso jamás.

Recuerda que eres la estrella, la tormenta cósmica; eres el grano de arena, la ola; eres el exquisito amor enlazado a lo largo de cada momento en el plan maestro del Creador.

Por encima de todo, recuerda que eres un ser soberano, moviéndote a través de la eterna maravilla de Ser.

"Tú eres una criatura del universo,
no menos que los árboles y las estrellas;
tú tienes el derecho a estar aquí.
Y te resulte claro o no,
no hay duda de que el universo se desenvuelve como debería.
Por lo tanto, mantente en paz con Dios,
como sea que Lo concibes,
y cualesquiera que sean tus esfuerzos y aspiraciones,
en la ruidosa confusión de la vida mantén la paz con tu alma.
Con toda su farsa, su tedio y sus sueños rotos,
éste sigue siendo un mundo bello.
Sé alegre.
Esfuérzate por ser feliz".
Pasaje de la Desiderata
—Max Ehrmann

Epílogo

Hace muchos años, el Alto Consejo dijo, "Cómo desearíamos que pudieras saber con certeza que lo que sueñas para el futuro es la realidad, y que lo que ahora parece ser tan aterradoramente real es solo un sueño del inconsciente colectivo"[1].

Éste no es un buen sueño, y queremos despertar de él—necesitamos hacerlo. Y tenemos que apresurarnos, todos haciendo nuestra parte para imprimir en el colectivo visiones de la humanidad, elevándonos.

Parece como si hubiéramos atravesado el espejo y aterrizado en un mundo al revés, loco y extraño. El mundo de la materia y las cosas parece más o menos el mismo, pero las frecuencias vibratorias del Planeta Tierra se han desplazado más allá de nuestra imaginación más descabellada—hacia ambos entremos de los polos. A nivel social, todo parece desproporcionado y grotesco, porque nos enfrentamos al karma chocante de toda la existencia en este planeta, todo a la vez—aquí y ahora. Los valores sociales, los comportamientos, y el diálogo nos resultan tan desconocidos, en estas aguas desconocidas. En una escala que percibimos como el mundo en general, vivimos principalmente en un holograma disonante y destructivo que sigue tirando de las cuerdas vibratorias más bajas de nuestra existencia, arrastrándonos hacia abajo.

En el polo opuesto, estamos presenciando y participando del Gran Despertar. Los velos se están levantando, la gente se está sacudiendo el hechizo del sueño, y sabemos que un levantamiento excepcional, de aquellos de la visión de la luz, es imparable y está ganando terreno.

---

1   No More Secrets, No More Lies, Patricia Cori, 2022 edition, pg. 249-250

Aquellos de nosotros que somos lo suficientemente afortunados y determinados para resonar con la vibración del Espíritu, caminando en la luz de Dios, reconocemos las inmensas oportunidades que este frenesí trae, para quemar karma antiguo, de modo que, si la intención es salir de esta rueda, y completar nuestro ciclo de reencarnación, podamos ser libres para recorrer la espiral de ascensión hacia un terreno más elevado.

Los que están decididos a resistir y liberar a la Tierra de la fuerza oscura comprenden que estos dolores crecientes son iniciaciones necesarias que preceden a nuestros pasos gigantes, esos momentos magníficos en los que crecemos a "saltos gigantes," y eso **es** la ascensión. Saldremos de la rueda de la reencarnación y ascenderemos por la espiral, más cerca de la Fuente de lo que hemos estado en mucho, mucho tiempo.

Esa es la realidad de la que hablan los benditos Maestros Ascendidos.

Nos esforzamos por alcanzar los días idílicos de paz y satisfacción que creemos haber vivido alguna vez, en algún otro lugar—en las estrellas, y Dios sabe que nosotros, almas amorosas, nos los hemos ganado. Pero, primero, tenemos este pequeño asunto de hacer retroceder el oscuro manto del mal aquí en nuestro planeta, para restaurar la paz, aquí mismo en la Tierra, dentro y fuera de nosotros mismos, y por Dios, que eso es lo que vamos a hacer.

Nosotros, los despiertos, sabemos que de esta intensa agitación y sufrimiento, emergeremos gloriosos y victoriosos, para ver el mal vencido y la Tierra renacida. Puede ser que ahora no lo parezca, pero la paz llegará. Y la paz prevalecerá.

Por fin, la paz prevalecerá.

Nos estamos instalando en la cuarta dimensión y no se parece en nada a lo que imaginamos o a lo que nos dijeron que sería una dimensión "superior". La mayoría de la gente ni siquiera tiene idea de la realidad multidimensional en absoluto, así que lo más probable es que reboten alrededor de los límites exteriores de su consciencia mutante, hasta que finalmente se den cuenta de lo que significa esta locura, y dónde van a aterrizar, una vez que sean arrojados fuera de este túnel de viento cósmico.

Cuanto más se aleja uno de la Fuente, más profundo son el trauma y el dolor.

Los cuerpos celestes de nuestro sistema solar y nuestra estrella central están experimentando una inmensa agitación galáctica, como he descrito anteriormente en este libro. Todo esto continúa desafiando nuestra existencia, ya que estas fuerzas cósmicas y su influencia sobre toda la vida en nuestro planeta nos sacuden hasta la médula. Los acontecimientos mundiales amenazan a nuestro mundo 3D con todas las formas imaginables de destrucción. En el momento en que estén leyendo esto, habremos sobrevivido a la amenaza inmediata de una guerra nuclear, que emana del conflicto artificial en Ucrania, el sistema financiero como lo conocíamos estará tambaleándose hacia el colapso y el mundo continuará encontrándose en una terrible agitación social. Sin duda, muchos morirán antes de tiempo, por trágico que sea, y por doloroso que me resulte verbalizarlo. No es porque desee proyectar esos pensamientos; es porque soy muy consciente de lo que se ha puesto en marcha para crear esa realidad.

Sin embargo, nuestra percepción más elevada de la realidad nos permite reconocer lo necesario que es que lo viejo se rompa, diseccione, y permita que se desintegre, para que lo nuevo pueda unirse, tomar forma y construir un nuevo marco para nuestro mundo en evolución. Fantaseamos con un paradigma de ascensión basado en nuestra imaginación—que de alguna manera "más allá de la 3D" significaba más alto, más ligero, más libre, pero muy pocos visionarios pensaron en que primero pasaríamos por la 4D—un lodazal virtual de retribución kármica para el individuo y el colectivo.

Como en el *Infierno de Dante,* el *Libro de los Muertos egipcio* y el *Libro Tibetano de los Muertos,* existe un tema recurrente: un punto de paso difícil, traicionero. Las religiones lo definen como el paso del alma de la vida, a través de etapas de una forma de purgatorio, donde debe superar a sus demonios, antes de poder progresar hacia el cielo, como quiera que se represente en cada sistema de creencias.

¿No es esa la cuarta dimensión? ¿Y no estamos ahora en un estado de iniciación, o "purgatorio?" Los Seres de Sirio siempre nos han dicho que pasamos por la cuarta dimensión, un lugar donde nos enfrentamos a nuestro karma individual y colectivo, en nuestro camino hacia reinos vibratorios menos densos, que llamamos las dimensiones superiores. A mí me parece el purgatorio.

Que nuestro paso por ella sea rápido y sin dolor.

*

Veremos cosas asombrosas en estos próximos años: asombrosamente oscuras, asombrosamente luminosas.

Comprenderemos más, porque **seremos** más.

A medida que anclemos la estrella tetraédrica de nuestro ADN de seis hebras dentro de nosotros, reactivando el Código Dios dondequiera que haya sido desactivado, emitiremos más luz en la memoria comunitaria, y sabremos mucho más acerca de quiénes somos realmente, y en qué nos estamos convirtiendo: no como los zombis mecánicos sin alma del sueño transhumanista, sino como almas vibrantes, amantes de Dios, atravesando este pequeño punto en el Cosmos del Alma—en nuestro camino hacia el próximo milagro.

Nunca atenuarán la luz de Dios que hay en nosotros, ni disuadirán a nuestro Espíritu Eterno, mientras no nos dobleguemos ante el amo oscuro.

Yo, Patricia Cori, sé que nunca lo haré. Y sé que ese es el camino de mi amada familia de trabajadores de la luz.

Y de eso, mis queridos y amados amigos, se trata la soberanía.

Acerca de la Canalizadora

Originaria de la Bahía de San Francisco, Patricia Cori ha estado inmersa en el Movimiento Espiritual desde sus inicios, a principios de la década de 1970. Ha utilizado sus habilidades clarividentes en la sanación y el trabajo de apoyo a lo largo de su vida, que se ha dedicado en gran parte al estudio de la mística y la filosofía, las civilizaciones antiguas, la sanación metafísica, la espiritualidad y la vida extraterrestre.

Maestra mundial, Patricia está ayudando a muchos a darse cuenta de sus habilidades curativas naturales, a liberar los bloqueos de las emociones y limitaciones sin resolver, sintonizando con las vibraciones más elevadas de nuestro reino celestial ascendente. Es una pionera en el trabajo de preparar el despertar en la sanación y activación del ADN, tan vital para que las almas retengan su diseño soberano y divino – el Código Dios.

Patricia emigró a Roma en 1983, sabiendo que tenía que participar en una misión . . . ya que sus guías le indicaron que tendría que ayudar a "quemar un agujero en la cúpula de plomo." Actualmente reside en las Islas Azores, Portugal, que según entiende son restos de la Antigua Tierra de la Atlántida.

Es una figura prominente en las comunidades Spirit y Truther, muy conocida en el circuito de conferencias, y ofrece cursos, seminarios y talleres a nivel internacional, que reflejan su consciencia del Conocimiento Superior y la guía poderosa de los seres de luz que trabajan a través de ella.

Ha canalizado activamente a los portavoces del Alto Consejo de Sirio desde su primera visita a los círculos de las cosechas en 1996, y continúa dando conferencias y transcribiendo sus mensajes para todos aquellos que buscan la sabiduría.

El Diseño Divino –
Curso Online de Activación del ADN

Patricia Cori ofrece su curso completo de activación del ADN online, con meditaciones profundas que utilizan las propiedades curativas de las frecuencias Solfeggio, según las indicaciones de los equipos de sanación del Alto Consejo de Sirio.

Activación del ADN

Este curso intensivo de ocho partes facilitado por Seres de Luz de Sirio se centra en la apertura de las vías energéticas, extrayendo del ser multidimensional las habilidades innatas que acelerarán su preparación para la ascensión. Guiado por Seres de Luz de muchas dimensiones, se le mostrará el camino hacia los nuevos horizontes en el sendero de su experiencia espiritual y emocional—preparando el camino para la activación de la tercera hebra del ADN y el despertar del cuerpo de luz.

La activación de la nueva matriz cristalina que se está formando en su ser en evolución (la integración de la tercera hebra de ADN), crea una triangulación dentro de la consciencia de cada célula de su cuerpo físico—la trinidad de la consciencia divina.

Todo el cuerpo energético, los chakras y sus correspondientes sistemas glandulares (en particular la glándula pineal) las vías energéticas Ida y Pingala, el cuerpo áurico—todos los aspectos de la existencia en el mundo de la materia están a punto de cambiar y, como uno de los que están despertando, usted estará deseando acelerar ese proceso.

Aquellos de ustedes que han venido a servir como guías y sanadores en el proceso de evolución de Gaia están llamados a la Iniciación: la activación de la tercera hebra; la limpieza de los chakras; la regeneración celular, la resonancia con frecuencias superiores; la conexión con la Familia Galáctica de Seres de Luz.

Los participantes son guiados a través de técnicas y procedimientos específicos para sanar y activar el ADN. Aprenderán a construir las geometrías celulares cosmométricas y a elevar las frecuencias vibratorias que prepararán el camino para la activación de la 4ta., 5ta., y 6ta. hebras, desencadenando la iluminación pineal y fortaleciendo su vínculo con los seres superiores que están sirviendo en el proceso. Este proceso se ofrece en meditaciones profundas proporcionadas en el curso.

A medida que recurrimos a los patrones de toda la consciencia cósmica, también nos conectaremos a Gaia, porque éste es nuestro hogar celestial—como lo será para aquellos que elijan ascender a las dimensiones superiores: la Nueva Frontera. Esto, con absoluta integridad, honestidad y convicción—porque ya hemos pasado el momento en que podemos distraernos con imaginaciones, posturas y retórica espiritual. Debemos eliminar las distracciones y estar preparados para caminar en la luz de la Verdad Absoluta—en paz en nuestras almas mientras ascendemos por la espiral del Retorno.

El curso intensivo, facilitado por Seres de Luz de Sirio, está creado y es ofrecido en este formato junto con los viajes espirituales de iniciación de Patricia en los lugares sagrados de los puntos de poder del mundo.

Para más información sobre sus cursos, lecturas clarividentes privadas y futuros viajes SoulQuest™ Journeys guiados por Patricia Cori, por favor, consulten su página de internet:

www.patriciacori.com

www.ingramcontent.com/pod-product-compliance
Lightning Source LLC
Chambersburg PA
CBHW071354150726
48000CB00001B/22